本报告为教育部哲学社会科学发展报告培育项目"海南国际旅游岛建设发展报告"（项目批准号：13JBGP027）阶段性成果

本书由海南大学中西部高校提升实力工程学科建设项目资助

本书为海南国际旅游岛发展研究院与现代旅游发展协同创新中心合作成果

海南国际旅游岛
建设发展报告 (2016)

海南国际旅游岛发展研究院　编著

中国社会科学出版社

图书在版编目(CIP)数据

海南国际旅游岛建设发展报告.2016/海南国际旅游岛发展研究院编著.—北京：
中国社会科学出版社，2017.12
ISBN 978-7-5203-1859-4

Ⅰ.①海…　Ⅱ.①海…　Ⅲ.①地方旅游业-经济发展战略-研究报告-海南-2016
Ⅳ.①F592.766

中国版本图书馆CIP数据核字（2018）第000220号

出　版　人	赵剑英
责任编辑	任　明
责任校对	夏慧萍
责任印制	李寡寡

出　　　版	中国社会科学出版社
社　　　址	北京鼓楼西大街甲158号
邮　　　编	100720
网　　　址	http://www.csspw.cn
发　行　部	010-84083685
门　市　部	010-84029450
经　　　销	新华书店及其他书店

印刷装订	北京君升印刷有限公司
版　　　次	2017年12月第1版
印　　　次	2017年12月第1次印刷

开　　　本	710×1000　1/16
印　　　张	16.75
插　　　页	2
字　　　数	276千字
定　　　价	75.00元

凡购买中国社会科学出版社图书，如有质量问题请与本社营销中心联系调换
电话：010-84083683

前　言

　　本报告是"教育部哲学社会科学发展报告"项目（项目批准号：13JBGP027）培育阶段成果的第四本，由海南大学与南开大学的专家合作完成。

　　作为年度报告，本报告秉承前三本的研究理念，同时在侧重点上有所区别。在研究理念上，继续保持报告的"突出研究性"定位，着力于从学者的视角审视海南国际旅游岛建设，凸显研究的战略性、前沿性和开放性；在研究思路上，继续按照"总—分—总"的逻辑思路，系统考察一年来海南国际旅游岛建设的发展状况，但是侧重点与前三本有较大不同。在今年的研究内容中，增加了对于海南人口结构、全域旅游、城市治理、"多规合一"、精准扶贫等内容。在产业发展方面，不再是从宏观层面来描述海南的发展态势，而是从具体微观层面来描述海南冬季瓜菜产业发展的状况；在公共外交方面，也不是从一般层面来阐述，而是从"一带一路"背景与南海区域治理的视角来阐述。同时，鉴于一年来海南在教育发展方面取得的成效，增加了高等教育的内容。这些都可以看到海南国际旅游岛建设过程中的新情况、新亮点。根据这样的安排，本报告内容分为九章，分别涉及建设回顾、人口结构新常态、全域旅游、冬季瓜菜产业、现代城市治理、多规合一、高等教育、精准扶贫等。

　　本报告各章撰写人分别是：第一章：（陈扬乐）、第二章（孟繁强、翟磊）、第三章（耿松涛）、第四章（李仁君）、第五章（刘刚）、第六章（熊勇先）、第七章（周伟、卢喧）、第八章（杨婕）、第九章（蒋国洲）。最后由李辽宁统稿。

　　本报告再次体现了海南大学与南开大学的合作精神。在研究过程中，海南大学副校长、海南国际旅游岛发展研究院执行院长刁晓平教授、副校长王崇敏教授多次组织课题组成员就相关问题进行讨论。南开大学原校长、海南国际旅游岛发展研究院院长侯自新教授、海南国际旅游岛研究院副院长孟繁强博士，多次专程到海南大学就报告的写作进行指导；南开大学王迎军教授、白雪洁教授、杜传忠教授等也多次通过视频会议、现场指导的方式，对报告的写作和修改提出了宝贵的意见。在此，谨向南开大学的专家组表示诚挚的谢意！

本书在研究和出版过程中，国际旅游岛发展研究院副院长樊燕博士、刘刚博士、廖凯等做了大量联系和组织的工作。本书也得到了各级领导和有关人士的关心和支持。海南省委省政府相关部门对本书予以大力支持。中国社会科学出版社对本书进行了深入认真的审读和校改。同时，本书还引用了一些统计和调查数据，在此一并致谢。

由于时间仓促，水平有限，本书呈现的结果可能与读者的期望有较大距离，有些分析难免存在偏颇之处。在此，我们热忱欢迎广大读者和专家不吝赐教，我们将不断改进，提高研究质量。

海南国际旅游岛发展研究院

2017 年 9 月

目　录

第一章

2016 年海南国际旅游岛建设回顾与下一步对策

2016 年，在党中央国务院的正确领导下，省委、省政府带领全省人民坚持稳中求进工作总基调，以供给侧结构性改革为主线，全面践行新发展理念，全省经济整体呈现增速平稳、结构优化、效益提升的良好态势，各项事业取得新进展，国际旅游岛建设展现新气象。全省实现地区生产总值 4044.51 亿元，增长 7.5%；地方一般公共预算收入 637.50 亿元，增长 8.8%；固定资产投资 3747.03 亿元，增长 11.7%；社会消费品零售总额 1453.72 亿元，增长 9.7%；城镇和农村常住居民人均可支配收入分别达到 28453 元和 11843 元，分别增长 8.0%和 9.1%。

第一节　2016 年的主要工作

一　狠抓项目建设

2016 年，421 个省重点项目完成投资 2136.7 亿元，同比增长 11.5%。博鳌机场、海秀快速干道、昌江核电 2 号机组、文昌航天发射场等一大批基础设施项目建成投用。博鳌乐城国际医疗旅游先行区、桂林洋国家热带农业公园、海南生态软件园、海口美安科技新城、三亚创意产业园、清水湾国际信息产业园等重点产业园区建设步伐加快，海南国际旅游岛先行试验区建设复工。三沙市总体规划全面实施，政权建设、民事设施建设和环境保护取得重要突破，永兴机场民航公务包机开通。组织港澳台、北京、厦门、深圳等招商活动，签约项目 472 个，协议投资额 4994 亿元，当年落地率超过 50%。

二　重点发展十二大产业

旅游业实施"国际旅游岛+"计划、创建全域旅游示范省，推出十大旅游套餐，离岛免税政策进一步放宽，西沙旅游成为新热点，游客满意度显著提升。全年接待游客 6023.6 万人次，旅游总收入 672.1 亿元，分别增长 12.9% 和 17.4%，入境游连续多年下降势头得到扭转，入境游客和旅游外汇收入分别增长 23.1% 和 41.3%。热带特色高效农业占农业总产值比重突破 70%，创建 20 家省级现代农业示范基地，完成 308 家规模养殖场环保改造任务，建成一批互联网农业小镇，涌现出一批有机绿色无公害农产品品牌，积极探索生态循环农业发展。新注册互联网企业 1200 多家，实现营业收入 322 亿元，增长 33.6%。腾讯、新浪、金山云等互联网巨头落户海南。博鳌乐城国际医学中心、一龄生命养护中心开业，印度阿波罗国际医院、海棠湾医疗公园落地。金融保险业增加值增长 15.7%，不良贷款率处于全国较低水平。省内企业在资本市场直接融资 1300 亿元，超过"十二五"总和。全年举办 100 人以上会议近 15000 场、增长 15.4%，参会人数 290 万人次、增长 17.5%，各类展览 115 个、增长 12.7%，成功举办首届海南国际旅游贸易博览会、首届国际旅游岛购物节、首届国际休闲旅游博览会、冬交会、中国国际广告节。规模以上医药制造业增加值增长 7.2%。房地产业的"两个暂停"调控政策成效明显，房屋销售面积、销售额分别增长 43.4%、51.6%，商品房库存减少 930 万平方米，去化期从 45 个月下降到 23 个月。新增高新技术企业 49 家，首批 9 个院士工作站揭牌成立；省级教育科技园区建设稳步推进；万达文化旅游城、阿里巴巴文化娱乐集团南方总部、爱奇艺创意中心、中国游戏数码港落地海南；图书、影视产业发展步伐加快，南海网在"新三板"挂牌上市；环岛大帆船赛、环岛自行车赛、海南国际马拉松赛、第四届观澜湖世界高尔夫明星赛等成功举办。油气产业实现税收 143.3 亿元，占全省税收比重达 15.1%。新能源汽车、海洋装备等低碳制造业呈现良好势头。中科院深海科学与工程研究所顺利通过筹建验收，南海海洋资源利用国家重点实验室挂牌运行，中电科海洋信息技术研究院开工建设。

三　持续创新促改革

编制完成《海南省总体规划（空间类 2015—2030）》、各市县总体规划、"海澄文"一体化综合经济圈规划和"大三亚"旅游经济圈规划，为全省实现"一张蓝图干到底"奠定了关键性基础。"放管服"深入推进，减少 66 项审批事项，砍掉 875 项行政许可事项申报材料、68 项证明材料，建立四级政务服务"一张审批网"，在全国率先建设省级政府综合服务平台"12345"。在扩大服务业双向开放、提高贸易便利化水平等方面推出 47 项创新举措。农垦机构调整和人员分流基本完成，海垦控股集团实现大幅度减亏，海胶集团扭亏为盈。全面推开"营改增"和资源税改革，减税约 60 亿元。

四　主动服务国家外交

圆满完成博鳌亚洲论坛年会、澜湄合作首次领导人会议、中非合作圆桌会议、中国—中亚合作对话会、上合组织成员国和金砖国家总检察长会议等的服务保障工作。加强与"一带一路"沿线国家和地区合作交流，成功举办"21 世纪海上丝绸之路岛屿经济论坛""中国—东盟省市长对话"等 18 场海南主题活动及澜湄国家旅游城市（三亚）合作论坛，成功开展"海南柬埔寨光明行"活动，新增国际友城 4 对。

五　开展生态环境治理

坚持生态立省战略，树立"绿水青山就是金山银山"意识，精心呵护海南生态环境。海口"双创"、三亚"双修"、儋州"一创五建"活动成效明显。全面推行水体治理河长制，实施大气污染防治专项行动，全省空气质量优良天数比例达 99.4%，提高 1.5 个百分点。"绿化宝岛大行动"造林 15.1 万亩，在西南沙岛礁植树 200 多万株。在澄迈、琼中开展领导干部自然资源资产离任审计试点。

六　全力推进脱贫攻坚

20.07 万贫困人口脱贫，100 个贫困村整村脱贫。建立省、市县、乡镇三级脱贫攻坚责任制，全省派驻工作队干部 9853 人，帮扶责任人23154 人。全年共投入财政扶贫专项资金 19.5 亿元，增长 198.8%，其中省级扶贫专项资金投入增长近 9 倍。对 18947 户建档立卡贫困户的危房进行改造，对 5 个贫困村实施易地扶贫搬迁，转移就业贫困人口 2.45 万人，对 3.63 万建档立卡贫困人口实行低保兜底保障，对 2.3 万贫困患者进行医疗救助，对 9.94 万建档立卡贫困生实现教育资助全覆盖。

七　积极发展民生事业

全省 76% 的地方财政资金用于民生，年初确定的十件民生实事全面完成。引进北大附中附小、华东师大二附中、人大附中、红黄蓝幼儿园和华中科大同济医院、复旦大学附属华山医院等知名学校、医院合作办学办医，引进一批"好校长好教师""好院长好医生"。投入中央和省级资金9亿元改善义务教育办学条件。海南大学热带农林学院、海南体育职业技术学院正式挂牌，琼台师专升格为本科院校，设立海南健康管理职业技术学院。省儿童医院、省西部中心医院、省结核病医院等加快建设。全省新农合医保501.76万人，城镇居民医保181.24万人，基本医疗保险财政补助由380元提高到420元，跨省异地就医合作范围覆盖全国。各类棚户区改造5.01万户（套），开工改造农村危房3.98万户。国家南海博物馆、省博物馆二期和南海佛学院建成，《天涯浴血》《海南岛纪事》《黎族家园》《东坡海南》获得好评，海南国际旅游岛欢乐节、黎族苗族"三月三"融入更多国际元素。琼中女足斩获"哥德杯"冠军。

第二节　2016 年的主要成效

2016 年，在党中央、国务院的坚强领导下，省委、省政府带领全省人民共同努力，在经济建设、社会发展和生态保育等方面都取得了丰硕成果。

一　国民经济运行良好

（一）GDP 保持中高速增长

2016 年，海南省实现地区生产总值（GDP）4044.5 亿元，比上年增长 7.5%，GDP 增速比全国平均水平高出 0.8 个百分点。然而，在泛珠三角区域内，海南的 GDP 增速排名倒数第二，比增速最快的贵州省低 3.0 个百分点（见表 1-1），差距相当明显。而且海南省 GDP 环比增速自 2010 年以来基本上是递减的。GDP 增速的纵向比较和横向比较都表明，海南的情况不容乐观，这需要引起海南各级政府和社会各界的高度重视，要寻找实现在确保生态环境不受破坏情况下的经济快速发展的突破口。

表 1-1　　　　　　**海南 GDP 增速的纵向、横向比较**　　　　（单位:%）

海南纵向比较		2016 年海南与全国及泛珠三角区域横向比较			
2010	15.80	全国	6.70	江西	9.00
2011	12.00	海南	7.50	四川	7.70

海南纵向比较		2016年海南与全国及泛珠三角区域横向比较			
2012	9.10	广东	7.50	贵州	10.50
2013	9.90	福建	8.40	广西	7.30
2014	8.50	湖南	7.90	云南	8.70
2015	7.80				
2016	7.50				

说明：泛珠三角区域包括广东、福建、海南、湖南、江西、四川、云南、广西和贵州。

资料来源：根据全国及相关省区相关年份的国民经济和社会发展统计公报的相关数据整理。本章以下表格的数据来源与本表相同，不再说明。

（二）人均GDP突破40000元大关

2016年，海南人均GDP达到44252元，按现行平均汇率计算为6664美元，比上年增长6.7%。但也必须清醒地认识到，2016年海南人均GDP比全国平均水平低21.98%，而且在泛珠三角区域也属于中等水平，仅相当于广东省的63.36%和福建省的67.11%（见表1-2）。可见，从人均GDP来看，海南仍属于经济欠发达省份。

表1-2　　　　　海南人均GDP的纵向、横向比较　　　　（单位：元）

海南纵向比较		2016年海南与全国及泛珠三角区域横向比较			
2010	23644	全国	53980	江西	40106
2011	28797	海南	44252	四川	39555
2012	32374	广东	72290	贵州	33008
2013	35317	福建	73951	广西	37876
2014	38924	湖南	45931	云南	31265
2015	40818				
2016	44252				

（三）固定资产投资继续攀升

2016年，全年全省固定资产投资（不含农户）完成3747.03亿元，比上年增长11.7%，为国民经济的后续发展注入了新的活力。但是，海南固定资产投资近两年连续在较低增速上徘徊，且海南人均固定资产投资规模比全国平均水平低13.6%，在泛珠三角区域也处于中等水平，比最高的福建省少 36.25%（见表 1-3）。因此，拓展有效投资领域、扩大有效投资规模、提高有效投资效率是海南增强后续经济发展动力的方向。

表 1-3　　　　　　海南人均固定资产投资的纵向、横向比较　　　（单位：万元）

海南纵向比较		2016 年海南与全国及泛珠三角区域横向比较			
2010	1.54	全国	4.38	江西	4.29
2011	1.84	海南	3.78*	四川	3.53
2012	2.42	广东	3.00	贵州	3.64
2013	3.04	福建	5.93	广西	3.27
2014	3.36	湖南	4.05*	云南	3.28*
2015	3.68				
2016	3.78				

说明：* 未找到海南省、湖南省全省固定资产投资数据，此处为全省固定资产投资（不含农户）。

（四）公共预算收入突破 1000 亿元大关

2016 年，海南公共预算收入达到 1080.81 亿元，比上年增长 6.50%，环比增速比全国平均水平高 44% 左右。按人均计算，2016 年，海南人均公共预算收入高达 1.15 万元（见表 1-4），与全国平均水平持平，在泛珠三角区域各省区中是最高的。但是，2016 年，在泛珠三角区域各省区中，海南人均公共预算收入的环比增速处于中等偏下水平。

表 1-4　　　　海南公共预算收入环比增速与人均量的纵向、横向比较

海南纵向比较			2016 年海南与全国及泛珠三角区域横向比较					
年份	环比增速（%）	人均（万元）	区域	环比增速（%）	人均（万元）	区域	环比增速（%）	人均（万元）
2010	—	0.61	全国	4.50	1.15	江西	-0.7	0.47
2011	30.49	0.79	海南	6.50	1.15	四川	8.30	0.41
2012	11.75	0.87	广东	10.30	0.94	贵州	8.10	0.44
2013	6.52	0.92	福建	6.60	1.11	广西	5.2	0.44
2014	11.98	1.02	湖南	10.20	0.59	云南	5.1	0.38
2015	9.84	1.11						
2016	6.50	1.15						

二　产业结构调整效果良好

（一）第三产业比重继续提高

海南特色经济结构的"特色"就在于第三产业和第一产业占GDP比重高而第二产业所占比重低。2016年，海南三次产业结构继续优化，第三产业增加值占GDP比重从上年度的53.3%提高到53.7%，第二产业增加值所占比重持续下降，从2011年的28.4%持续下降到2016年的22.3%。尽管第一产业所占比重也在持续下降，从2010年的27.6%下降到2016年的24.0%（见表1-5），但与全国以及泛珠三角区域其他省区相比，海南的第一产业占比超高，仍高达24%。在泛珠三角区域，海南第三产业占GDP比重是最高的，但第一产业增加值占GDP比重也是最高。这种经济结构与海南的资源环境禀赋及产业发展政策是相吻合的。根据经济发达国家和地区的经验，海南省三次产业结构演化趋势可表述为，第二产业比重基本上保持在25%左右，第一产业比重应继续降低，保持在10%左右，第三产业比重应进一步提高，保持在65%以上。

表1-5　　　　海南一、二、三次产业结构的纵向、横向比较

海南纵向比较		2016年海南与全国及泛珠三角区域横向比较			
2010	27.6 : 26.3 : 46.1	全国	8.6 : 39.8 : 51.6	江西	4.8 : 47.4 : 47.9
2011	26.2 : 28.4 : 45.4	海南	24.0 : 22.3 : 53.7	四川	6.0 : 42.5 : 51.5
2012	24.9 : 28.2 : 46.9	广东	1.9 : 36.8 : 61.3	贵州	15.8 : 39.5 : 44.7
2013	24.0 : 27.7 : 48.3	福建	8.3 : 48.8 : 42.9	广西	15.3 : 45.1 : 39.6
2014	23.1 : 25.0 : 51.9	湖南	11.5 : 42.2 : 46.3	云南	14.8 : 39.0 : 46.2
2015	23.1 : 23.6 : 53.3				
2016	24.0 : 22.3 : 53.7				

（二）农业结构趋向优化

统计表明，海南省农业内部结构演化的趋势是：（1）林业增加值所占比重稳步下降。2010年林业增加值占农业增加值比重达到15.43%，到2016年下降到了6.65%（见表1-6）。这种变化是海南落实生态立省战略的具体反映。（2）农业服务业增加值所占比重稳步提高。尽管农林牧渔服务业占农业增加值的比重还很低，2016年仅占2.92%，但自2010年以来保持了持续提高。（3）种植业增加值占比提高。种植业几乎占到农业

生产的半边天，2016 年占比达到 48.26%，且仍有提高的趋势。这种变化因应了海南充分发挥热带农业优势的战略选择。（4）渔业占比较高但提速较慢。渔业增加值占农业 GDP 的 1/4，是第二大农业产业部门。但是，海洋资源丰富是海南的独特优势，渔业生产现状与海南的这一独特优势不是十分相匹配。海南需要充分发挥海洋优势，建成海洋经济强省，显然，大力发展渔业产业是海南未来经济发展的理应选择。

表1-6　　　　　海南省农业内部各部门占农业增加值比重及其演化　　　（单位:%）

年份	种植业	林业	畜牧业	渔业	农林牧渔服务业
2010	40.57	15.43	16.95	24.69	2.36
2011	39.71	16.95	17.94	23.09	2.30
2012	41.95	13.13	17.64	24.75	2.53
2013	41.70	10.86	17.61	27.14	2.68
2014	45.06	8.18	16.22	27.76	2.77
2015	46.26	7.21	16.07	27.52	2.93
2016	48.26	6.65	15.78	26.36	2.92

（三）第三产业内部结构趋于优化

2016 年，海南省第三产业内部结构的变化主要表现在两个方面：一是房地产业增加值占第三产业 GDP 的比重与 2015 年基本持平。尽管房地产业仍是第三产业中的第二大部门，但其占第三产业 GDP 的比重近几年呈现稳中有降的趋势，从 2013 年的 19% 下降到 2014 年的 16.59%，进而下降到 2016 年的 15.89%（见表 1-7）。这种变化反映了海南省实施绿色崛起战略的决心和成效。二是金融业增加值占第三产业 GDP 的比重稳步提高。金融业增加值占第三产业 GDP 的比重从 2013 年的 9.98% 提高到 2014 年的 11.59% 和 2016 年的 12.90%，已超过交通运输邮政仓储业成为第三产业中的第四大部门。批发零售业作为第三产业中最大的部门，其增加值占第三产业 GDP 的比重基本上保持在 23% 左右，反映出当地居民消费能力保持稳定状态，也说明内需是海南经济发展的重要动力。旅游业作为海南主导产业中的龙头产业，增加值占第三产业 GDP 的比重保持在 15% 左右，然而，旅游业增加值占国民经济总产值（GDP）的比重仅为 7.7%，与《海南国际旅游岛建设发展规划纲要（2010—2020）》所提出的 12% 的目标值还有巨大差距，是全域旅游示范省的目标值（超过 20%）的一半。

表 1-7　　　　海南省不同行业占第三产业增加值的比重及其演化　　（单位:%）

年份	房地产	旅游业	批发零售	住宿餐饮	运输仓储	金融
2012	17. 88	—	23. 07	8. 08	9. 96	—
2013	19. 00	15. 14	22. 68	7. 26	9. 28	9. 98
2014	16. 59	14. 21	23. 06	8. 41	10. 19	11. 59
2015	15. 56	—	22. 66	8. 63	9. 42	12. 53
2016	15. 89	14. 27	21. 54	8. 49	9. 36	12. 90

说明:"—"表示未找到相关数据。

（四）十二大产业健康发展

2016 年，十二大重点产业实现增加值 2968 亿元，增速 10%，快于整体经济增速 2.5 个百分点，产值占全省 GDP 的比重达 73.4%。其中，互联网产业、现代金融服务业、高新技术教育文化体育产业、房地产业、医疗健康产业、旅游产业、医药产业 7 个产业增长速度超过 10%，快于全省年均增长速度。其中，服务业对海南经济增长贡献率达 71.4%，占经济总量的 53.7%。海南通过资源集聚，7 年间十二大产业增加值同比增长10%，引领海南经济增长（见表 1-8）。

表 1-8　　　　　　　　2016 年海南十二大产业发展情况

产业	产业规模 （亿元）	对经济增长的 贡献（%）	增速 （%）
旅游业	309. 75	3. 5	10. 9
特色高效农业	703. 83	17. 4	4. 6
互联网	142. 79	3. 5	28. 0
医疗健康	101. 61	2. 5	11. 9
金融保险	280. 07	6. 9	15. 7
会展	67. 9	1. 7	10. 3
现代物流	188. 96	4. 7	7. 7
油气	137. 5	3. 4	3. 8
医药	46. 9	1. 2	7. 9
低碳制造	139. 4	3. 5	3. 5
房地产	345. 04	8. 5	13. 2
高新技术、教育、文化、体育	504. 86	12. 5	12. 3
十二大产业	2968. 61	73. 4	10. 0

三　人民生活水平提高

（一）居民收入增加

2016 年，城镇常住居民人均可支配收入 28453 元，名义增长 8.0%，实际增长 4.9%；农村常住居民人均可支配收入 11843 元，名义增长 9.1%，实际增长 6.4%。与 2009 年国际旅游岛建设之前相比，城镇居民人均可支配收入增长了 106.91%（从 2009 年的 13751 元增加到 2016 年的 28453 元），农村居民人均可支配收入则增长了 149.64%（从 2009 年的 4744 元增加到 2016 年的 11843 元）。可见，海南国际旅游岛建设以来，不仅城乡居民人均可支配收入大幅度增加，而且城乡居民收入差距明显缩小，城乡居民可支配收入之比从 2009 年的 2.90 降到 2016 年的 2.40。

但也必须清醒地认识到，海南城乡居民可支配收入与全国平均水平以及泛珠三角区域省区相比还存在明显差距。其中，城镇居民的收入差距较大，2016 年，海南城镇居民可支配收入仅相当于全国平均水平的 84.64%，相当于广东省的 75.50% 和福建省的 79.00%（见表 1-9），在泛珠三角区域中仅略高于四川、贵州和广西。农村居民的收入差距相对较小，但也很明显，2016 年，海南农村居民可支配收入分别相当于全国平均水平、福建省和广东省的 95.79%、78.95% 和 81.60%。

表 1-9　　　　海南城乡居民人均可支配收入的纵向、横向比较　　　（单位：元）

海南纵向比较			2016 年海南与全国及泛珠三角区域横向比较					
年份	城镇	农村	区域	城镇	农村	区域	城镇	农村
2010	15581	5275	全国	33616	12363	江西	28673	12138
2011	18369	6446	海南	28453	11843	四川	28335	11203
2012	20918	7408	广东	37684	14512	贵州	26742	8090
2013	22929	8343	福建	36014	14999	广西	28324	10359
2014	24487	9913	湖南	31284	11930	云南	28611	9020
2015	26356	10858						
2016	28453	11843						

海南国际旅游岛建设的第一个愿景就是要把海南建成为海南人民的幸福家园，而收入高低是反映人民幸福程度的重要指标。因此，在国际旅游岛建设带来物价攀升的大背景下，有必要大力提高城乡居民可支配收入，

尤其是要加大提高城镇居民可支配收入的力度。

（二）物价比较稳定

2016 年，海南物价指数为 2.8%，与 2015 年相比有较高的涨幅，而且明显高于全国平均水平的 2.00%，在泛珠三角区域各省区中也是最高的（见表 1-10）。

表 1-10　　海南居民消费价格指数（CPI）的纵向、横向比较　（单位:%）

海南纵向比较		2015 年海南与全国及泛珠三角区域横向比较			
2010	4.80	全国	2.00	江西	2.00
2011	6.10	海南	2.80	四川	1.90
2012	3.20	广东	2.30	贵州	1.40
2013	2.80	福建	1.70	广西	
2014	2.40	湖南	1.90	云南	
2015	1.00				
2016	2.80				

从海南物价指数的构成来看，交通和通信以及衣着物价指数出现了较大幅度的负值，而与人民生活密切相关的食品、烟酒、教育文化和娱乐以及医疗保健等的物价指数依然较高（见表 1-11）。可见，在控制生活类商品的物价指数方面，海南任重道远。

表 1-11　　　2016 年海南居民消费价格指数（CPI）及其构成　（单位:%）

居民消费价格		2.8	
食品烟酒	5.1	医疗保健	4.4
生活用品及服务	0.8	交通和通信	-1.5
衣着	-2.1	教育文化和娱乐	3.0
家庭设备用品及维修服务	0.6	其他用品及服务	3.6
居住	2.6		

同时也必须指出，海南较高的居民消费价格指数是建立在高物价基础上的。以 2012 年 12 月物价为例，海南的瓜菜价格高于国内一线城市，而且在全国属于高价格省份；禽蛋类食品同样高于国内一线城市；水果价格略高于国内一线城市；海南彩电均价约为上海的 1.3 倍，约为天津的 1.5

倍，约为广东省的 1.2 倍。[①] 2016 年除夕，海南的天价蔬菜现象也反映了海南在物价管控方面还需要更大作为。与高物价形成鲜明对照，如前所述，海南的城乡居民可支配收入水平在全国属于中等偏下水平。这二者相叠加不利于提高海南人民的生活质量。

（三）社会消费高涨

2016 年，海南实现社会消费品零售总额 1453.72 亿元，比上年增长 9.7%。其中，城镇零售额 1229.24 亿元，增长 9.4%，乡村零售额 224.47 亿元，增长 11.5%；商品零售 1205.75 亿元，增长 9.5%；餐饮收入 247.96 亿元，增长 10.9%。在限额以上企业商品零售中，粮油食品类增长 2.2%，服装鞋帽纺织品类增长 9.4%，化妆品类增长 16.0%，金银珠宝类增长 3.1%，日用品类增长 2.1%，家用电器和音像器材类下降 10.7%，石油及制品类增长 0.7%，汽车类增长 17.0%。这种消费品零售额结构的变化反映了人民生活水平的提升。

人均社会商品零售额从 2010 年的 0.72 万元快速增长到 2016 年的 1.59 万元，提高了 1 倍多。但是，海南人均社会消费品零售额不仅低于全国平均水平的 2.40 万元，在泛珠三角区域各省区中，海南也处于中等偏下水平，仅相当于广东省的 50.32% 和福建省的 52.82%，仍有大幅度提升的空间（见表 1-12）。

表 1-12　　　　海南人均社会消费品零售额的纵向、横向比较　　　（单位：万元）

海南纵向比较		2016 年海南与全国及泛珠三角区域横向比较			
2010	0.72	全国	2.40	江西	1.44
2011	0.84	海南	1.59	四川	1.88
2012	0.96	广东	3.16	贵州	1.04
2013	1.09	福建	3.01	广西	1.26
2014	1.21	湖南	1.97	云南	1.20
2015	1.45				
2016	1.59				

① 毕普云：《海南物价形成机制研究》，《海南师范大学学报》（社会科学版）2014 年第 10 期。

（四）人均住户存款增加

2016年，海南人均住户存款为3.73万元，比上年增加了7.20%，尽管是2010年以来增速最慢的一年，但仍与GDP增速基本持平。在泛珠三角区域各省区中，海南的人均住户存款位居前茅（见表1-13）。

表1-13　　　　海南人均住户存款余额的纵向、横向比较　　（单位：万元）

海南纵向比较		2016年横向比较			
2012	2.51	湖南	3.11	广东	5.43
2013	2.77	江西	3.04	福建	3.98
2014	3.07	四川	3.87	广西	2.26
2015	3.29	贵州	2.40	云南	2.5
2016	3.73				

此外，人民居住条件有所改善。城镇居民人均住房建筑总面积30.80平方米，下降1.4%；农村居民人均住房建筑总面积29.29平方米，增长4.3%。

（五）生态环境优良

全年造林绿化面积15.10万亩，比上年下降24.8%。森林覆盖率62.1%，比上年提高0.1个百分点。城市建成区绿化覆盖率38.3%。年末全省有自然保护区49个，其中国家级10个，省级22个；自然保护区面积270.23万公顷（含海洋保护区），其中国家级15.41万公顷，省级253.40万公顷。列入国家一级重点保护野生动物有18种，列入国家二级重点保护野生动物有105种；列入国家一级重点保护野生植物有7种，列入国家二级重点保护野生植物有41种。

全年创建文明生态村822个，全省总数达到17003个，占全省自然村的80.7%。新建小康环保示范村73个，累计达到351个。

全省空气质量总体优良，优良天数比例为99.4%，比上年提高1.5个百分点；其中优级天数比例为80.4%，良级天数比例为19.0%，轻度污染天数比例为0.56%，中度污染天数比例为0.02%，重度污染天数比例为0.02%。轻度污染和中度污染主要污染物为臭氧，其次为细颗粒物。全省二氧化硫、二氧化氮、可吸入颗粒物（PM10）、细颗粒物（PM2.5）年平均浓度分别为5、9、31、18微克/立方米，臭氧特定百分位数平均浓度为105微克/立方米，一氧化碳特定百分位数平均浓度为1.1毫克/立方米。全省各项污染物指标均达标，且远优于国家二级标准。

深入开展城镇内河（湖）专项整治工作。地表水环境质量总体优良，水质总体优良率（达到或好于Ⅲ类标准）为90.1%。全省91.8%河流断面、84.4%湖库点位水质符合或优于可作为集中式生活饮用水源地的国家地表水Ⅲ类标准，南渡江、昌化江、万泉河三大河流干流、主要大中型湖库及大多数中小河流的水质保持优良状态，但个别湖库和中小河流局部河段水质受到一定污染。开展监测的18个市县28个城市（镇）集中式生活饮用水水源地水质达标率为96.4%，均符合国家集中式饮用水源地水质要求。

海南岛近岸海域水质总体为优，绝大部分近岸海域处于清洁状态，一、二类海水占97.7%，98.6%的功能区测点符合水环境功能区管理目标的要求。洋浦经济开发区、东方工业园区和老城经济开发区三大重点工业区及20个主要滨海旅游区近岸海域水质总体优良，保持一、二类海水水质。西沙群岛近岸海域水质为优，均为一类海水。

年末全省有环境监测站20个，其中国家一级站1个，国家二级站3个，国家三级站16个。环保监测人员452人。

第三节　2016年的主要问题

2016年，海南省国民经济和社会发展以及改善人民生活等方面取得了良好的业绩。但也存在一些问题，例如，产业结构不尽合理，城乡之间、区域之间尚未形成协调发展的格局；物价水平较高、城乡居民收入较低。整体上来讲，无论是发展水平、开放水平，还是社会文明程度、政府治理能力，都与中央对海南的发展要求，与全省人民对美好生活的期待有不少差距。

一　旅游业发展不甚理想

（一）海南旅游业的问题表象

1. 旅游流在空间分布上严重不均衡，东线拥挤，中线和西线冷清。无论是过夜游客接待量还是旅游饭店接待量，80%以上集中分布在东部六个市县，而过夜入境游客接待量和旅游饭店接待入境游客量更加集中，95%左右集中在东部六个市县（表1-14）。又特别集中在三亚和海口，尤其入境游客,更加高度集中于三亚,占到60%左右(表1-15)。

表1-14   2016 年游客流在东中西之间的分布:绝对量与比重

	过夜游客接待量 (万人次)	旅游饭店接待量 (万人次)	过夜入境游客接待量 (人次)	旅游饭店接待入境 游客量(人次)
东线	4067.35(81.72%)	2893.42(83.27%)	711531(95.01%)	690354(94.87%)
中线	361.18(7.26%)	251.6(7.24%)	12030(1.61%)	12030(1.65%)
西线	548.67(11.02%)	329.82(9.49%)	25308(3.38%)	25308(3.48%)
合计	4977.2	3474.84	748869	727692

表1-15   2016 年游客流在市县间的分布

	过夜游客接待量 (万人次)	旅游饭店接待量 (万人次)	过夜入境游客接待量 (人次)	旅游饭店接待入境 游客量(人次)
海口	1329.19(26.71%)	765.25(22.02%)	136478(18.22%)	136478(18.75%)
三亚	1651.58(33.18%)	1363.16(39.23%)	448857(59.94%)	448857(61.68%)
其他	1996.43(40.11%)	1346.43(38.75%)	163534(21.84%)	142357(19.56%)

2. 旅游供给空间上的严重不平衡,中线和西线优质资源得不到合理开发。A 级旅游景区中,AAAAA 景区集中分布在三亚及其周边;AAAA 景区集中分布在东线,尤其集中在大三亚旅游圈和海口旅游圈,中线和西线仅有少数 AAAA 景区和 AAA 景区(见表1-16)。而且一般景区、高尔夫球会、游艇码头、海上运动基地等,也都高度集中在东部六个市县。截至 2016 年年底,全省登记在册的饭店、社会旅馆等各种类型的住宿设施共有 4000 家,客房数量 25.77 万间,都高度集中分布在东部市县,中部和西部市县都很少。

表1-16   2016 年海南 4A 以上景区及其空间分布

景区	所在市县	景区级别	景区	所在市县	景区级别
槟榔谷	保亭	AAAAA	假日海滩	海口	AAAA
分界洲	陵水	AAAAA	南湾猴岛	陵水	AAAA
呀诺达	保亭	AAAAA	大东海	三亚	AAAA
南山	三亚	AAAAA	千古情	三亚	AAAA
大小洞天	三亚	AAAAA	热带森林天堂	三亚	AAAA
蜈支洲	三亚	AAAAA	西岛	三亚	AAAA

续表

景区	所在市县	景区级别	景区	所在市县	景区级别
亚洲论坛永久会址	琼海	AAAA	天涯海角	三亚	AAAA
观澜湖	海口	AAAA	兴隆热带植物园	万宁	AAAA
热带野生动植物园	海口	AAAA	亚龙湾	三亚	AAAA
文笔峰	定安	AAAA	火山口	海口	AAAA

3. 国际游客去哪了。入境游规模绝对量连年减少，入境游客和旅游外汇收入所占比重逐年下降，入境游客人均消费水平总体降低（见图1-1）。

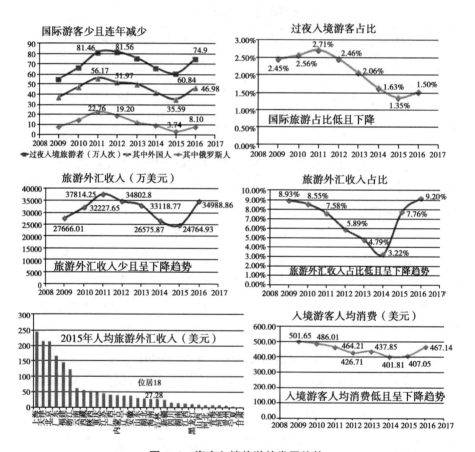

图1-1　海南入境旅游的发展趋势

尽管 2016 年入境旅游止住了游客绝对量降低的颓势，入境过夜游客达到 74.90 万人次，比上年增加 23.1%，特别是外国游客从 2015 年的

35.59 万人次增加到 2016 年的 46.98 万人次，增加了 32%（见表 1-17）。但是，与 2007 年入境游客的巅峰值 97.2 万人次相比，差距依然显著。

表 1-17   海南接待的过夜入境旅游者及其构成

年份	过夜入境游客		外国人		香港同胞		澳门同胞		台湾同胞	
	绝对量（万人次）	环比增速（%）	绝对量（万人次）	环比增速（%）	绝对量（万人次）	环比增速（%）	绝对量（万人次）	环比增速（%）	绝对量（万人次）	环比增速（%）
2012	81.56	0.12	51.97	-7.48	11.51	-15.49	0.78	-30.97	17.77	68.60
2013	75.64	-7.26	50.05	-3.69	10.39	-9.73	0.76	-2.56	14.44	-18.74
2014	66.14	-12.56	42.15	-15.78	10.79	3.85	1.19	56.58	12.01	-16.83
2015	60.84	-8.01	35.59	-15.56	11.87	10.01	1.06	-10.92	12.32	2.58
2016	74.90	23.1	46.98	32.0	13.20	11.2	1.11	4.7	13.60	10.4

资料来源：根据阳光海南网（http：//www.visithainan.gov.cn/government/lvyoutongji/）有关数据整理。

从表 1-18 可见，2016 年，在外国游客中，欧洲游客增加了 52.1%，非洲游客下降了 17.6，其他各州的来琼过夜游客量与 2015 年相比都有所增加。

从来琼外国游客的国别看，俄罗斯的游客量从 2015 年的 37446 人次增加到 2016 年的 80956 人次，增幅达到 116.2%，俄罗斯市场再次成长为海南入境游客的第一市场。所增加的俄罗斯游客数量占所增加的外国游客数量的 34.11%，可见俄罗斯游客增加是 2016 年来琼外国游客增加的最直接原因。

表 1-18   2015 年来琼过夜外国游客及增速

国家或地区	来琼过夜游客量（万人次）	比上年增长（%）	国家或地区	来琼过夜游客量（万人次）	比上年增长（%）
总计	429258	42.3	大洋洲小计	11439	3.8
亚洲小计	206475	47.8	非洲小计	3307	-17.6
欧洲小计	128842	52.1	其他小计	36897	54.7
美洲小计	42298	10.0			

资料来源：根据阳光海南网（http：//www.visithainan.gov.cn/government/lvyoutongji/）有关数据整理。

4. 国内旅游发展不理想，未能适应旅游市场需求的发展。海南国内旅游体量极小，按人口平均计算，在泛珠三角区域各省区中也是最小的，就环比增速而言，不仅与泛珠三角区域各省区相比几乎是最低的，而且，即便与全国相比，海南也只是略高（见图1-2）。这表明海南近年来并没有通过国际旅游岛建设而提升了旅游竞争力，海南旅游业发展没能赶上全国旅游市场发展的步伐。

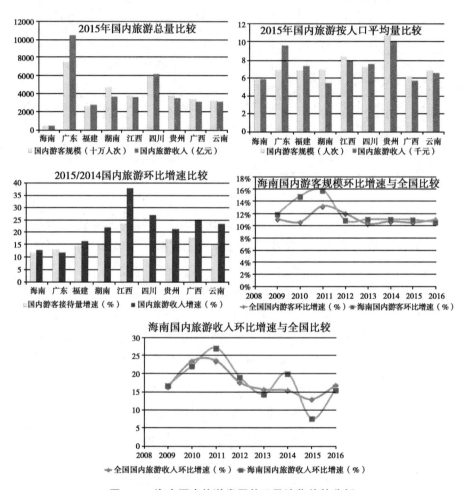

图1-2　海南国内旅游发展状况及演化趋势分析

5. 旅游业在国民经济中的地位较低，对国民经济的贡献率低。2016年，海南旅游业增加值占GDP的比重为7.7%，较2009年仅提高了1.3个百分点，与国际旅游岛建设规划纲要提出的12%的目标值差距显著，与全域旅游示范省的创建标准的20%相比，差距非常遥远。在泛珠三角区域各省区中，海南旅游收入占GDP比重仅高于经济相对较发达的广东、福建和湖南，明显低于其他省区，尤其显著低于贵州省（见图 1-3）。

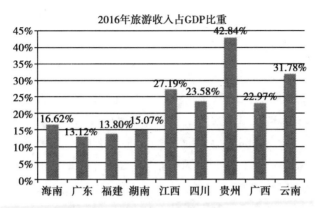

图 1-3　2016 年泛珠三角区域各省份旅游收入占 GDP 比重

6. 旅游业对海南城市化的推动作用弱。城市化既是社会经济发展的基本动力，又是社会经济发展的必然结果，一部现代化发展史也就是城市化发展史。根据城市经济学理论，农业是城市化的基础，工业化是城市化的孵化器，现代服务业是城市化的后续动力。海南的特定区位和条件决定了海南的城市化动力源泉不能是工业化，而必须实现跨越式发展，依靠现代服务业的发展。在海南的特色经济结构中，以旅游业为龙头的现代服务业是主导产业，因此，以旅游业为龙头的现代服务业的发展必然是海南城市化的根本动力源泉。也就是说，旅游化是海南城市化的根本动力，可以将海南的城市化称为旅游化的城市化。然而，自海南国际旅游岛建设以来，海南的城市化进程比较缓慢，反映出旅游业发展对海南城市化的推进作用不明显。酒店业对城市化的推进不强，海棠湾、七仙岭等都没有充分利用城市已有基础，而是另起炉灶；景区更是在比较偏远的区域开展基础设施建设。由于海南旅游业的竞争力偏弱，旅游业难以承担起其他省（市、区）靠工业化来承担的城市的基本功能的重任，城市化发展动力不足（见表 1-19）。

表 1-19　　　　海南城市化水平环比增速、年均增速及其比较

	2010	2011	2012	2013	2014	2015	2010—2015 年均
全国	3.33%	2.64%	2.54%	2.21%	1.94%	2.43%	2.35%
海南	1.36%	1.41%	2.18%	2.21%	1.93%	2.53%	2.05%

	2010	2011	2012	2013	2014	2015	2010—2015 年均
贵州	13.11%	3.40%	4.15%	3.90%	5.76%	5.00%	4.44%
广西	2.04%	4.50%	4.14%	2.94%	2.68%	2.28%	3.30%

7. 海洋旅游业发展滞缓。海南作为我国唯一的热带岛屿省份，其旅游基本上是滨海旅游，2016 年，全省接待过夜游客 4977.2 万人次，旅游饭店游客接待量 3474.8 万人次，其中，沿海县市的接待量都占到 92.7% 以上。2016 年，我国滨海旅游业实现增加值 12047 亿元，占海洋产业增加值的比重高达 42.1%，然而海南当年仅实现旅游增加值 310 亿元，仅占全国滨海旅游业增加值的 2.57%，也就是说，海南以占全国 2/3 的海洋面积仅创造了全国 2.57% 的海洋旅游业增加值。即便按照海南海岸线长度占全国陆地和岛屿海岸线长度的比重计算，海南的海洋旅游业增加值也应该占到全国的 5.7%。可见，大力发展海洋旅游业是海南国际旅游岛建设的必由之路。

（二）海南旅游业问题的直接原因

1. 旅游景区建设乏力，新增景区稀少，核心吸引力不足。《海南国际旅游岛建设规划纲要》提出的 17 个重点建设旅游区中，目前木兰头国际体育休闲园、文昌航天主题公园、东方坡鹿野生动物园、莺歌海环保度假旅游城、五指山民族风情园、黎安港主题公园、兴隆旅游度假区等，没有形成接待能力，甚至根本就没有进行任何开发和建设活动。自海南国际旅游岛建设以来，除一些乡村旅游点和旅游地产项目外，新增的旅游景区只有三亚千古情等极少数，致使海南旅游产品老化。截至目前，没有类似于长隆水上乐园的参与性和趣味性强、技术要求不高（像冲浪、高尔夫等，往往需要专门技术）、老少皆宜的大型旅游项目。

2. 房地产一业独大，挤占旅游业发展空间，破坏旅游资源，降低旅游产品品质。2010 年以来，海南房地产投资占固定资产投资比重高达 45% 以上，最高年份甚至超过了 50%（见表 1-20）。为数不少的房地产项目在申报和审批时贴上了旅游项目的标签，但一旦审批下来，就想方设法调整规划，增加建设用地，提高地产比重和容积率，成为名副其实的房地产项目。

表 1-20　　　　　　　海南省房地产投资规模及其占固定资产投资比重

	固定资产投资（亿元）	房地产投资（亿元）	房地产投资占比（%）
2010	1331.46	467.87	35.14
2011	1611.41	663.05	41.15
2012	2145.38	886.64	41.33
2013	2725.40	1196.76	43.91
2014	3039.50	1431.70	47.10
2015	3355.40	1704.00	50.78
2016	3747.03	1787.60	47.71
合计	17955.58	8137.62	45.32

更为严重的是，房地产项目往往占据优质风景线，尤其是占用一线海景，使得公共资源被无偿"私有化"，不仅挤占了旅游业发展的空间，更破坏了旅游资源的完整性，香水湾、清水湾即是典型例子。这无疑会损害海南自然景观的审美性，有损海南热带海岛旅游目的地形象。房地产项目也引起了部分地区生态环境退化和资源遭到严重破坏，例如凤凰岛建设对三亚湾沙滩资源的破坏、东郊椰林填岛项目对东郊椰林旅游资源的毁灭性破坏。

房地产"一业独大"对旅游业发展所带来的负面影响是多层面的。

第一，助长了地方政府"卖地财政"的不良风气。土地是不可再生的稀缺资源，何况海南岛是13亿中国人共有的唯一的热带生态岛。"土地是财富之母，劳动是财富之父"，这句古今中外的名言告诉我们：智慧劳动+土地资源=财富最大化。我们有很多的优质土地资源，政府不做策划、规划、包装就"廉价"地卖给开发商了，开发商一"包装"贴上"洋标签"就能大发土地财；有的地方政府配合房地产开发匆匆搞个"规划"帮其批地；更有甚者，将旅游用地批给房地产商开发房地产。这就是为什么国际旅游岛建设上升为国家战略后，地方政府由于没有科学规划、包装项目、储备土地而产生的有准备、高质量的招商引资成果不明显的一大原因。

第二，挤压了优质旅游项目的开发空间。我们有很多最适宜发展旅游的优质土地资源被一锤子买卖搞成房地产了，挤压了打造世界一流休闲旅游度假目的地的发展空间，也挤压了发展旅游而解决当地居民大量就业的空间。尽管国务院都明确旅游业是战略性产业，资源消耗低，带动系数大，就业机会多，综合效益好，但是房地产项目对地方财政贡献"短平快"的特点更符合一些地方政府官员"短视"的胃口。国际旅游岛建设启动几年来，新建的有特色、上档次的旅游吸引物项目少之又少，海南旅游"南重北轻"的失衡进一步加剧，比如除三亚、保亭、陵水外，其他市县竟然一家5A级景区都没有。不注重旅游目的地吸引物的打造和优化升级，久而久之，不仅国际旅游岛会淡然失色，而且房地产也将卖不出好价钱，特别是，即便买了房子也仅仅是冲着冬天的气候来海南越冬——平时房子空置，海南不好玩，留不住人，刺激不了消费。

第三，遍地的"洋楼"冲淡了海南特色，冲击了海南本土文化的张扬。海南各地的楼盘建筑风格一边倒地崇洋媚外，标榜所谓巴厘岛风格、夏威夷风格、西班牙风格等，有的楼盘图纸可能都是抄来的，岛内、岛外都能看到一样的楼盘，但是走遍海南各地几乎看不到海南风格的楼盘。建筑是地方文化的第一载体，海南遍地的"洋楼"冲淡了海南特色，冲击了海南本土文化的张扬，打压了海南的文化自信与自尊，更使海南国际旅游岛的"国际化"难以在竞争中立足。这也是造成海南国际游客市场迟迟提振不起来、国内高端旅游客源持续外流的一大原因。近些年来琼游客的大数据分析显示，尽管海南享受全国最开放的出入境政策，但国际游客占总游客量的不足2%；而海南国内游客主要客源地也由早些年的北上广等发达地区，让位给经济欠发达的中西部及东北地区。

第四，大量"新海南人"的引入催生一系列社会问题。住宅型房地产过度开发，集中引入大量候鸟式"业主"，而基础设施、社会配套及公共服务跟不上，"业主"意见纷纷，不仅成为地方政府的一大压力，而且挤压了本地海南人的生存空间和就业机会、导致物价上涨、生活水平相对下降，带来一大堆社会问题，甚至产生社会不稳定的隐患。三亚、万宁等地在这方面的矛盾已经非常突出了。比如，万宁市兴隆地区本来是著名的温泉度假区，但是房地产热导致兴隆地区面目全非，旅游业一落千丈。据了解，如果把兴隆地区开发的房地产都卖完，等于引进了20万"新万宁人"，但是兴隆镇只是一个人口不足2万的华侨农场，其社会配套及公共服务怎么能同时满足20万"新万宁人"的需求？

第五，"房地产热"导致海南的生态环境遭退化。优质土地资源被房地产商纷纷瓜分，接着就出现填海造地热、填湾造岸热、挖沙造岛热、挖山造地热，等等，海防林、海岸线遭到破坏，海南岛脆弱的生态环境正面临严峻的挑战,我们只能心痛地看到海口白沙门的海滨浴场、文昌东郊椰林的椰风海韵等都因海岸带破坏性开发而消失。

第六,房地产"一业独大"加大了海南经济的运行风险。房地产"一业独大"与中央批准海南建省办大特区、建设国际旅游岛的"初心"不一致,阻碍了构建具有海南特色的经济结构和发展以旅游业为龙头的现代服务业,加大了海南经济的运行风险。尽管海南的发展与自身相比成就巨大,但与全国各兄弟省市区比较,人家都在争先恐后、快马加鞭,海南却相对落后。1988年、2011年、2016年,海南GDP增速在全国的排行并无进步,分别为第20位、第22位、第20位;人均GDP在全国的排行不进反退,分别为第15位、第22位、第17位;城乡居民人均可支配收入一直低于全国平均水平。

因此,我们要深刻反思和科学研判海南发展过程中房地产"一业独大"的综合效应,充分发挥、十分珍惜生态岛、健康岛、长寿岛的全国最好的生态环境和全国最大的经济特区、全国唯一的省域国际旅游岛"三大优势",以国际旅游岛建设为总抓手,在"多规合一"中理清思路,明确定位,合理布局,构建以服务经济为主的产业结构,加快形成以旅游业为龙头、现代服务业为主导的产业体系,不断提升经济特区建设水平,努力践行省七次党代会所指明的"三大愿景"。

3. "特区"优势未用足,特色旅游产品缺失。海南是我国面积最大、行政区级别最高的经济特区,正在建设国际旅游岛和创建全域旅游示范省,还是国际服务贸易试验区,国务院及相关部门给予了特区立法权和一系列特殊政策,例如落地签和免签,大型体育赛事即开型彩票等。大型体育赛事即开型彩票政策至少可以在先行试验区先行先试,或者在三沙市的个别岛礁先行先试。

4. 市场竞争激烈,海南遭受国内外夹击。新马泰、巴厘岛、夏威夷等,与海南旅游存在资源与环境的相似性,因而属于替代关系,对海南旅游的竞争压力很大;国内其他省市区旅游业的快速发展也抵消了海南旅游业发展的引力,再加上海南的"高物价"和"特区不特",使得海南旅游业的国内和国际竞争力都不强。对于国际游客来说,海南本地居民和旅游从业人员的英语(俄语等)交流能力较差,这提高了国际游客来海南旅游的心理成本,降低了国际游客在海南的旅游体验。

5. 本土市场小,对外交通能力有限。海南910多万居民中,城市居民约占54%，2015年城乡居民人均收入18979元，居全国第14位，但低于全国平均水平的21966.2元。即便按照全国平均出游次数（3.3次/人）计算，海南能够产生的游客总量约为3000万人次，扣除出岛的和出国的，所形成的本地游客规模有限，据统计，2016年海南接待的一日游游客为1046万人次。海南三个民用机场的年吞吐量约为3000万人次，码头的年吞吐量约为2000万人次，全省每年的对外交通能力吞吐量5000万人次，扣除海南本省居民的进出，实际上每年能进岛旅游的游客量约为1500万人次。

6. 旅游设施分散布局，集聚效应小。旅游景区、酒店、乡村旅游点等，在旅游地产的驱动下，实施圈地行为，分散化趋势明显，一张白纸上好做文章。旅游业的规模效应不高（缺大型旅游企业），旅游业的集聚效应不高（旅游综合体建设意识不强），旅游业的关联效应未发挥（相关产业未得到应有发展），旅游业对GDP的贡献率不高。

7. 旅游服务要素不健全，旅游服务质量较低。行政效率偏低，国际化的语言环境较差，国际化的标识系统不健全，国际化的旅游服务意识和素质不高，待遇原因引起的旅游从业人员的逆向淘汰，等等，都直接影响旅游服务质量。

8. 大型旅游企业少。招商引资工作只是一般化工作，各产业部门无招商任务，缺少全省上下的协调的招商工作。行政审批制度需要改革，投资环境长期未得到有效改进。

（三）海南旅游业问题的深层原因

1. 对国际旅游岛的认识存在偏差，国际旅游岛建设的总抓手地位不突出。一是对海南国际旅游岛建设性质认识的偏差。国际旅游岛建设是海南经济社会发展的总抓手，是海南版的科学发展观。二是对海南经济社会发展的动力机制认识的偏差。城市化是社会经济发展的综合动力，世界近现代史是城市化发展史。增强城市化发展动力，加快推进城市化进程，是海南经济社会发展的基本方向，而海南城市化发展的根本动力显然不能立足于工业化，而要通过大力发展旅游业以增强海南城市的基本功能，提高海南城市的基本—非基本率，也就是说，旅游化应该成为海南城市化的根本动力。三是对海南国际旅游岛的定位认识不到位，导致政策体系建设出现偏差，进而引发产业发展方向出现偏差，例如，旅游业发展不足，对房地产业过分依赖，对新兴业态支撑不足，突出表现在旅游业在现代服务业中的龙头产业地位没有得到实践上的确立。从旅游业对 GDP 的贡献率、旅游业的乘数效应、旅游业对相关产业的带动作用等方面都能说明这一点。四是对国际旅游岛建设的标杆选择模糊，从而缺乏标杆参照，进而难以确定海南国际旅游岛建设的突破口，例如，在旅游产品的策划与开发、旅游形象的塑造与维护、旅游营销策略的选择等方面，没有明确的标杆参照。五是市场定位的内向化而非国际化，更多地面向国内营销宣传与推广，更多地重视满足国内市场需求，因而出现了低级化与高端化的矛盾，引发了系列舆情，使中高端游客转移和流出。

2. 人才短缺，尤其是专业化干部队伍不足。地方干部尤其是主要领导的素质对旅游业发展往往具有决定性作用。部分领导在现有考核体系下，在 GDP 驱使下，追求"短平快"，对于投资规模大、投资周期长、投资短期效率低的旅游项目，缺乏招商引资信心和决心，甚至没有兴趣。干部队伍和人才队伍建设工作不力，选好干部、用好干部等机制不甚健全，存在庸懒散贪等干部队伍的工作作风问题。在人才工作方面，缺少高水平的专业（如旅游）人才队伍。教育和科研发展严重不足，尤其缺少国家级创新团队和国家级教学科研成果，智力、知识、技术等对海南国际旅游岛建设的支撑不足。

3. 体制机制不够灵活，特区立法权未用足。据研究，海南特区立法仅占海南现有法律总量的 20% 左右，而深圳超过 60%。税收政策、物价政策、人才政策、土地政策等方面，都需要更加大胆尝试。旅游规划（含专项规划）的科学性、前瞻性、可操作性存在明显不足，规划效益没有显现。

4. 对外开放力度小，国际大型旅游企业没有进驻海南。现有约 60 家国际品牌酒店，但多数是委托管理，直接投资建设的少。旅游景区的国际化几乎没有起步。国际旅游代理商也没有进驻海南。邮轮游艇受政策法规制约颇多。

二　对外贸易长期逆差

统计资料表明，2010—2016 年，海南对外贸易长期为逆差，2016 年逆差仍达到人均 5092 多元。与海南形成鲜明对比，2016 年，全国人均对外贸易顺差为 2424 多元，泛珠三角区域其他省区也都是对外贸易顺差，其中对外贸易顺差最大的广东省，2016 年人均对外贸易顺差达到 14000

多元。海南国际旅游岛建设的第一愿景是把海南建设成为全省人民的幸福家园，对外贸易也应该是建设全省人民幸福家园的主要手段之一。但是长期的对外贸易逆差势必会造成海南经济发展利益的外溢，这种局面必须尽快扭转。

与之相关联，海南人均利用外资额在泛珠三角区域各省区中是最高的，2016 年达到了 242 美元，比全国平均水平的 91 美元几乎高出 2 倍，比广东省也高出了 14.15%（见表 1–21）。根据经济学相关理论，利用外资在带动经济发展的同时，也会造成外汇收入的外漏和经济发展效益的外溢。在我国外汇储备已成为全球第一大国的背景下，海南省在利用外资方面应该做出政策上的调整。

表 1–21　　　　　海南人均进出口和实际利用外资的纵向、横向比较　　　（单位：元）

海南省人均量的纵向比较			全国和泛珠三角区域人均量的横向比较			
年份	出口额	进口额	利用外资	省区	出口额	进口额	利用外资
2010	1867	6566	176	全国	10013	7589	91
2011	1871	7716	180	广东	35871	21433	212
2012	2238	7965	185	福建	17653	9067	212
2013	2564	7798	202	湖南	1766	845	188
2014	3004	7788	213	江西	4283	1474	227
2015	2551	6986	271	四川	2244	1713	103
2016	1534	6626	242	贵州	883	178	—
				广西			
				云南			

在"生态立省、绿色崛起"战略以及国际旅游岛建设战略下，海南外向型经济发展的路径是大力发展入境旅游，即通过发展入境旅游来平衡对外贸易收支。

三　国内外竞争非常激烈

在国内，31 个省市区（不含港澳台）中有 27 个将旅游业作为支柱产业或重要产业来发展和扶持，各地旅游业都快速发展，对海南国际旅游岛建设构成了严峻挑战。目前全国 AAAAA 级旅游景区 247 个，海南仅有 6家，仅占全国的 2.43%；全国共有五星级酒店 860 家，海南仅有 26 家，仅占全国的 3.02%；2016 年全国共接待过夜入境游客约 5859 万人次，海南仅 74.9 万人次，仅占全国的 1.28%；全国共接待过夜国内游客 44.4 亿人次，海南仅 4902 万人次，仅占全国的 1.10%；2016 年，全国创收国内旅游总收入 3.9 万亿元，海南仅 610 亿元，仅占全国的 1.56%；全国创收国际旅游收入 1200 亿美元，海南仅 3.5 亿美元，仅占全国的 0.29%。根据相关研究，海南国内游客的结构出现了劣质化的变化，主要客源市场从以珠三角、长三角和京津冀为主转变为以华南（粤桂黔滇）、华东（鲁皖苏浙沪赣闽）、华北（京津冀晋蒙）、东北（辽吉黑）、西南（川渝滇）、中部（湘鄂）、西北（陕）为主要客源市场，客源市场更加分散，主要客源地从东部沿海地区向中西部地区转移。

国际上，佛罗里达、夏威夷、巴厘岛、普吉岛、芭提雅、越南、埃及等热带（亚热带）滨海旅游目的地，与海南具有相似的旅游资源和产品，但在国际化环境，尤其是国际化语言环境等方面，具有显著优势，因而对海南构成了巨大挑战。

四　生态环境保护压力增大

自建省办经济特区以来，尤其是海南国际旅游岛建设以来，生态环境面临的压力越来越大。尽管截至 2016 年底，森林覆盖率达到 62.1%，全年全省空气质量优良天数比例达 99.4%，生态环境总体优良，但因围海造地、房地产过度开发、酒店建设过度占用公共资源等原因，也出现了一线公共海景资源被圈地"私有化"、一线海景遭受严重破坏、公共空间和旅游发展空间被挤压等现象。例如，因三亚凤凰岛的建设改变了海流强度和方向，使三亚湾沙滩的输沙和补沙能力大幅度下降，致使三亚湾沙滩不断硬化、泥化、黑化，政府部门不得不每年花数千万元用于吹沙补沙。再如，文昌东郊椰林曾经是海南旅游四大名片之一，沙滩洁白，风光优美，但为了房地产项目，在东郊椰林海湾填海造岛，彻底改变该海域的海流，完全破坏了东郊椰林的风光，对东郊椰林带来了毁灭性的破坏。像这种破坏性建设和开发的现象还有很多，不再——列举。

第四节　海南国际旅游岛建设攻坚对策

国际旅游岛建设已历经 7 年，取得一系列成效，但也存在诸多不尽如人意之处，2017—2020 年是国际旅游岛建设的关键和攻坚阶段，要以提高思想认识、加强干部队伍建设、引进大型企业等为抓手，推进海南国际旅游岛建设实现跨越和突破发展。

一　回归国际旅游岛建设初心，强化国际旅游岛建设的总抓手地位

全省上下齐动员，深入学习《国务院关于推进海南国际旅游岛建设发展的若干意见》和习近平 2013 年在海南视察时的重要讲话等系列重要文件，深刻理解国际旅游岛建设的总体定位和国家担当，把主要精力用在为全国旅游业改革开放先行先试、积累经验、探索理论上，把着力点放在建成世界一流的海岛型度假旅游目的地的定位上。要按照习近平总书记的要求，以加快建设国际旅游岛为总抓手，以开发改革为强劲动力，以生态环境为核心资源，争创中国特色社会主义实践范例，谱写美丽中国海南篇章。

二　按照干部四化方针创新干部选拔制度，重用有重要贡献的专业干部

领导干部在一定程度上对国际旅游岛建设起关键性作用，但现实中，部分领导不懂专业，不会作为，不善作为，虽然努力但效果甚微，被工作牵着鼻子走，打不开局面。邓小平提出的"革命化、年轻化、知识化、专业化"的干部四化方针已正式写入党章，成为新时期干部队伍建设的根本指导方针。要按照这一指导方针，重用懂专业、在国际旅游岛建设实践中做出一定贡献的领导干部；将不懂专业、不深入实践、不作为甚至乱作为的干部调离岗位；鼓励领导干部利用业余时间进修专业知识，提升专业素养和水平。

三　高度重视招商引资，引进大型旅游企业，努力打造海南旅游核心吸引物

要提高行政效率，制定优惠政策，优化投资环境，主动出击，积极对接，诚挚邀请中国旅游集团、华侨城、宋城、迪士尼、途易等国内外著名的大型旅游企业（集团）来琼投资，建设大型旅游景区，打造海南大型核心旅游吸引物。要尽量拒绝房地产企业尤其是投资规模较小的房地产企业来海南侵占优质旅游资源和空间资源。在项目审批时，要严格控制房地

产项目的审批（经济适用房、廉租房等除外），一旦通过审批，决不能更改项目用地性质，更改容积率、绿化率等关键指标。鉴于目前海南酒店的入住率长期保持在 50% 左右的低水平，要从严控制酒店项目的审批。在加快乡村旅游发展的同时，鼓励大型旅游企业建设大型旅游景区，实现全域旅游和景区旅游的同步发展。要特别重视海洋旅游产品的开发，在继续发展滨海旅游的同时，充分利用三沙市优质的海洋旅游资源，尤其是配合南沙岛礁建设项目，在三沙市建设几个海岛度假旅游项目，例如，在美济礁建设能够同时容纳 500 名左右游客的海岛型度假旅游区。这不仅可以弥补海南旅游产品的空白，拓展海南国际旅游岛建设的空间，更能够承接海南在南海维权上的国家担当，还能够构建泛南海旅游经济圈，并使得海南成为泛南海旅游经济圈的中心。

四　重视创新能力，提高待遇，破解逆淘汰局面，提高旅游从业人员素质

要充分利用经济特区的特区立法权，通过地方法律法规，明确以下几个方面。一要区别不同学历（学位）层次的待遇标准。学历（学位）不同，甚至是毕业学校的差异，创新能力、动手能力、管理能力等势必有所区别，要建立并实施初始工作待遇与学习成本密切挂钩的机制，避免本科生甚至研究生的初始工作待遇与高职高专甚至中专生几乎无差异，以此吸引高学历（学位）和优秀学校的优秀毕业生投身到旅游行业中来。为避免唯学历（学位）论，可以从第二年起，根据工作能力和业绩来确定工资标准。二要提高旅游从业人员的待遇，制定旅游企业对旅游从业人员的招聘标准，使旅游业成为吸引就业的明星行业。空乘行业在性质上与旅游行业几乎没有差别，但待遇标准显著高于旅游业，而且空乘人员招聘标准高，这样，空乘职业成为被社会公众所尊重、被社会所追求的明星职业。三要鼓励旅游行业雇佣国（境）外劳工。为提高旅游行业对入境游客的服务能力和质量，鼓励旅游行业雇佣国（境）外劳工，并不断提高企业对入境游客的服务水平。四要形成员工培训的长效机制。规定旅游企业员工每年的培训时间，定期检查、定期考核，并且劝退不能通过培训考核的。

五　完善公共服务，提高居民获得感，增强公众参与度，推进全域旅游发展

继续推进厕所革命；完善高速公路服务站点，增强服务功能；加快推进房车营地和自驾车营地建设；按照国际惯例规范旅游标识系统；推进旅游信息化建设，优化海南旅游官网，实现主要区域的 WiFi 全覆盖。增加对当地居民的物价补贴；提高本地身份证的附加值（持本地身份证住酒店、游景区，可享受一定幅度的折扣）。提高公众对规划的参与度；树立当地居民的主人翁意识；加大对当地居民的旅游服务意识的培养，提高其旅游服务能力。

六　其他措施

除上述对策外，还要从严治党、依法从政，营造良好的政治生态，努力提高行政效率。要深化"多规合一"改革，坚持"一张蓝图干到底"和生态立省的战略，将生态环境保护和修复置于经济发展的优先地位，保住青山绿水碧海蓝天。要始终坚持文化提振策略，坚定海南的文化自信，不断挖掘海南本土文化，在旅游核心吸引物的打造中，努力突出海南本土文化特色，通过本土文化的彰显实现旅游产品的国际化。要始终坚持以人为本策略，将提高居民幸福感和游客满意度有机结合起来，在实施游客VIP策略的同时，不断提高当地居民对国际旅游岛建设成效的分享份额。

第二章

海南人口结构新常态：社会融合与公共服务①

海南作为中国特殊的岛屿省份，因各种原因，出现了两次大的移民潮：第一次是"十万人才下海南"，始于 1988 年 4 月海南建省、成立海南经济特区之际，全国各地大约 10 万人来到海南寻梦、创业。"十万人才下海南"是中国近代史上一次大规模的人口迁徙，它奠定了海南人才基础、加强了海南人才储备，当年的十万人才现在很多都是海南各领域的精英人才，对海南的发展具有深远的社会、文化与经济意义；第二次移民潮，应当算作从海南国际旅游岛建设开始，目前正在持续进行，称为"新移民潮"；"新移民潮"的典型特点是以候鸟人群、游客和务工人群为代表的流动人口的迅速增加。但是对于"新移民潮"，它对海南经济与社会发展的影响，尤其是对海南社会融合和公共服务领域的影响，目前尚没有特别成体系的研究，也没有得到应用的重视。

第一节　海南省人口结构新常态的基本情况

根据相关统计数据显示，2016 年末全省常住人口 917.13 万人，年度人口出生率为 14.57‰，政策外多孩率 4.5%，出生人口性别比 115.40。根据姚斯洁（2016）预测：在"全面二孩"政策有效实施的生育模式下，海南总人口在今后十年总体呈逐年稳步上升的趋势；"十三五"期末，海南总人口预计可突破 950 万人；至"十四五"期末，总人口预计突破 990

---

① 由海南大学和南开大学联合主办，海南国际旅游岛发展研究院承办的第二届"海南国际旅游岛高端学术论坛"于 2016 年 12 月 17 日在海南大学举行，本次论坛的主题为"海南人口结构新常态：社会融合与公共服务"，来自南开大学、中国人民大学、海南大学、海南省社科联、海南省委党校、海南医学院等高校和科研院所等专家学者，共同为海南省社会事业发展建言献策。本章很多内容引用了研讨会的专家学者建议，并结合了两位作者的研究与思考。

万人。根据《海南省总体规划（2015—2030）》的预测，2020 年海南省常住人口为 1084 万人，2030 年为 1268 万人。

一　海南常住人口的基本情况与未来发展趋势

从人口结构上来看，65 岁及以上的老龄人口数量呈较快增长趋势，年均增速为 3.9%，人口数量达到 108.45 万人；"十三五"期间，适龄劳动人口年龄结构上，30 岁以下的青年劳动力人口逐年下降，年均降幅为 2.3%。除此之外，海南省常住人口的发展及其影响还包括以下几个方面。

（一）海南省老龄人口不断增加，社会保障压力逐年加大

根据刘德浩（2016）的测算，海南省目前城乡居民养老保险的待遇充足性水平偏低，无法满足参保者年老后基本生活水平的需要。为此刘德浩（2016）建议：提高基础养老金水平，建立基础养老金指数化调整机制；积极稳妥推进个人账户基金投资运行，实现合理的投资回报；提高个人缴费档次，建立缴费档次动态调整机制；调整个人账户养老金待遇计发系数，确保制度的精算平衡；探索改革个人账户养老金的待遇发放模式。

（二）适龄劳动人口，尤其是 30 岁以下的青年劳动力人口逐年下降

这与我国适龄劳动人口结构大致相仿，但需注意的是这种"人口红利"的消失并不发生在某个时点，而是一个逐渐缓慢的过程。在可预知的未来，海南的劳动力成本将随着全国劳动力成本大幅提高，这对于海南省的服务业发展尤其是劳动密集型服务业的发展将产生重大影响。海南未来十年，必须能够有效提高服务工作的生产率，否则经济将面临严重的停滞危险。如果服务生产率无法提高，服务从业人员的报酬增长将逐渐缓慢，服务从业人员将面临两极化的困境，阶层分化将更加明显，这已经成为很多旅游城市不得不面对的潜在危机。

二　海南流动人口的基本情况与分类

流动人口是指离开户籍所在地的县、市或者市辖区，以工作、生活为目的异地居住的成年育龄人员。国际上，一般称"流动人口"为"国内人口流动"。流动与迁移是两种相似但又有区别的现象，流动人口与迁移人口虽然都进行空间的位移，但迁移是在永久变更居住地意向指导下的一种活动。

（一）全国流动人口的基本情况与分类

国家卫生计生委 2016 年发布《中国流动人口发展报告 2016》显示，

2015年，我国流动人口规模达2.47亿人，占总人口的18%，相当于每六个人中有一个是流动人口。流动老人规模不断增长，占流动人口总量的7.2%。

（二）海南省流动人口的基本情况与分类

海南流动人口大致是1/6，但目前囿于各种因素，没有准确的统计数字，流动人口主要包括以下人群。

（1）短期潮汐式的旅游度假群体，2016年海南全年接待游客总人数达到6023.59万人次。

（2）随季节气候变化的候鸟式群体，海南省政协调研组经过深入调研初步形成的《关于柔性引进和使用"候鸟人才"助推海南经济社会发展的调研报告》显示，每年冬季由全国各地"迁徙"到海南省的"候鸟"人群超过100万人；根据2013年的新闻报道，仅三亚一地吸纳的全国各地过冬老人已超过40万人。

（3）跨省、省内跨市县流动务工群体，以及外来高端科研、技术型人才群，这部分人群目前并没有特别精准的统计数据。

海南流动人口的结构性特征在全国具有唯一性和独特性，并且很可能在未来10—20年成为海南人口结构的新常态。

三　海南省三种类型流动人口的特征

（一）旅游度假人群的特征

该群体的特点是总量大，消费能力强。从统计数据可以看出，海南省旅游接待人数逐年递增，到海南旅游的游客消费能力总体较强，2015年公布的《酒店餐饮业消费搜索趋势研究报告》显示，三亚以人均餐饮消费128.9元在全国餐饮业人均消费水平最高的城市排名中高居第二，仅次于香港，位列内地第一。

（二）跨省市务工群体的特征

该群体的特征是教育程度、收入偏低，就业行业集中，该类人群由于大多就职于宾馆、餐饮、旅游等相关行业，受教育程度呈现出两头低中间高的特点。根据《2010年三亚市第六次人口普查资料》显示，这类人群基本情况如下：小学、初中和高中文化程度的人口比例分别为13.25%、42.68%、19.17%，三者合计占长期居住流动人口总数的75.1%，其中，初中文化程度的人口流动比例最高。拥有大学专科、本科和研究生文化程度的人口分别占 9.11%、10.32% 和 0.22%，三项合计占 19.65%。

（二）候鸟人群的特征

这类人群的典型特点是有能力、有闲暇，公共服务需求集中。候鸟人群是海南省的特有现象，候鸟老人来自中东三省地区的约占 70%。候鸟老人可分为三种主要类型：事业单位退休人员约占总量的 40%；党政机关、部队离退休人员约占 34%，企业退休人员约占 26%。大量候鸟老人涌入海南养老带来了"两个分离"的问题：其一是就业与养老分离；其二是纳税与服务分离。候鸟人群有三大典型特征：知识层次与公共管理能力较高；闲暇时间长，参与社区治理意愿高；公共服务的需求主要集中于医疗和养老两大领域，同时也对海南省的公共服务造成压力，例如城市公共休闲娱乐设施、公交车、医院、市场等。

四　海南省人口新常态的成因

（一）全国人民的四季花园——资源与优势

首先，海南省具有独特的地理位置和优美的环境，作为国际旅游岛对满足休闲娱乐需求的旅游人群具有强大的吸引力。

其次，海南省的公共服务能力不断提高，近几年来海南省不断推行社区的网格化管理、城中村的改造、社会治安综合治理的提高等，这些都为本地居民和流动人口提供了良好的生活环境，促使更多的流动人口愿意融入海南省的城市管理当中，在海南省工作或者旅游。

（二）外在因素造成流动人口更倾向于选择流向海南

首先，随着改革开放中国经济快速增长，人民生活水平有了显著提高，消费能力也随之增强，在恩格尔系数不断提高的前提下人们的休闲娱乐需求都不断提高。海南优美的风景、独特的文化特色等都使人们有更多意愿选择海南。

其次，最近几年北方环境不断恶化，重要城市北京、天津等都处于雾霾笼罩之下，人们选择一个空气清新、环境优美的地方生活，"逃离"雾霾与环境污染也成为流动人口流向海南的重要因素之一。

最后，反腐倡廉工作的不断展开，官员出国考察休闲度假受到很大冲击，但是公务员正常水平内的福利也需得到满足，海南省或许将成为一个较好的选择。

第二节　海南省人口结构新常态下的公共管理与公共服务

公共管理是以政府为核心的公共部门整合社会的各种力量，广泛运用政治的、经济的、管理的、法律的方法，强化政府的治理能力，提升政府绩效和公共服务品质，从而实现公共的福利与公共利益。公共服务是指为社会公众参与社会经济、政治、文化活动等提供保障；公共服务可以根据其内容和形式分为基础公共服务、经济公共服务、公共安全服务、社会公共服务。

一　人口新常态下海南省公共管理与公共服务的特殊性

（一）公共管理与公共服务的双重叠加

根据南开大学朱光磊教授（2016）的观点，政府管理在"现代化"阶段的主要任务就是侧重强化管理，而"后现代"阶段的主要任务重在扩大服务。海南省政府建设的最大难题是两化叠加的"双重历史任务"——既要打好现代化进程要求的政府管理基础，又要建设后现代化的"服务型政府"。

在现代化的任务上，海南省的特殊省情就是底子薄、居民收入水平并不高，根据海南省的官方统计数字，海南约有47.4万农村贫困人口，5个国定贫困市县，300个贫困村，既有连片的贫困区域，也有分散的贫困农户。

在后现代化的任务上，旅游、候鸟这两类流动人口对社会服务期望值高，导致满意度差距较大。仅以候鸟人群为例，根据北京大学陆杰华（2015）的调查分析，海南省候鸟老年人群具有明显的"体制内精英"色彩：83.1%的候鸟老人退休前在国有企业、事业单位以及党政军机关工作；其中职位为机关事业单位负责人的比例高达40.8%，专业技术人员的比例达到20.4%。

（二）潮汐式的公共管理与服务需求

海南省流动人口的特殊性与其独特的地理位置和自然条件相关，这就决定了海南省流动人口与北京、上海、广州等特大城市的流动人口流动状况是有所差异的，北京等城市的流动人口与常住人口的特征已经基本趋同，而海南省流动人口却呈现周期性变化的特征：冬半年流动人口大量涌入，夏半年流动人口纷纷撤出。潮汐式人口急剧变动对就业资源、养老资源、医疗资源、教育资源、交通资源造成极大的配置难题，这对海南省各级政府的公共服务与管理提出了非常高的要求，公共基础设施建设也处于供给过剩和供不应求的两个极端当中。

（三）"碎片化"公共服务组织模式

流动人口服务主要由各政府职能部门承担，分管领导多、分工细且交叉。这就带来了当前流动人口服务"碎片化"的难题，即承担公共服务的各部门之间资源无法整合，很多服务与管理工作存在机构重叠、职责交叉、权限冲突、政出多门等问题，各服务主体各行其是，缺少协商对话、沟通合作的机制。长期以来海南省各市县的计生、公安、工商、卫生、住建、综合执法等管理部门一直存在着一定的管理部门分割、各自为政的现象，缺乏应有的不同部门之间的合作，使得资源共享难以实现，这种服务主体散点状分布、网络化水平不足的现状，降低了现有服务和社会资源的效能，妨碍了流动人口服务的体系化水平。

（四）服务主体单一，加大了政府公共服务的压力

海南省流动人口社会服务主体主要由各级政府部门承担的现状，加大了政府的工作压力，特别是海南特殊的、扁平化的"市管镇"行政架构，使市、（区）镇两头公共服务和社会管理的压力加大，而各（区）镇管理体制、机制等的不健全，又使有些部门在面对流动人口社会服务时处于被动地疲于应付的局面。城市公共服务主体应是多元化的，即以政府为主导的前提下，将非营利部门、市场化力量（经济主体）、志愿者组织、个体居民等纳入服务体系。

（五）出现"公共服务不能做得太好、公共服务不宜均等化"的矛盾

海南大学李宜钊（2016）认为，海南省公共服务目前存在两个矛盾：一是政府提供的公共服务越好，越可能引致更多流动人口流入到本地，导致流入地政府在流动人口融合中往往抱着"不能不做，但不能做得太好"的态度；二是中央财政转移支付往往以常住人口作为资金分配的一个重要测算因素，但游客和候鸟人群均难以统计在常住人口之中，这样在推行公共服务均等化将可能加剧社会排斥。

二　人口新常态下的海南省政府职能建设相关建议

（一）强调"管理—服务型"政府，兼顾加强管理与提升服务

海南省政府建设需要做好两方面工作：一是继续强化管理，注意强化

细节管理和流程管理，改变"重体制轻机制"的习惯；二是继续加快城市化进程，用后段加速而不是降速的办法，用融合而不是划界的办法，推动城市化"健康提速"与"精准扶贫"相结合，去积极弥补"两化叠加"所导致的社会压力和"社会断裂"现象。

（二）提供政府管理的集成性

海南省需要深化研究"省管县市＋市管镇街"模式与海南人口结构新常态的匹配性。必须尽快整合公共资源，打破"碎片化"公共服务组织模式；注重政府管理信息的集成和现代资讯技术的运用及其安全管理，实施创建中心城区基层治理数据库。

在海口或三亚探索建立一种"组织规模大、职能范围广"的大部门体制，对相同或相近的政府职能进行整合、归并，综合设置政府机构，例如将与旅游相关的职能归并，并组建新的旅游委，从根本上解决机构重叠、职责交叉、权限冲突、政出多门等问题。

三　实现流动人口协同管理模式的建议

海南应积极探索未来形成一种"协同治理"模式——党、政府、企事业单位、社会组织、媒体、公民等共同构建流动人口协同管理模式。

（一）创新"基层党建＋基层治理"协同管理模式

南开大学孙涛（2016）通过对三亚市、儋州市和乐东县基层社区调研认为，海南应积极探索"基层党建＋基层治理"相结合的模式。这方面乐东县近几年在基层党建上有可借鉴的经验，乐东县九所镇山海湾社区成立山海湾党支部，与物业共同支持指导成立40余个业主社团组织，广泛开展各类文体活动，党支部引导业主中各类专家人才投入小区公共服务中，如退休医生到社区医院再就业，退休教育工作者到社区学校工作等。

（二）打造候鸟人群自助组织

社区要建立候鸟人群和本地居民的沟通平台，为增加了解、减少冲突进行社区建设，候鸟人群也应积极参与当地社会公益活动。海南省委党校陈恩（2016）认为：应积极扶持引导候鸟人群形成自组织，以便其进行自我管理和自我服务。"海南夕阳之最"老年服务中心就是政府带动社区老年人积极参与到集体活动中、形成的一个互帮互助团体。

（三）依靠多元主体协同为其提供公共服务

应充分利用物联网、O2O等先进技术，依靠社区解决公共服务"最后一公里"难题，充分发挥社区社会组织的力量，为流动人口提供全方位服务，同时政府应当改变传统"管控"的思想，通过"以服务带管理"的方式对市场资源进行规范与监督，变"运动式监管"为依法加强事中事后监管。

（四）可适时开展流动人口分级阶梯管理制度

海南省各级政府可根据流动人口的居住年限、经济贡献、社会服务和技能四类指标，分级提供差异化的公共服务。海南省分级居住证制度可依据年限、经济贡献、社会服务和技能四类指标，依据海南省的具体市情和一线工作人员的经验赋予不同的权重，对海南省流动人口进行综合评分，最后根据不同的分数分层次向流动人口提供阶梯式的服务。建议将流动人口依据积分体系的评分高低分为三级，依次发放普通居住证、中级居住证和高级居住证，对应不同级别提供分层次的服务。具体可如表2-1所示。

表2-1　　　　　　　海南省流动人口居住证积分体系设计

	指标特点	对应人群	对应公共服务
普通居住证	年限短，经济贡献/社会服务/技能低	外省老年人群和部分短期外来务工人员	法律援助、传染病防治、安全保障
中级居住证	年限适中，经济贡献/社会服务/技能较低	长期外来务工人员和部分白领	普通居住证包括的所有公共服务、计生服务、就业指导、五险一金、就业培训与支持（绿色工作通道）、民间旅游行业小微企业创业扶持、出租屋申请、公积金支付、社区组织管理、特殊困难救助、公园展览馆年票、旅游资源优惠等
高级居住证	年限长，经济贡献/社会服务/技能高	高纳税能力、高消费水平、高知识技能储备和高社会服务经验人群	中级居住证包括的所有公共服务、选举权与被选举权、公租房申请、学前和义务同等教育资源、同住子女在本市参加全日制普通中等职业学校自主招生考试、全日制高等职业学校自主招生考试、申请入户籍等

资料来源：南开大学周恩来政府管理学院课题组《三亚市流动人口研究报告（2012—2013）》。

第三节　流动人口的社会融入分析与政策建议

高密度外来流动人口带来高频率的互动机会，提高了不同文化背景个体之间冲突的概率，近几年来本地人和流动人口（尤其是候鸟人群）的社会冲突有愈演愈烈之势，并且这种社会冲突极容易在互联网上推波助澜，给"海南形象"造成不良影响。流动人口问题是一个不同地域和不同亚文化移民的社会融入的问题，应当通过对流动人口的社会融入的过程实施政策干预，从而实现海南省经济与社会的均衡、持续发展。

一　积极引导候鸟人群，创造海南新社会环境

海南省流动人口的比例很高，构成比较复杂，但是无论是外来务工人员、候鸟人群、白领就业人群，进入到新的城市中生活，都需要经过一个适应的过程，也必然面临诸如就业择业、子女教育、不同人群的人际交往等问题。与此同时，流动人口也对海南当地居民的工作、生活方式等带来影响，将多元文化、生产方式、生活方式等带入海南。海南流动人口的社会融入问题不是一个单向的进程，而是双向互动的，既包括流动人口如何适应和融入海南，也包括在流动人口的带动下，尤其在高学历、高收入流动人口的带动下，如何使海南当地的社会生活发生转变，使海南人民融入这一多元文化融合的"新型"社会环境。

（一）推动季节性流动人口向"消费型流动人口"转变

根据国外经验，"消费型流动人口"往往会增加本地消费，是海南省候鸟型人群培育的方向，而目前海南的候鸟人群的消费水平并不高。

建议海南不宜将"养老产业"作为国际旅游岛的一个支撑点，因为养老是全世界各个国家政府的难题，养老一部分有个人的责任，一部分有政府的责任。如果过多强调"养老产业"，无形中增加了海南省各级政府的压力。从消费的角度看，海南仍要坚持"健康岛"和"养生岛"的概念，以"养生促养老"。旅游产业发展需要养生提升，养生产业化依靠休闲拉动，最终实现产品融合化、产业基地化、市场扩大化、品牌提升化。

与此同时，必须加强对"候鸟人群"的登记管理，采用功能分区的形式接纳患有疾病的"候鸟人"。理论上，患有疾病的"候鸟人"属于康复疗养，需要与正常"候鸟人"区分开来。建议通过海南省公安部门对这些"候鸟人"进行登记管理，根据具体情况，提供服务功能分区式的定向疗养。

（二）以旅居社区主动应对无序"候鸟"

旅游海岛如何科学接待候鸟客，涉及可持续发展和社会经济发展的档次，未来海南应当利用海岛旅游吸引停留时间长、花费多的客人。为此，海南省社科联副主席陈耀（2016）提出以旅居社区主动应对无序"候鸟"的建议：将一线旅游海岸区域之笼留给短期度假客，将"候鸟"引到环境更好、更具性价比的二线城市。稀缺资源打造精致产品，以房地产特色

选特定之鸟，海南省委省政府需推动特色精品房地产项目，推进候鸟式休闲园这一养老方式的进程。

（三）引导就业型度假——积极发挥候鸟的智力作用

基于智慧和特殊技能的创造性、补缺型就业，为当地创造新的或更多的服务岗位。以《南国都市报》急着以"候鸟老人在海南的心愿"为题展开调查，很多老人明确地说：他们对海南的自然环境非常满意，只是这种悠闲的日子过得单调了些，如果手头有事可做会更加开心。海南大学李芬（2016）提出"智力候鸟人才引进"仅适用于候鸟老人中的少数人群，能够被引进的候鸟老人数量有限，未来应鼓励更多的候鸟人群以某种制度化渠道参与当地建设。

海南省候鸟人群多为体制内精英，"候鸟"老人受教育程度高，非农户口占主体，退休前多为机关事业单位负责人或专业技术人员。因此，建议将长期居住在本岛的外地老人，由社区居委会建立花名册或专业人才登记备案，有关部门牵头发起成立海南"候鸟"俱乐部，并建立网站，定期来海南的"候鸟"可到网站备案、报到，建立"候鸟人才"登记，形成一个海南"候鸟老人"人才库。

"候鸟老人"中有一批教育、科技、医卫等方面的专家学者，是海南国际旅游岛建设的一支重要力量，政府部门可考虑将发挥"候鸟人才"作用列入海南人才发展战略规划，根据其心态和身体情况提供灵活的政策，充分发挥"候鸟人才"在海南经济社会发展中的重要作用。对于政府急需、社会紧缺的资源，政府可以免税、贴息贷款等优惠政策吸引"候鸟人才"，或者为那些精英开"绿色通道"。

二　海南省流动人口的社会融入

（一）海南省流动人口的社会融入过程分析

参考西方国家在工业化、城市化进程中移民融入的理论和实践，流动人口的社会融入过程一般包括两个过程：结构性地融入和文化性地融入。其中，结构性维度地融入意味着移民个体与群体在流入城市时制度与组织层面的社会参与度的增加，而文化性地融入则是指移民群体在价值导向与社会认同上的转变过程。这里所谓的制度和组织，主要是指海南省的社会规范与各种社会组织在推动流动人口和移民群体融入新海南过程中发挥的作用，如教育体系、劳动力市场等。流动人口在制度与组织层面社会参与度的增加，使得他们能够有机会与外在主体社会之间进行持续的互动，从而增进相互间的沟通与理解，实现对新社会的认同。

作为流动人口，要在当地城市长期生活居住，只有在价值观念上实现了对新的社会环境的认同，才意味着流动人口群体实现了真正的社会融入。从结构性地融入到文化性地融入，对于海南省而言，这一过程需要面临四个维度地融入——经济融入、社会融入、政治融入和文化融入：（1）经济融入主要是由流动人口在就业、收入、消费等方面的指标来测量；（2）社会融入的主要内容是流动人口在社会保障和社区参与方面的状况；（3）政治融入主要是指流动人口在政治参与和公民权利方面的状况来呈现；（4）文化融入通常是指流动人口在风俗习惯、身份认同、价值选择等心理感受方面的表现（见图2-1）。

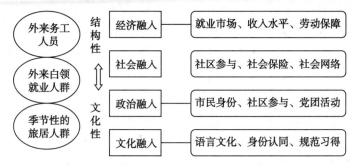

图2-1　流动人口社会融入的过程和指标特征

通过对海南省流动人口的调研发现：（1）外来务工人员的社会融入通常是从经济融入开始的，逐渐进入社会融入和文化融入的过程；（2）白领就业人群虽然目前的社会融入和文化融入的动机不强，但未来完全有可能成为海南省经济社会发展的生力军和主力军，需要政府出台针对这一群体的相关政策和鼓励措施；（3）旅居海南人群由于其高收入的特点和消费享乐的目标，融入海南的可能性较小，"平行发展，互利互惠"是政策制定的发展方向。

（二）海南省流动人口的社会融入政策与制度建议

基于全国各地差异性较大的人口流入地的政策制定思路，以市场化手段和政策性引导等方式，理性地接纳和选择性地吸收流动人口，及时进行阶段性政策调整，创新社会管理和社区治理方式，让流动人口为海南的经济社会发展做贡献。

　　第一，海南省应尽快制订高端人才系统引进计划，提高流动人口的文化素质，这也是结构性融入和文化性融入的重要举措。现阶段人才引进的瓶颈不在于提高人才的待遇，而在于各类基础设施的完备性，例如教育、医疗等，因此应当通过完善基本公共服务体系，从而为人才引进提供基础性的支撑。

　　第二，海南省要强化对流动人口的教育和技能培训，提高劳动力素质，既可以提高流动人口对社会保障的认知和重视，增强参保意识，通过提升流动人口的技能，对用人单位产生吸引力，增加他们留在海南的机会成本。

　　第三，相关部门出台配套措施提高这些人在正规单位就业的比例，整体提升流动人口社会保障的水平，这样一来，流动人口对市民化待遇的渴望会变得强烈，进一步融入城市的期望会更加迫切。

　　人口的自由流动视为经济发展和社会转型的自然结果，然而海南未来的合理人口规模不是指最大或最高人口容量，而是指社会满意度既定条件下保证合理健康的生活水平，且能促进社会、经济和环境可持续发展的人口规模。如果海南在公共服务与管理、新型社区管理、流动人口的社会融入方面，没有做好足够的准备，像儋州市、陵水县、乐东县等新兴旅游城市未来十年将面临流动人口喷涌式增长的可能性越来越大，那么过多的人口必将给海南带来莫大的挑战，海南的人口很可能超过"合理人口规模限制"。在这个过程中要确立"经济发展是成绩，搞好服务也是成绩"的新政绩观，提出资源环境约束性的指标，强化经济结构指标及公共服务、人民生活等指标权重，选取易检查、可评估的指标，破解制约海南省人口新常态下的深层次矛盾。

第三章

全国首个全域旅游创建省：探索与实践

2016年1月30日，在海口召开的2016全国旅游工作会议上，海南被确定为首个全域旅游创建省，为全国探索经验、作出示范。海南一直作为我国旅游发展的重要桥头堡和风向标，海南旅游浓缩了我国旅游业发展的主要特征，也代表旅游发展的方向，选择海南创建全域旅游示范省，具有典型性、代表性和紧迫性。创建全域旅游示范省是推进海南旅游转型升级、破解旅游发展难题的战略方向，也是贯彻落实加快推进海南国际旅游岛建设意见的具体举措。

第一节　全域旅游理论探索

在2016年全国旅游工作会议上，全域旅游作为新时期的旅游发展战略被提出。传统以抓点方式为特征的景点旅游建设模式，已经不能满足现代大旅游发展的需要，要求对传统旅游发展模式进行改革创新和对旅游发展进行重新定位。全域旅游是一种发展新模式新战略，符合我国新阶段旅游发展战略的再定位，是我国旅游业提质增效和可持续发展的客观要求，也是世界旅游发展的趋势，代表着现代旅游发展的新方向。

一　全域旅游的概念与内涵

过去发展旅游的方式主要是建设景点、景区、饭店和宾馆等，这种"景点旅游"模式伴随着我国旅游产业从无到有、从小到大的发展过程，为我国的旅游发展打下了良好的基础，同时也间接地被证实是一种有效的旅游发展方式。

随着社会经济的快速发展和人们生活水平的提高，旅游早已不再是一个奢侈品并成为大众生活中的一部分，进入了大众化时代。大众旅游的不断繁荣发展，已经到了全民游和个人游、自驾游为主的新阶段，游客的旅游需求也发生了改变，不再满足于缺乏个性化的团队旅游产品，因此，以抓点方式为特征的景点旅游模式在如今已经难以满足现代大众旅游发展的需求。这一新形势变化，要求对现有的旅游发展战略进行重新定位和推动旅游发展方式的创新。全域旅游的发展模式在这一背景下被提出，并迅速地运用到实践中检验，取得了一定的良好成效。

全域旅游是在一定区域内，以旅游业为优势产业，通过对区域内经济社会资源尤其是旅游资源、相关产业、生态环境、公共服务、体制机制、政策法规、文明素质等进行全方位、系统化的优化提升，实现区域资源有机整合、产业融合发展、社会共建共享，以旅游业带动和促进经济社会协调发展的一种新的区域协调发展理念和模式。①

全域旅游示范区是以旅游业为重要支柱产业，实现区域资源有机整合、产业深度融合发展和全社会共同参与，带动乃至于统领经济社会全面发展，有示范性的行政区域。

发展全域旅游是对我国现阶段旅游发展战略的再定位，是实现旅游业提质增效和可持续发展的重要途径，符合世界旅游发展的共同规律和大趋势，是现代旅游发展的新方向。

二　发展全域旅游的重大意义

（一）推进全域旅游是贯彻落实五大发展理念的现实要求

全域旅游与五大发展理念高度契合，发展全域旅游是落实新发展理念的有效抓手。在创新发展方面，全域旅游本身就是发展理念的创新，同时也是发展模式的创新，是旅游转型升级的新方向。在协调发展方面，全域旅游是推进协调发展、提升发展质量的有效载体，能有效地促进供给侧结构性改革的统筹、区域特色化的发展、乡村旅游的提质增效、产业配套要素的完善和整体服务水平的提升。在绿色发展方面，全域旅游能够发挥旅游在资源节约和环境友好等方面具有的优势，通过将生态和旅游有效地结合起来，让生态环境优势转化为旅游发展的优势，从而创造出更多的绿色财富和生态福利。在开发发展方面，全域旅游主要是依靠构建开发发展空

---

① 2016 年全国旅游工作会议报告，网址：http://www.cnta.gov.cn/ztwz/zghy/hydt/201602/t20160208_ 760166. shtml。

间来打破地域和行政分割及各种限制，促进资源的高效整合和利用，迈向全方位开发的道路。在共享发展方面，全域旅游是释放旅游业综合功能、共享旅游发展红利的有效方式，能够推动城乡互动和城乡一体，带动乡村基础设施的建设和改善城市人口的生活质量，形成一个统一高效的城乡旅游大市场。

（二）推进供给侧改革的重要抓手

当前我国旅游业的主要矛盾之一是旅游产品供给不足，旅游供给结构与市场需求结果不相匹配。发展全域旅游，可以有效统筹域内各种资源和提高资源的配置效率，是解决旅游供给侧不足的有力抓手。推动全域旅游，促进涉旅相关政策制度和旅游服务体系的创新完善，如统筹出台乡村旅游的农村用地政策，解决农村发展乡村旅游的用地问题的限制因素，增加乡村旅游产品的有效供给。改革创新投融资模式，引入多元化投资主体参与重大旅游项目开发和公共基础设施建设中，丰富旅游产品类型和完善旅游服务基础设施。

（三）推进旅游转型升级和可持续发展的必然选择

经过 30 多年的发展，我国旅游业经历了从无到有、从小到大，从外事接待型的事业，发展成为全民广泛参与就业、创业的民生产业，成为综合性的现代产业，为我国经济发展作出了重要的贡献。高速发展的旅游业与社会旅游需求不匹配问题形势日益严峻，如部分地方混乱的旅游市场秩序与游客追求满意的目标不相适应，旅游产品和以厕所为代表的公共服务及交通等基础设施的短缺性供给与旅游爆发式、井喷式市场需求不相适应，旅游景点景区对门票经济的过于依赖与游客的经济承受能力和期待不相适应等问题突出。这些不断增加的不相适应问题，大都需要通过发展全域旅游、深化改革、扩大开放去解决。

（四）顺应全民旅游、自助游、自驾游趋势的时代要求

2016 年，国内游已达 44.4 亿人次，人均出游 3.4 次，旅游已成为居民日常生活的重要组成部分。随着交通的日渐便捷，自助游和自驾游已经成为居民的出行旅游方式的首选。一个区域的旅游质量、口碑，不仅仅取决于旅行社、酒店、景区等服务质量，而是取决于整个区域的综合环境。全域旅游是从全域整体优化旅游环境，优化旅游的全过程，配套旅游的基础设施、公共服务体系和旅游服务要素，从而避免了一个被景点景区和饭店宾馆所割裂的格局。旅游业只有在满足了游客的旅游需求下，才能让游

客的获得感和满意度得到显著提升，并获得游客的支持而得到长期健康发展。

（五）推进我国新型城镇化和新农村建设的有效载体

推进新型城镇化是解决农业、农村、农民问题的重要途径，是推动区域协调发展的有力支撑，是扩大内需和促进产业升级的重要抓手。旅游产业具有的综合性强和关联度高的特点，使其成为优化区域布局、统筹城乡发展、促进新型城镇化的新增长点。

全域旅游，可以推动城镇化建设，有效改善城镇和农村基础设施，吸引人口的迁入，聚集人气商机，带动生态现代农业、农副产业加工、商贸物流、交通运输、餐饮酒店等其他行业联动发展，为城镇化提供有力的产业支撑；全域旅游，可以改善农村的生态环境，加快美丽乡村建设进程，开展乡村生态旅游和观光休闲农业度假项目，推动外来文明和当地文明相融合，促进当地居民开阔视野，完成由传统生活方式向现代生活方式的转变。

（六）全面提升旅游国际竞争力的规律使然

旅游业对地区的经济发展和就业有着突出贡献，已经成为一个重要的产业。各个国家为了强化旅游在国家经济社会发展中的作用，越来越多的国家开始实施国家战略，提升本国旅游的国际竞争力。例如周边的日本实施了"观光立国战略"，韩国制定了战略性观光旅游产业培养方案等。随着世界交流的频繁和深入，游客更加希望与当地进行深入的交流和交往，而不是走马观花式的参观游览，对旅游目的地的评价也不再局限于景区景点及相关旅游设施，更多的是对当地的风土人情、居民素质等整体环境的评价。

三　全域旅游的基础理论探讨

推进全域旅游是我国新阶段旅游发展战略的再定位，是一场具有深远意义的变革，其战略的意义和影响将远远超越旅游领域，这也决定了全域旅游这一新的发展理念是具有深厚的理论基础支撑的。全域旅游是将整个区域作为一个旅游目的地来发展理念，其涉及经济学、管理学、社会学、地理学、系统工程学等多个学科的理论。

产业融合是指不同或相同产业的不同行业相互交叉、渗透，逐步形成新产业的动态发展过程。全域旅游是促进特定区域内资源整合和资源优化配置的有效手段，是推动产业融合发展的一种新的理念和模式，能够更加充分发挥旅游的带动作用。旅游活动包含食、住、行、游、购、娱等六大基本要素，可见旅游业本身就是产业融合的结果。全域旅游的"旅游+"将更加进一步促进旅游与其他相关产业的更深层次融合，推动旅游由传统的六要素向十二要素（吃、住、行、游、购、娱、商、养、学、闲、情、奇）转变，是产业融合理论的具体表现。

可持续发展理论要求既满足当代人的需要，又不对后代人满足其需要的能力构成危害的发展。全域旅游体现了这一理念，全域旅游发展要求要考虑当地实际情况和资源承载力，避免实行盲目开发、过度开发和掠夺式开发等破坏性的开发方式。全域旅游强调旅游发展和资源环境能力相适应，优化旅游资源及相关配套设施布局，减轻核心景点景区的承载压力，达到保护核心资源和生活环境的目的。全域旅游推进过程中，要将生态和旅游结合起来，把资源和产品对接起来，把保护和发展统一起来，将生态环境优势转化为旅游发展优势，避免陷入"先污染，后治理"的恶性循环，实现旅游的可持续发展。

系统论的思想是由美籍奥地利理论生物学家贝塔朗菲于 1932 年提出。系统论的核心思想是系统的整体观念。贝塔朗菲强调，任何系统都是一个有机的整体，它不是各个部分的机械组合或简单相加，系统的整体功能是各要素在孤立状态下所没有的性质。全域旅游的发展模式要求将一个区域整体作为完整的旅游目的地来建设，解决了传统以抓点方式为特征的景点旅游模式发展带来的封闭式的景区景点建设、经营与社会割裂和孤立的这一现象，从而实现景点景区内外一体化。全域旅游是从单一景点景区等建设和管理向综合目的地统筹发展转变，注重景点景区等建设的系统性和规划布局的合理性，优化旅游资源、基础设施、旅游功能、旅游要素和产业的空间布局，更好地发挥整体效益，实现 1+1 大于 2 的效果。

四　发展全域旅游的基础条件

（一）区域内有竞争优势的旅游产业

区域内要具备旅游产业有发展成为主导产业的优势，才能充分发挥旅游业的拉动力、融合能力，及催化、集成作用，为与旅游相关的产业和领域发展提供一个平台，并促进其与旅游进行深度融合、相融相盛，形成具有新生产力和竞争力的新业态，从而提升其发展水平和综合价值。积极推动旅游产业从封闭的旅游自循环向开放的"旅游+"转变，带动产业结构调整和产业转型升级。

（二）互联互通的旅游交通体系

区域内要具备良好的外部可进入性和内部拥有完善的交通体系，这是全域旅游发展的基础前提。主要包括四个方面：一是快捷顺畅的交通路道体系；二是设施完善的旅游交通集散体系（车辆换乘或接驳体系）；三是完善鲜明的旅游交通标识系统；四是舒适安全的旅游车辆运输体系，还有通景公路沿线的观景点、停靠点、骑行道、人行道、慢行绿道系统等。

（三）设施完备的旅游接待体系

全域旅游发展并不否认传统以旅行社、饭店宾馆和景点景区为主的旅游接待服务体系，而是要更加重视传统服务接待体系的服务质量和水平，并在此基础上增设一些能够满足现代旅游者多样化需求的旅游接待设施（如自助设施等），打造一个全方位满足游客需求的完备旅游接待服务体系。

（四）全域监管的旅游信息体系

通过对旅游大数据的收集、分析和运用过程，形成一个互联共享的旅游信息系统。分析游客的旅游消费行为和空间移动等信息了解游客的现实需求，优化旅游设施的空间布局，提升旅游景点景区的服务水平。实时监控和测算旅游目的地的环境容量和接待容量，提前做好景区超负载接待和交通堵塞的防范工作，并及时将相关信息发布给公众，提醒游客及时调整行程安排。建立多渠道的旅游投诉机制，快速处理游客投诉信息，及时向行业内通报游客投诉的典型案例和曝光旅游行业的不良行为。

第二节　全域旅游示范省的验收指标体系

评价指标体系是推动全域旅游创建工作的指挥棒，是验收检查全域旅游示范区创建工作的基本准绳和基本依据。2016年9月，国家旅游局在第二届全国全域旅游推进会上公布了《国家全域旅游示范区认定标准（征求意见稿）》，该标准中明确了国家全域旅游示范区的基本要求和认定条件。海南省作为全国首个全域旅游创建省，为了推进各市县创建国家全域旅游示范区，确保全省全域旅游统一有序发展，在《国家全域旅游示范区认定标准》中的认定条件中融入海南特色的建设内容，制定了

《海南省创建国家全域旅游示范区认定标准》，于 2016 年 12 月 14 日以琼府办〔2016〕303 号文件下发通知。海南全域旅游示范省的验收指标体系在这一文件中被明确，主要包括基本要求和认定条件两部分。

一　基本要求

（一）体制机制

各市县要成立创建国家全域旅游示范区工作领导小组或推动旅游产业发展工作联席会议，发挥统筹、领导和协调职能。制定具体的创建国家全域旅游示范区实施方案或工作计划，有明确的领导责任、工作机制、决策机制，对涉及全域旅游创建重要事项实行一事一议。各市县政府要将全域旅游发展纳入经济社会发展工作的全局，每年召开全域旅游工作推进会议；要单独设立旅游发展委员会作为政府组成部门，并且要具备与旅游综合产业相适应的产业规划、综合监管、政策协调、旅游经济运行监测等相应的综合管理职能；要建立"1+3"的旅游综合执法机制，要设立旅游质量监管机构，设立旅游警察、工商旅游分局、旅游巡回法庭（或旅游纠纷调解委员会）。

（二）综合贡献

旅游业对本市县 GDP 的综合贡献达到 15% 以上，对本市县财政的综合贡献达到 15% 以上。本行政区域内农民年纯收入 20% 以上要来源于旅游收入，旅游新增就业要占当年新增就业的 20% 以上。

（三）旅游规划

以旅游业为引导，将国民经济和社会发展规划、城乡规划、土地利用规划、生态环境保护规划等多个规划融合到一个区域上，编制旅游引领、多规合一的全域旅游总体规划，实现一个市县一本规划、一张蓝图，解决现有各类规划自成体系、内容冲突、缺乏衔接、难成合力等问题。其中，规划要由政府审定、当地政府审批发布。全域旅游发展的理念要贯穿于各类规划中，按照省委、省政府全域旅游"美丽海南百千工程"现场会工作要求，全域旅游"点""线""面"的建设要纳入各市县的基础设施、城乡建设、土地利用、环境保护等各类规划中予以保障落实。

（四）安全文明

各市县要有健全的旅游安全管理机构和管理制度，有安全处置预案，建立训练有素的旅游安全人才队伍，明确旅游安全责任主体，强化旅游安全责任落实，完善紧急救援体系。两年内没有被国家和省级旅游部门给予严重警告处理，没有被列入全国诚信体系黑名单的企业；主要旅游场所无严重安全隐患，近两年无重大安全事故；近两年无严重的旅游投诉事件和旅游不文明现象。

二　认定条件

附件　　　　《海南省各市县创建国家全域旅游示范区验收评分表》

主类	亚类	说　明
旅游要素	旅游餐饮	餐饮场所容量与市场需求相适应，布局合理、类型多样、卫生舒适、价格合理、管理规范。
	旅游住宿	住宿接待设施规模与市场需求相适应，布局合理；要具有面向不同消费档次和消费需求的旅游住宿产品，结构合理、类型多样、卫生舒适、管理规范，各种住宿设施和接待服务要具有地域本土文化特色。
	旅游交通	连接度假区、景区、主要乡村旅游点的公路设施完善，路面整洁，全面实现景观化。公路沿线有完善、准确、清晰、规范的交通标识系统，中英等外文对照。绿道慢行系统贯穿主要城镇、乡村和景区、度假区。
	旅游产品	全面落实《海南省人民政府关于提升旅游产业发展质量与水平的若干意见》，加快旅游转型升级，构建富有海南特色的旅游产品体系。旅游产品要符合各地资源特色，产品类型丰富、富有文化内涵。
	旅游购物	购物场所容量与游客需求相适应、布局合理，商品类型多样、有当地特色、价格合理，购物环境整洁舒适、管理规范；打造本地旅游商品"海南礼物"的品牌。
	旅游娱乐	大力发展节庆活动和演艺市场，挖掘历史、民俗文化、"海上丝绸之路"海洋文化资源，打造丰富多彩的文化娱乐和民俗节庆活动；繁荣文化旅游演艺市场，常态化运营艺术水准高、市场潜力大的地方特色旅游演艺节目。
旅游环境	"五网"建设	重视涉旅路、光、电、气、水"五网"建设，推进海陆空立体交通体系、城乡光纤网络和高速通信网络、绿色智能电力网络、环岛天然气管网以及互相连通的水系网络，实现"五网"全面覆盖各市县重点旅游区域。
	卫生环境	城乡垃圾一体化处理，主要涉旅场所干净卫生整洁，无乱堆乱放乱建乱摆现象。
	景观环境	主要旅游线路、旅游景区、旅游村镇建筑富有特色、乡村风貌突出、自然环境优美。
	水体环境	区域内的湖泊、河川、海岸水质达标，没有污染。河（湖）水体垃圾基本实现全收集全处理。
	人才素质	具备有效的人才培育引进、旅游教育培训、全面素质提升机制，旅游相关人才结构合理、素质较高。
	标准化建设	加快完善地方旅游标准体系和相应落实细则，省级旅游标准化试点项目建设工作有序推进，拥有一批标准化旅游企业。

续表

主类	亚类	说　明
智慧旅游	智慧旅游基础设施	建立旅游数据信息中心，完善全面反映旅游综合贡献等的统计系统，填补旅游统计空白。
	智慧营销	各市县建立旅游官方网站、官方微信公众号和旅游微博等自媒体发布平台。
	智慧服务	建立互联互通旅游大数据平台，建立旅游信息公共服务与咨询网上平台，具备线上导览、在线预订、信息推送、在线投诉等功能。
公共服务	公共游憩空间	公共游憩空间包括博物馆、文化馆、城市公园、休闲广场、公共绿地等公共开放空间，公共游憩空间应布局合理、空间充足、功能完备。
	集散咨询体系	各市县要配置功能完备的旅游集散中心（点），主要涉旅场所要配置旅游咨询中心，旅游集散、咨询中心要具有地方特色、功能齐全、资料丰富。
	停车场	停车场的规模、数量、布局要和游客承载量相适应，设计符合生态化要求，分布合理、配套完善、管理规范。
	旅游标识	加快旅游标识标牌系统建设，要完善旅游景区（点）、旅游度假区、乡村旅游点的旅游标识标牌。标识系统外观美观、内容完整、规范、准确、清晰，公共信息图形符号位置合理、符合规范、视觉效果良好，中英等外文对照。
	旅游厕所	按照《海南省旅游厕所专项规划（2015—2020）》的要求，保质保量完成厕所的建设和管理目标，确保全省旅游厕所全覆盖，全部达到"数量充足、干净无味、免费使用、管理有效"的标准。
	自驾车房车露营地	按照"一核四节点三轴线"的房车露营旅游空间布局，开发东部椰风海韵、中部森林体验、西部探奇览胜房车露营旅游带。结合全省精品旅游线路的开发，规划建设一批国际化、标准化、生态化的汽车旅馆和自驾车房车露营基地。
宣传推广	形象建设	结合各市县资源特色和旅游发展实际，提出有针对性的旅游形象宣传口号，推出特色鲜明的全域旅游目的地形象。
	资金保障	出台旅游宣传推广资金保障措施，加大旅游宣传推广费用，每年保证有一定规模的旅游促销资金。
	创新手段	扩大新媒体、新技术、新手段、新途径进行旅游宣传推广中的运用，推动旅游营销全域联动、行业联合。
共建共享	旅游共建	建立社会资本参与旅游公共服务设施建设的机制，设立旅游产业投资基金，引导社会资本投入旅游产业开发；建立鼓励支持旅游院校、科研机构参与旅游人才培养、旅游理论研究等的合作机制。
	旅游共享	游客、居民、旅游从业人员的合法权益得到保障，各种利益主体和谐共处、协调有序、互惠互利。
	惠民政策	全面落实带薪休假制度，全面落实对未成年人、学生、教师、老年人、现役军人、残疾人等群体减免门票等优惠政策；鼓励设立公益性旅游休闲区。
	无障碍设施	涉旅场所要配备为孕婴、老年人、残疾人服务的无障碍设施。

《海南省创建国家全域旅游示范区认定标准》的出台对海南全域旅游创建验收过程有着深远的意义，验收指标体系的建立对海南各市县在创建全域旅游过程中更好执行相关规范要求，按照标准推进落实具有一定的指

导作用。进而为更好通过评估验收工作，海南各市县开展更为深入的全域旅游创建探索实践。

第三节　省域全域旅游实践

2016 年 1 月 29 日，全国旅游工作会议在海口召开，国家旅游局提出全域旅游这一发展战略。2016 年 2 月 1 日，国家旅游局公布首批创建"国家全域旅游示范区"名单，海南成为首个全域旅游创建示范省。全域旅游创建活动对于海南国际旅游岛建设提质升级具有深远而特殊的意义。海南全域旅游发展重在全域推进，通过遵循城市旅游化、全域景区化、生活休闲化、发展生态化、设施体验化的理念，进一步推进海南景区内外环境一体化、旅游市场秩序规范化与旅游服务精细化。

海南创建全域旅游省的过程中，按照全区域、全要素、全产业链的要求，把海南省作为一个大景区来规划建设，以"点、线、面"结合的方式推动全域旅游建设，根据海南创建全域旅游省的工作目标，用 2—3 年时间，构建起富有海南特色的旅游产品体系，实现"日月同辉满天星，全省处处是美景"。

一　海南全域旅游创建进程

海南全域旅游创建活动将以海南整体作为功能完善的旅游目的地来建设，以旅游产业为引导，统筹区域经济发展，进而提升区域内经济综合竞争力。创建全域旅游示范省是推进海南国际旅游岛战略实施的重要路径，也是海南全面贯彻落实"创新、协调、绿色、开放、共享"五大发展理念、推进供给侧结构改革的有效载体，同时也是推进海南旅游转型升级、破解旅游发展难题的战略方向。海南大力推进全域旅游，是落实习近平总书记"以国际旅游岛建设为总抓手"殷切嘱托的具体行动，是实现"十三五"期间"把海南建设成为全省人民的幸福家园、中华民族的四季花园、中外游客的度假天堂"三大愿景的迫切需要。因此海南全域旅游创建活动是海南旅游产业发展的重大机遇。

推进海南全域旅游建设，有利于走出高度依赖景区点的传统观光旅游模式，有利于整体优化海南旅游环境和质量，拓展旅游发展空间，释放全岛不同地区旅游特色魅力。当前海南西部地区和广大乡村地区旅游发展相对薄弱，亟待借此机遇迎头赶上。海南推进全域旅游的过程，正是一个补齐区域旅游发展短板，为乡村旅游发展添新活力、新动力的过程。

海南推进全域旅游发展有得天独厚的优势和条件，拥有良好生态环境、全国最大经济特区和国际旅游岛等重大优势。海南旅游资源全域分布、类型丰富、组合好、风情浓郁。海南确立以旅游业为主的产业结构群，以旅游业为龙头的现代服务业。推动旅游业向更高层次转型，着力吸引外来消费，利于充分发挥海南生态环境优势，积极应对老龄化社会带来的消费需求，着力发展健康产业，并以此带动包括互联网产业在内的其他新型服务业在海南落地生根、开花结果。

特区和国际旅游岛等重大战略是推进全域旅游构建得天独厚的政策平台。一批重大的具有高含金量、高突破性的政策相继在海南落地实施，多重政策叠加，海南有条件率先推进全域旅游示范省建设。海南推进全域旅游的基础条件已经初步具备。"田"字形高速主框架，"四方五港"格局形成，环岛高铁全线贯通，"南北东西、两干两支"机场布局推进。各种基础设施、城镇发展、美丽乡村建设、社会事业的全面进步、文化等相关产业的发展等，为发展全域旅游创造了很好的条件。

海南在推进全域旅游方面已经进行了许多有益的探索和改革创新，积累了许多宝贵经验。海南琼海的全域旅游模式受到国家旅游局李金早局长高度赞赏，三亚的旅游警察、工商旅游分局等探索已经成为全国正在推广的典范。国家旅游局和海南省联手推进全域旅游，有利于整合资源，使全域旅游创建工作落地生根。

2016 年，海南省全域旅游建设发展规划（2016—2020）也顺利通过招标工作，在编制过程中，规划将明确全域旅游创建工作的时间序列与空间安排，分解海南省全域旅游创建目标任务，明确海南全省创建全域旅游的重点工作，明确方向；并提出全域旅游的营销方案，包括市场定位、营销口号和营销手段等；明确各市县全域旅游发展目标、层次、重点；确定全域旅游创建时序、制定近期行动计划，最终为海南全域旅游创新示范区建设提供方向。

二　旅游市场秩序逐步规范

健康的旅游市场秩序对于吸引广大游客的到来，提升旅游消费者的满意度具有深远影响，只有切实维护来琼旅游消费者的利益，才能够为海南塑造良好的旅游形象，进而提升海南旅游经济效益，促进海南旅游经济的健康可持续发展。

全域旅游的推行，进一步规范了旅游市场秩序，优化了旅游环境和产品质量，拓展了旅游发展空间，扩大了市场规模。2016年海南旅游业完成了增加值340亿元，① 同比上年增长10.9%；旅游收入占服务业总值的29.9%，同比上年增长3.1%，占全省GDP的16%，同比增长3.5%。全省接待国内外游客总人数6023.59万人次，同比增长12.9%，实现旅游总收入672.10亿元，同比增长17.4%。旅游业在海南经济发展中的重要作用，使得以旅游业为龙头的现代服务业的重要地位日益突出。

为了更好规范市场秩序，消除旅游市场恶性消费乱象，海南的物价、旅游、工商等多个部门联动，通过公布政府指导价、设立电子化监管系统、加大执法力度等手段规范了市场秩序，同时又完善相关法规建立长效机制，使海南的旅游价格监管步入健康轨道。以2016年海南春节旅游市场状况为例，来琼旅游人数和收入同比增长近两成，而海南的旅游市场秩序却十分平稳，没有重大的旅游安全事故和重大旅游质量投诉案件。2016年海南春节黄金周期间实现"安全、秩序、质量、效益"假日旅游工作目标，同时也彰显海南的旅游价格监管已经走向成熟。

海南在旅游市场价格监管上，如旅游饭店客房价格的管控，海南同样也实行了政府指导。2016年，海口、三亚两地的物价主管部门向社会公布了假日期间两地旅游饭店客房指导价格的标准。公布政府指导价在一定程度上起到了稳定旅游饭店客房价格的效果，同时还可以引导企业建立相对稳定的价格体系。

此前海南出台的《海南经济特区旅游价格管理规定》，明确海南在旅馆饭店客户、景点景区门票、特种旅游项目等方面的旅游价格实行政府指导价和市场调节价两种价格管理形式，旅游饭店客房价格平时实行市场调节价，但在主要节假日、重大活动期间可以实行政府指导价，在价格上进行政府指导的同时，旅游、物价、工商等各相关部门同时也通过加大执法力度，确保了市场价格的稳定。如在2016年春节黄金周，海南组成了旅游市场综合整治监督指导小组，对全省各市县旅游市场的运营情况进行检查，同时对假日旅游市场秩序、经营安全情况进行现场督导检查，对于规

---

① 数据来源于《2016年海南省国民经济和社会发展统计公报》及整理得到。

范海南旅游市场秩序有着重要的作用。

依据海南已颁布实行的《海南省旅游条例》以及《海南经济特区旅行社管理规定》《海南经济特区导游人员管理规定》《海南省旅游景区管理规定》《海南经济特区旅游价格管理规定》《海南经济特区旅馆业管理规定》《海南经济特区道路旅游客运管理若干规定》《海南经济特区森林旅游资源保护和开发规定》7部采用特区法规形式制定的配套单行法规。这些互相呼应的条例与规定，形成了服务于海南旅游改革的"1+7"法规体系模式，为破解部门壁垒、开展联合执法、打击零负团费、完善旅游巡回法庭、保障游客和导游的合法权益打下了基础，对于促进海南旅游市场价格监管工作与规范旅游市场秩序起着重要的保障作用。

三　旅游厕所建设全面推进

在海南国际旅游岛基础设施建设中，生态旅游厕所修建是重要的一部分。生态旅游厕所是景区的"脸面"，也是展示旅游管理文明服务的"窗口"。海南将生态旅游厕所当作景观来打造也是全域旅游建设的重要配合举措。

海南的生态旅游厕所建设起步较早，2016年，海南更加重视旅游厕所问题，并投入大量经费，海南的生态旅游厕所建设取得了一定的成绩。以呀诺达、南山、大小洞天、猴岛为代表景区生态旅游厕所设施都已得到很好改善。同时旅游厕所的修建也是更加具有景区的特色，如呀诺达景区的所有厕所建筑风格为木质亭台式，充分融入热带雨林环境中。如海口火山群世界地质公园的厕所，外墙用特色材料火山石建造，造型各异，四周绿树成荫，看上去，旅游厕所与整个景区协调一致。

从旅游经济发展的角度来看，海南在厕所数量建设上还需加大。海南将在未来三年内，根据每年300座的目标建设速度，三年内完成1000座厕所的新建和改造。除了加大厕所建设力度，加强旅游厕所的管理也十分重要。对于厕所管理模式，首先要有专人进行厕所的保洁管理；其次，可以发动社会力量进行管理保洁；最后，可以进行网络监督媒体监督。同时可以每年进行最美的生态旅游厕所评比，以此推动相关管理部门与管理人员对生态旅游厕所管理的积极性。

海南旅游厕所环境状况也事关海南旅游整体形象，要深入推进厕所革命，加强公共服务建设。建立旅游厕所信息管理系统，实现厕所建设、管理和评定的信息管理，进一步提升旅游厕所服务水平；加大对厕所建设督查督办、明察暗访的力度，大力改造相关标识与提示用语。数量充足、生态环保、干净无味、管理有序的旅游厕所将给每一位来琼游客带来舒适的如厕环境。

四　旅游标识系统进一步完善

公共信息图形标志作为一种通用的"国际语言"，其采用图形、色彩、文字的组合，通常设置在公共道路、宾馆、商场、饭店、车站、码头、机场、公园、旅游景点等公共场所，用以表示公共区域或设施的用途和方位，提示和指导人们行为的标志物。旅游景区标识系统通常采用一些公共信息图形标志来作为各种引导标识，包括导游全景图，导览图，标识牌，景物介绍牌，道路导向指示牌，警示关怀牌，服务设施名称标识如售票处、出入口、游客中心、医疗点等公共场所的提示标识牌。

全域旅游标识系统作为特定的视觉符号，需要综合浓缩区域形象、特征、文化。海南全域旅游标识系统要求凝练旅游文化背景，并按照海南本地文化演绎出旅游故事，将旅游故事应用到全域旅游标识系统规划设计当中。全域旅游标识系统可以起到很好的引导作用，使游客对海南旅游对象的形象、空间位置以及整体环境获得了解；此外，标识系统本身也是旅游吸引物，可以作为城乡全域面貌和文化的代表，给游客带来具有独特印记的旅游体验。

海南全域旅游在建设中不断完善旅游标识系统，如在三亚市，公共信息指示牌上不仅有清晰的箭头指向、中英文文字，还有相应的图形标识。截至当前，三亚市更新设置慢性标识牌270块、车行标识牌120块，使得整个三亚市的公共信息指示系统更加完备。随着实践的深入，《旅游道路指示》《旅游景区道路指示牌设置规范》《住宅小区公共信息标识设置规范》和《服务设施和机构公共信息标识设置规范》等标准在三亚市相继出台，进而为海南公共信息指示标准化建设提供很好的参考。

海南在加快完善全省公共信息标识、导向标志的设置和管理中，通过制定相关地方法规，规范海南公共信息标志的标准化规划、建设、维护和管理。目前，除率先在三亚进行试点并取得了良好效果之外，海南还在海口、文昌等地积极推行公共信息标准化示范，力争让公共信息指示系统成为美丽海南的新名片，更好地服务国际旅游岛建设与推进全域旅游创建。

五　旅游公路建设与绿道改造效果显著

"十三五"期间，海南将规划建设 422.7 公里旅游公路，力争到 2020 年基本建成以环岛滨海观光为主的 1000 公里旅游公路，实现 17 个旅游景区和 22 个特色旅游小镇全部通达。海南将分期分段建设以沿海观光为主的旅游公路，配套旅游观景点等旅游设施，启动吊罗山国家森林公园山地雨林旅游公路、抱由至尖峰岭旅游公路、琼海万泉河沿线旅游公路等。到 2020 年，海南将使全省范围内的旅游设施、配套设施与国际通行标准接轨。

海南推行公路生态景观文化建设中，在公路规划、建设、管理等重点环节，均把文化元素融入其中，相继提出了"建设一批会讲故事的景观公路"、"让海南公路开口说话"、"打造车窗外向后的风景"等理念，打造自然景观与人文设施相融合的景观文化长廊，建设"车在画中行，人在景中游"的生态景观文化公路。在打造生态景观路的同时，海南还充分利用景观石、观景台点缀或营造公路文化景观，在高速公路和国省干线公路上共建设公路景观、景点 500 多个。目前，海南已完成海榆东、中、西线三条国道、博鳌出口路等路段的美化绿化工程，打造出多条微丘田园风光型、滨河热带雨林型、滨海椰风海韵型等具有地域特色的生态景观公路。

海南相继对有条件的国省道养护道班进行"驿站"化改造，集黎苗民族风情、民俗文化、经典传说等文化元素为一身，增强其休憩、购物等服务功能，挖掘公路文化，建成具有特色的全国唯一公路辞赋文化道班——五指山毛阳道班、旅游驿站式的琼海博鳌道班、滨海风光式的三亚亚龙湾道班及一批公路石刻景观文化长廊。

海南各市县在对接全域休闲需求，推进城乡一体化发展的过程中，充分结合当地资源，打造主题化、景观化、服务化的绿道网络，形成绿色休闲廊道和文化展示走廊。丰富农村畅通工程、田园通道、景观通道、慢行车道等不同类型绿道，串联全域景点、公园、村庄等资源。依托景区、乡村，建设绿道服务驿站。同步建设滨河、森林生态、农业观光体验等旅游设施，增加观光休闲趣味性。推进完善三亚、琼中、保亭等市县绿道，建设环岛绿道和连接中部地区的区域性绿道。

海南已编制完成《自行车休闲绿道建设及服务标准》，推动各地旅游休闲绿道建设，并实施旅游休闲绿道示范工程，形成覆盖主要城市、景区景点的绿道"慢游"系统，推进建设一批跨区域自行车旅游休闲绿道，进而满足国民旅游休闲需求。此外，海南还将完善高速公路、国省干道的旅游交通服务设施，建设一批观景平台。

六　现代旅游治理机制不断完善

海南在创建全域旅游示范省过程中，也在不断完善现代旅游治理机制，通过机制的创新来保障海南旅游的健康发展，当前在省级层面，海南成立了省推动旅游业发展工作联席会议制度，负责全面统筹全省全域旅游创建工作。市县层面，18个市县相继成立了全域旅游领导机构；12个市县成立了旅游发展委员会；10个市县成立了旅游执法机构；三亚"1+3"旅游综合管理和旅游综合执法模式为国内其他城市借鉴学习。继三亚后，2016年5月，万宁市法院旅游巡回法庭、工商局旅游市场管理分局、公安局旅游警察大队、旅游质量监督管理所4个单位也同时揭牌，万宁形成"1+3"旅游综合管理和综合执法工作模式。此后，琼海也成立了旅游警察、工商旅游分局和巡回法庭，海口、陵水、文昌等市县也在积极推进。

继2015年海南三亚成立国内首支旅游警察队伍即三亚市公安局旅游警察支队后，2016年1月，三亚市公安局旅游警察支队海棠区大队、吉阳区大队相继挂牌成立。在我国现有警察体系中，针对特殊行业设有从事警务活动的专门警察，旅游警察作为新生事物，其职责功能还在摸索中。在执法过程中，旅游警察因缺乏专门的法律法规支撑，在处理涉旅违法犯罪和纠纷时，只能依照《旅游法》《治安管理处罚法》等相关法律予以处置，也在一定程度上降低执法的精确性，也影响执法效率。

从旅游警察支队职能范围中可以体现出海南旅游治理模式的创新，旅游警察负责办理社会影响重大、涉及侵害旅游活动参与者人身和财产安全的违法犯罪案件；负责查处破坏旅游市场秩序的强买强卖，销售假冒、伪劣商品等违法犯罪案件；配合旅游、工商等职能部门开展联合执法，共同维护旅游市场秩序；依法监督、检查、指导各旅游景区景点的内部安全保卫工作；接受游客的报警、求助，指导各派出所对辖区内的景区景点开展秩序维护、巡逻防范、服务游客等工作。

随着"1+3"旅游综合管理和旅游综合执法模式在海南的逐渐推广，

海南现代旅游治理机制也在不断适应当前旅游发展新状况。全域旅游的创建进程中离不开各个部门的相互协调配合，在旅游治理机制上，工商局、法院与公安等多个部门的协调配合机制也在不断加以完善。

七　打造节庆活动，提升旅游体验

在发展旅游产业时，需要借助文化交流平台进行大力度的宣传推广。海南拥有丰富的民间文化，衍生了许多独特的民间节庆活动。其中，最为著名的属黎族、苗族传统节日农历"三月三"和从 1999 年开始举办的"海南国际旅游岛欢乐节"。海南国际旅游岛欢乐节是海南全省人民共同欢庆的盛大节日，每年 11 月下旬到 12 月上旬，海南以三亚、海口、琼海、五指山为中心全岛都会举办大型的"海南国际旅游岛欢乐节"。海南国际旅游岛欢乐节活动期间，全岛各地相应地在重要景点，如亚龙湾、天涯海角、假日海滩等地将推出各自大型特色节庆、主题活动。

农历"三月三"是黎族青年男女追求爱情和幸福的传统佳节。三亚、海口等地的黎族、苗族都有欢度"三月三"的习俗。此外，每逢农历正月十五的晚上，在海南琼山区将举行一年一度风情独具的换花节；每年农历二月初九至十九，琼山区等地会举行为期四天的"军坡节"。同时每年中秋有海南西线儋州民间歌节，歌节的主要活动内容是儋州山歌、调声对歌比赛和"赏月"等项目。这些具有海南特色的节庆活动都将为海南节庆旅游发展提供更好的舞台。

海南通过挖掘丰富的民间文化，进一步传承具有民族风情的节庆活动，为旅游者提供独特的旅游体验。与此同时，海南充分发挥自己的地理优势与环境优势，发展具有海南特色的黎苗风情文化节庆等活动，更好地提升海南的影响力与旅游吸引力。

八　旅游景区质量稳步提升

旅游景区质量关系着旅游经济效益的提升，海南按照国家旅游局要求，建立了实施景区安全风险评估制度、景区经营负面清单制度、景区监管协调会商与联动制度、景区信用公示及"黑名单"制度、景区文明旅游引导制度。健全进出有序的景区动态管理机制，继续开展对不合格景区的"摘牌"、警告等整治工作。

2016 年，海南省旅游委通过印发实施《海南省 A 级旅游景区动态管理实施细则（暂行）》，启动景区动态管理机制，进一步强化 A 级旅游景区常态化准入退出机制，分 4 批次对全省 53 家 A 级旅游景区进行复核检查，6 家被取消 A 级资质，3 家被严重警告、7 家被警告，6 家被通报批评，1 家申请延缓复核，30 家通过复核。同时贯彻景区质量等级评定新标准，充分提升旅游景区服务水平。

2016 年，保亭七仙岭温泉国家森林公园获评国家 AAAA 级旅游景区，三亚蜈支洲岛旅游区获评国家 AAAAA 级旅游景区，海南 AAAAA 景区达到 6 家。与此同时，海南加快 A 级景区创建速度，促进海口火山口景区、三亚亚龙湾热带天堂森林旅游区创建 AAAAA 级旅游景区。海南通过景区创 A 工作，不断提升海南景区的质量。

此外海南通过全面招商引资和项目建设，提升景区质量精心策划包装旅游招商项目。重点推动儋州海花岛旅游综合体、海口观澜湖度假区、三亚亚特兰蒂斯、陵水海洋欢乐世界、海口万达城等 92 个旅游重点项目建设。

九　美丽乡村建设助力乡村旅游

海南不断加大乡村旅游产品供给，一是成功举办第四届乡村旅游文化节；积极推动桂林洋国家热带农业公园建设；打造了一批精品乡村旅游点，改造了 20 家热带观光果园，各市县纷纷举办热带水果采摘节庆活动。2016 年全省接待乡村游客 814.29 万人次，同比增长 20.7%，实现乡村旅游收入 22.64 亿元，同比增长 27.5%。截至 2016 年年底，全省已评定椰级乡村旅游点 34 家。二是积极开展乡村旅游扶贫。出台了《海南省乡村旅游扶贫三年行动实施方案》，编制了《海南省“十三五”旅游扶贫规划纲要》。全省确定了 45 个旅游扶贫重点村，2016 年共投入旅游扶贫开发资金 3.48 亿元，实施旅游扶贫开发项目 97 个，发动 111 家旅游企业加入结对扶贫。

海南加快发展乡村旅游过程中，整体提升乡村地区景观质量，营造乡村旅游全域发展的良好氛围。通过实施“美丽海南百千工程”，精心打造一批特色旅游风情名镇名村，大力提升“北仍村”“百里百村”“奔格内”“布隆赛”“百花园”“尚屯昌”等乡村旅游品牌。实施“休闲农业示范点带动工程”，引导扶持国家、省级休闲农业示范园区，统筹周边乡村农业和旅游资源，带动休闲农业和乡村旅游全域发展。统筹用好惠农政策和资金，着力完善休闲农业和乡村旅游的基础设施和公共服务，推出一批特色乡村旅游线路，开展"海南乡村旅游文化节"等节庆活动。各市县在乡村旅游发展中保留特色建筑、生态肌理和文化元素，突出乡村原真性吸引，发展出具有地方特色的乡村旅游。

海南各市县通过落实《海南省美丽乡村建设五年行动计划（2016—2020)》，以旅游为引领，统筹推进千个美丽乡村建设，积极将千个美丽乡村建成千个乡村旅游点。建设一批农业观光体验园区，着力打造一批新型休闲热带庄园，扶持发展各类特色农家乐。以旅游发展带动农村居民住房、饮水、出行、卫生等基本生活生产条件明显改善，实现人居环境干净整洁、舒适美观、文明有序，进而建成一批宜居、宜游的美丽乡村示范点。

目前海南建成了222个美丽乡村，并计划到2020年打造1000个美丽村庄。但美丽乡村建设仍处于初期阶段。在已建成的美丽乡村中，旅游发展和扶贫开发等领域工作仍是短板。要充分调动社会资本与社会力量参与美丽乡村建设，整合发挥农村建设资金效用，调动村民参与的主动性，服务于海南美丽乡村建设与乡村旅游开发。

十　旅游扶贫效果显著

旅游业是海南"12+1"重点发展产业之一，在海南大力发展旅游产业的同时，也在借助旅游为海南扶贫工作提供能量。海南旅游景区坚持在发展旅游中推进扶贫工作，各个景区根据各自的条件、能力和特点，积极投身于扶贫攻坚战役。

海南南山文化旅游区、呀诺达雨林文化旅游区、大小洞天旅游区、分界洲岛旅游区、槟榔谷黎苗文化旅游区、蜈支洲岛旅游区、天涯海角旅游区、南湾猴岛生态旅游区、亚龙湾热带天堂森林公园、海南旅游景区积极参与到旅游扶贫行动中，并成为全省旅游扶贫的主力军。当前旅游景区扶贫主要体现在：一是投入资金大，大的景区综合累计都在数千万元以上，甚至上亿元；二是参与时间长，扶贫攻坚，始终伴随着整个景区的发展和成长。景区的发展壮大，带动了越来越多的人群脱贫致富；三是涉及面广，除了救济式扶贫外，景区开展的扶贫还有：就业扶贫、改善生产生活基础设施扶贫、产业扶贫、人才培训扶贫、通过挖掘特色地方文化资源扶贫等；四是扶贫功能强，AAAA、AAAAA景区，不仅用工面积广，员工数量大，吸纳就业能力强。此外，景区作为一个基地，使其能够多方面地调动和利用旅游资源开展扶贫帮困。

海南加大旅游帮扶脱贫力度中，由海南省旅游委推行《海南省旅游企业帮扶脱贫工程专项活动实施方案》，动员全省规模较大的旅游景区、旅行社、旅游饭店、旅游规划设计单位、乡村旅游企业等旅游企业及旅游院校对海南省 151 个乡村旅游扶贫重点村进行帮扶脱贫。发挥旅游景区对邻近贫困地区和交通沿线贫困村的辐射带动作用，旅游企业要优先招录乡村旅游扶贫工程重点村的建档立卡贫困户从事服务、保安、保洁等工作。海南旅游扶贫模式则体现为：以琼海为代表的全域发展型、以定安百里百村为代表的区域发展型、以琼中县什寒村为代表的整村推进型、以保亭县什进村海南布隆赛乡村文化旅游区为代表的区域联动型、以海南槟榔谷黎苗文化旅游区为代表的景区带动型、以农旅结合五指山市雨林茶乡为代表的品牌打造型。

海南在创建全域旅游过程中也在积极包装一批风情旅游小镇和乡村旅游项目。通过实施乡村旅游扶贫和精准帮扶，因地制宜发展乡村旅游，进而有效带动和促进群众的脱贫致富。

海南在全域旅游创建活动中，通过完善相应基础设施建设旅游公路、实行厕所革命、完善旅游标识系统等行动来打造提升海南旅游服务水平。同时海南依托创建全域旅游示范省的机遇，更好地发挥旅游在全省经济社会建设中的作用，依托美丽乡村建设与乡村旅游开展活动，为旅游扶贫等项目提供舞台，在海南创建全域旅游示范省的过程中，充分调动各方要素，并且整合利用区域内在资源，服务于海南全域旅游创建过程。海南全域旅游的创建对提升海南旅游服务质量、促进旅游转型升级提质增效具有深远的意义。

第四节　典型市县创建全域旅游案例

全域旅游创建是对国际旅游岛建设内涵的丰富，海南要建设的不是一个两个景点，要发展旅游的也不是一个两个市县，而是全岛全域一盘棋，全面建设。一方面，海南以全域旅游为抓手，深入推进全省生态环境的治理和改善，如海岸带整治修复、严打违法建筑、大气土壤河湖等环境专项整治修复。守住生态底线，守住全域旅游创建的最大本钱。另一方面，全省各地以全域旅游创建为契机，加快旅游基础设施的布局和完善。从点上的景区景点建设，美丽乡村、特色小镇建设，到线上的路网基础设施建设和旅游线路的规划设计，再到面上的"百镇千村"建设。

全域旅游创建还是海南旅游业转型升级、推进供给侧结构性改革的重要一招。全域旅游创建也是旅游产品供给侧结构性改革，有助于推动南北"两极"的旅游热向全省蔓延，海南各个市县在全域旅游建设过程中各显身手，结合自身的资源现状，进一步促进海南全域旅游的创建活动。

一　海口创新发展，打造全域旅游新亮点

海口加快推进全域旅游建设，旅游产品有了新突破、旅游市场平稳、管理规范有效、效益更加突出。据海口统计局数据显示，2016 年，全市共接待国内外过夜游客 1329 万人次，比上年增长 8.5%。全年实现旅游总收入 191.8 亿元，同比增长 13.6%。城市旅游进一步推动旅游产业快速发展。

海口在全域旅游创建中不断调整旅游产业结构，"十三五"期间，海口将加快旅游吸引物建设，推动火山群世界地质公园创建国家 AAAAA 级旅游景区，大力推动长影"环球 100"、桂林洋国家热带农业公园、海口日月广场、南海明珠国际邮轮中心、东海岸如意岛、海口国际三角梅主题公园等一批旅游重点项目建设，积极推动旅游新业态发展，加大城市旅游产品供给。深入挖掘老年旅游市场潜力，拓展康体养生游、邮轮游、房车自驾游等新型旅游产品，并通过欢乐节、三角梅花展等重大节事活动的成功举办，提升了海口城市知名度与美誉度。同时，通过推行旅游联席会议工作会议制度和"双创"工作模式等城市管理手段，构建休闲氛围更加浓郁的城市旅游体系。

海口同时通过基础设施建设改善旅游环境，2016 年，海口启动 183座旅游厕所新建、改建工作，已完成观澜湖新城、龙桥加油站及汽车客运总站等 110 座旅游厕所的新建，秀英港、假日海滩及世纪公园等重要游客集散地 46 座旅游厕所的改建，另有 27 座旅游厕所正在建设或筹备之中。

此外，海口通过实施"美丽海南"百千工程，重点打造演丰、石山等一批特色产业小镇和美丽乡村（街区、社区）。建设江东大道、东寨港大道等一批景观大道，把各景区（点）、特色街区、乡村旅游点及沿海、沿江等线路串联起来，增加旅游功能，连点成面，形成规模。进而促进海

口全域旅游创建工作。

海口同时也在推动旅游业与农林业、商贸会展业、文化体育产业、海洋经济产业、互联网产业、医疗健康产业融合，提升旅游产业综合效益。实施"1+3+N"旅游综合管理和执法改革，优化全域旅游市场监管格局，为市民游客提供更好的旅游环境。海口全域旅游建设为产业转型升级提供更多机遇，将区域内的各生产要素充分调动，将资源进行整合，以旅游为龙头行业的现代服务业将得到更好的发展。

二　三亚统筹兼顾，全力推进全域旅游建设

三亚作为海南旅游排头兵城市，三亚在海南全域旅游创建活动中表现积极。三亚从点、线、面三个方面创建全域旅游精品示范区，推动国际旅游岛建设提质升级。三亚通过推动旅游产品提档升级，培育发展8个省级特色产业小镇，努力做到"一镇一特色""一镇一风情""一镇一产业"，实施美丽乡村工程等，农旅结合、以旅促农，带动一批农村实现特色化、产业化发展，突出抓好"点"的建设，为全域旅游筑牢基础。此外，三亚积极推进供给侧结构性改革，打造全域"旅游+"产业格局，免税购物、邮轮游艇、低空旅游、婚庆蜜月、康养医疗等一批旅游新业态和新产品得到加快发展。

当前，三亚依托市民游客中心为平台，初步建成一个围绕吃住行游购娱、城市基础设施、服务与管理的大数据平台。更为便利地为市民游客提供旅游数据服务，为城市管理者进行旅游管理提供数据支撑。三亚重点加强"线"的建设，为全域旅游提供保障。同时三亚加强海岸线、河岸线修复，重塑三亚河"河清白鹭飞"的胜景；优化提升旅游交通线路，坚持把所有线路都当作旅游线路来改造，结合"城市修补"，开展凤凰路、迎宾路、榆亚路等主干道景观提升工程；对三亚湾路、新风街等重要道路沿线建筑进行夜景灯光改造；"海上巴士"试运营，西线旅游铁路动工，新开通和调整35条公交线路，全域旅游多元化交通出行需求得到满足。同时围绕"大三亚旅游经济圈"建设，抓好规划衔接，大力开发一批连接周边市县的精品旅游线路。

三亚积极推进"面"的建设，以四个区为中心，统筹推进三亚全域旅游发展。同时，三亚大力优化旅游环境，突出发挥旅游巡回法庭和旅游纠纷人民调解委员会的作用，成立国内首支旅游警察队伍，建立"一站

式"执法机制，出台13个常态化管理办法，形成暗访检查、举报奖励等领域的11个长效工作机制，三亚旅游监管步入常态化、制度化、规范化的新阶段。三亚全域旅游建设充分调动区域内各要素，完善自身服务体系，打造全地域的旅游景观。

三　陵水全面推进，全域旅游助力旅游扶贫

陵水黎族自治县在"全域旅游"创建中积极展现创建活动中的积极性，陵水从县域生活城、光坡乡村游、三湾滨海游及吊罗山百瀑雨林四个方面着手，全面推进"全域旅游"的创建工作。陵水通过成立市民游客服务中心，促进旅游市场监管和旅游执法联动体制的改革，做实旅游产业，延长游客旅游停留时间，当前，陵水旅游经济持续良好的发展势头，产业结构、市场秩序不断优化。2016年，陵水以"全域旅游"为主抓手，大力发展大众旅游。同时以高水平创建精品旅游项目，高标准打造特色风情小镇和美丽乡村，高质量开发特色旅游产品，高效率管控旅游经济市场，努力推动全县以旅游业为龙头的现代服务业更上新水平、新台阶。

"全域旅游"也是陵水扶贫开发的重要举措，通过推进农村就地城镇化和产业发展，带动地方经济社会发展，提高贫困地区人均收入，实现精准扶贫。陵水正在打造以县城为"面"，将陵河景观带、苏维埃政府旧址、南霸天旧址、清代一条街、南门岭公园、三昧寺、椰子岛、水口庙、三桥遗址、彭谷园烈士陵园等景观带串联，打造成集旅游观光、历史文化以及休闲娱乐于一体的陵水生活旅游城；以光坡镇为"面"，将红角岭、牛岭森林公园、分界洲岛景区、富力旅游地产、大艾园村、港尾新村、观海长廊串联成线，打造成集乡村游、滨海度假海上项目以及婚庆蜜月于一体的特色乡村滨海旅游区；以新村、英州两个乡镇为一个"面"，将新村花海、南湾猴岛、疍家渔排、清水湾旅游度假区、赤岭渔村、椰田古寨、现代农业示范基地等景观串联成线，打造成高端滨海度假区；以吊罗山、本号镇北部为一个"面"，通过串联吊罗山森林公园、小妹水库、大里瀑布等旅游景观点，打造成集山地运动、旅游探险、休闲养生于一体的北部百瀑雨林旅游区。

发展全域旅游，面对乡村旅游尚处弱势、坐拥清水湾等高端及成型旅游区等强势资源的情况，陵水黎族自治县借势用势，因势成势，让强势资源升级发展，带动辐射村镇旅游资源，全县旅游连线成面，探索出了属于

自己的全域旅游之路。因势升级，打造高端旅游度假区，利用发展邮轮游艇旅游，将景区与社区融合更为深入。陵水集聚全域旅游要素，提升旅游档次。陵水通过成立景区创建办公室，计划把整个清水湾打造成4A级开放式体验旅游度假区。清水湾已成功打造了慕尼黑啤酒节、沙滩音乐节等10个旅游项目，如今正在打造百老汇歌剧院等新项目，此外还带动周边高端泥疗、温泉等项目建设，构造陵水全域旅游的高端时尚生态链。另一方面，陵水乡村旅游虽然相对薄弱，但发展势头已经凸显。陵水借势用力，以大景区带动乡村游。当地正在依托紧邻清水湾的优势，打造美丽乡镇。并对乡镇面貌进行必要的景观化设计。

打破专业景区与周边乡镇的隔阂，以此来带动乡村旅游，正是陵水发展全域旅游的关键所在。南湾猴岛脚下的南湾村，尽管景色宜人、特产丰富，长期以来却默默无闻。2016年通过政府协调，南湾猴岛景区与村民进行合作，引导游客开展旅游采摘活动，未来将进一步发展民宿等项目。

陵水在推进全域旅游过程中，营销也在不断跟进。陵水结合圣女果采摘季，推出乡村旅游线路；开展"疍家文化"、清水湾游艇博览会等主题节庆活动，促进旅游在更广范围发展。通过扬长补短、因地制宜，陵水立足自身优势，借助强势旅游资源转型升级，带动辐射乡村旅游发展，这种借势用势、造势成势的做法，是对全域旅游发展的创新探索，对海南各地全域旅游建设有一定启示意义。

大众旅游时代，满足游客的高品质、个性化需求，需要更多个性化的旅游产品。陵水高端旅游、景区旅游优势明显，乡村旅游、区域旅游则相对薄弱。陵水因势升级，打造高端旅游度假区，同时借势造势，借助现有旅游资源构建大型旅游片区，激发旅游活力，带动乡村旅游。形成处处是景的优美画卷，同时也不断改善民生、推动发展，符合共享、协调的发展理念。

四　保亭模式创新，全域旅游提升旅游形象

保亭黎族苗族自治县拥有着极富黎族苗族民俗风情的呀诺达景区与槟榔谷景区，独具特色的布隆赛旅游度假区。丰富的旅游资源是保亭创建全域旅游的宝贵财富，保亭通过将这些优秀的旅游资源整合利用，坚持"雨林温泉谧境，国际养生家园"的发展目标，不断适应新环境、新形势、新常态，旅游基础设施日臻完善，旅游接待能力进一步提升，保亭的

旅游知名度和美誉度不断提升。2016 年，保亭共接待游客 504.6 万人次，同比增长 13.2%，实现旅游收入 9.7 亿元，同比增长 19.6%，全县接待过夜游客 70.3 万人次，同比增长 14.8%。保亭建设全域旅游以来，旅游经济效益提升显著。

保亭坚持科学合理的规划来指导旅游发展。根据《保亭国际养生度假目的地建设发展总体规划（2016—2030）》，保亭积极打造全域旅游示范县和休闲养生度假旅游目的地，开发休闲、养生度假旅游产品，全方位打造"旅游景区"旅游新业态；积极打造"海榆中线养生度假廊""山泉海轴自驾休闲廊"养生度假"双走廊"，统筹协调，打造"东南西北"四大旅游度假区。

保亭通过"点、线、面"结合推进各项全域旅游创建工作。重点推进新建旅游景区景点建设及三道热带雨林黎苗风情小镇、新政旅游风情小镇、美丽乡村及文明生态村、"路网""光网""电网""气网""水网""五网"建设等。全面推进全域旅游创建，进一步发挥旅游业在转方式、调结构、惠民生中的积极作用，实现旅游业与其他行业的深度融合，积极构建"产业围绕旅游转、产品围绕旅游造、结构围绕旅游调、功能围绕旅游配、民生围绕旅游兴"全域旅游发展格局，推动旅游产业向纵深推进。

为了做好旅游品牌，保亭通过全域整合营销，以主题旅游季活动为载体，提升保亭旅游吸引力。同时，保亭通过丰富旅游产品，来提升吸引力。进一步扩大保亭旅游资源的影响力，保亭通过与相关企业合作推出一系列紧跟市场的旅游产品。为了进一步开发客源市场，保亭借助省旅委交流活动，有效推进客源市场的开发。分别组织县内旅游企业参加海南文化产业博览会、海南国际旅游贸易博览会、海南省乡村旅游文化节活动、中国旅游产业博览会、第八届旅游国际商品展、中国—东盟博览会旅游展等，充分展示保亭丰富的旅游产品和特色旅游资源，并向当地旅行商介绍和交流。同时，保亭加大对港澳台地区及其他国际旅游市场的开发力度，分别赴泰国、日本、韩国、俄罗斯参加国际旅游展等各类旅游洽谈推介会。结合自身资源特色和客源地旅客需求，重点推介雨林民俗和高尔夫等特色旅游产品，并积极与当地知名的旅行社对接策划、销售保亭旅游线路产品。

五　琼海"三不一就"，推进全域景区化

琼海全域旅游建设相对于国内其他城市较早，早在 2014 年 4 月，琼海市就宣布启动全域 AAAAA 建设，2015 年 9 月，琼海市正式向国家旅游局申报创建国家级全域旅游示范区，全力提速全域旅游建设。2016 年 1 月，琼海的全域旅游建设得到国家旅游局的认可。琼海也已成为海南全域旅游的示范区，省内其他市县相继在此取经学习，以实现海南全省全域旅游的目标。

琼海在全国率先提出实施"打造田园城市、建设幸福琼海"的战略思路。琼海通过田园小道、景观通道、慢行车道等配套设施，把景点、公园、村庄、民居风情、生态景观等串联起来，使全市成为一个田园式大景区。这个景区没有边界、没有围墙、没有门票、主客共享、居旅相宜，实现了农业和旅游业融合发展。乡村旅游建设不砍树、不拆房、不占田，不断把更多游客吸引到老百姓家中，成为农村转型发展和农民脱贫致富的有效载体，实现了就地城镇化、就地现代化的目标，达到"城在园中、村在景中、人在画中"的境界，让市民感受乡村田园气息，让农民享受城市生活品质。琼海的"三不一就"，即不砍树——保护生态的红线；不占田——敬畏自然的红线；不拆房——和谐发展的红线；就地城镇化——以人为本的城镇化。博鳌通过将地域文化与亚洲论坛带来的知名度紧密结合，把琼海的民居文化、渔民文化、下南洋文化、万泉河文化及现代时尚休闲元素巧妙结合，打造一批具有浓厚地域风格和特色文化的乡村旅游经营点。通过"三不一就"的实行，琼海模式的全域旅游建设得到更好的发展。

创建全域旅游的过程中，琼海市创新运作节事活动和打造系列品牌，琼海注重将不同节事活动有机结合，创新了"六神有主，一脉贯通"运作模式，即：政府主导、行会主推、专家主谋、产业主唱、企业主体、产品主打，全过程的媒体关注。按此运作模式，琼海市政府与海南省旅游委、海南省旅游协会、海南省旅游发展研究会等部门和机构一起，发挥省、市、镇联动和媒体的放大作用，多方共同策划、组织了一批主题活动：大学生休闲旅游季活动、琼海旅游新攻略征集活动、琼海主题婚庆月活动，这些活动共同形成了一系列琼海特色的活动品牌和产品谱系，有力支撑了琼海快速成长为"小镇休闲，乡村度假，琼海味道醉游人"的新

型旅游目的地。

全域旅游的可持续发展，离不开产业的有力支撑。琼海全域旅游建设的经验更加值得当前全域旅游创建地区的学习。琼海以风情小镇、农业公园建设为主抓手，整合现有产业资源优势，积极延伸拓展旅游产业链条，不断丰富旅游要素，着力打造城市与乡村互动、旅游业与其他产业融合发展，能满足不同人群旅游需求的特色产品，逐步形成了高附加值和溢出效应的泛旅游产业结构。同时琼海紧密结合各乡镇、村庄区位条件和资源禀赋，着重选择一批自然环境优美、文化特色鲜明、交通相对便利的乡镇、村庄，集中捆绑下沉专项建设资金，按年度策划设置定额的政府和社会建设项目，分层次、分类别，有梯度、有计划推进，重点实施交通建设、城乡基础设施建设、风情小镇建设、特色产业发展、乡村旅游富民、生态保护、人才科技支撑、宣传推广、社会管理等提升工程，集中力量办大事。琼海全域旅游建设十分注重点线面统筹布局、协调推进。"点"就是重点抓好各个景区、景点、小镇、村庄的打造，把风情小镇、美丽乡村、农业公园建设作为发展全域旅游的重要载体，由点及面形成示范带动效应；"线"就是注重漫步绿道和旅游公路建设，在打通点与点连接线的同时，将道路沿线建设成为景观带；"面"就是在点线结合的基础上，坚持把全市作为一个景区来打造，特别注重路、光、电、气、水等全市基础设施"五网"的完善，注重全民精神文明建设，实现了全域之内处处是风景，为人们提供了良好的旅游体验。

全域旅游建设过程中琼海很好发挥了政府在建设中的引导作用，通过政策引导、资金扶持等举措，高标准完善配套基础设施、补齐公共服务短板。琼海通过保护山水田林海生态，挖掘区域特色文态，构建田园化形态，丰富生态型业态，调整和谐发展心态，逐步构建起"城在园中、村在景中、人在画中"的美丽幸福家园。同时琼海通过充分保护农村地形村貌、田园风光、农业业态和生态本色，以人为本，顺势而为，打造出了传承本地文化、历史记忆、地域特色、民族特点的秀美乡村旅游地区。

六 儋州建设全域旅游，打造区域中心城市

海南的西部旅游现在正处于起步阶段，各类优质旅游资源将进行全面整合升级，儋州是西部旅游版块的重要一环，儋州把旅游业发展作为现代服务业供给侧结构性改革的突破口，在全域旅游建设过程中，儋州未来将

打造四大旅游度假区：一个是以东坡书院为轴心的东坡书院旅游区，一个是以海花岛为区域的滨海度假旅游区，一个是光村银滩度假区，一个是兰洋的健康养生旅游区。同时将建设八个极具特色的风情小镇。儋州通过"大抓旅游、抓大旅游，做好东坡文化大文章"，带动全域旅游大发展。2016 年儋州旅游发展迅速，据相关统计数据显示，2016 年 1—10 月份儋州全市累计共接待游客 243.86 万人次。其中过夜游客 146.63 万人次，同比增长 16.1%，实现旅游总收入 13.2 亿元，同比增长 17.04%；接待一日游游客 97.23 万人次；接待入境过夜游客 5549（含洋浦）人次，同比增长 278.77%。相较于海南西部其他城市，儋州在琼西旅游发展版块中逐步凸显其区域影响力。

儋州依据全域旅游部署，丰富特色旅游产品供给，重点打造以海花岛旅游综合体和东坡文化旅游区为核心，以特色风情小镇和美丽乡村为补充，涵盖东坡文化、滨海度假、温泉养生、农耕体验的"千年古郡·魅力儋州"旅游品牌；制定完善以海花岛为核心的区域旅游建设规划，抓好海花岛 28 种业态的延伸发展，进一步做好游客集散中心、公交车站、停车场、旅游公厕、旅游标识系统等旅游配套设施建设。儋州将整合全市旅游资源，策划打造海南西部游品牌。

在全域旅游创建中，儋州加快东坡文化旅游区建设，启动中和古镇复建及旅游化改造，用足用好"中国历史文化名镇""全国重点文物保护单位"和"儋州故城"三大国家级品牌，推进旅游与文化融合发展，打造东城文化体验区；推进特色风情小镇和美丽乡村建设，建成中和东坡文化风情小镇、兰洋温泉风情小镇、光村雪茄风情小镇，加快白马井渔业风情小镇规划建设，大力推进光村银滩综合旅游度假区建设。雪茄风情小镇挖掘文化内涵，着重发展小镇旅游业，高水平打造旅游综合区；进一步凸显文化元素，依靠文化魅力提高旅游业的吸引力。近年来，光村相继举办了雪茄文化旅游节、国际象棋超霸赛、海南国际象棋公开赛、"相约在儋州，恋上哈瓦那"相亲活动等一系列文化、娱乐及赛事活动，初步形成了以婚庆产业、智力运动、文化旅游为主的三大产业。小镇以雪茄为载体，深入挖掘儋州文化，大力发展特色婚庆产业、智力运动以及文化旅游三大产业，带动周边包含旅游、休闲、养生、会务、婚庆等相关产业的形成，并积极配合政府打造品牌经济，推广儋州特色旅游资源，助推儋州市旅游产业转型升级。

海南各个县市在全域旅游创建活动过程中，不断整合区域内各项旅游资源，因地制宜，借势用势，因势成势，让强势资源升级发展，让弱势资源整合借力发展，以点、线、面的方式推进全域旅游创建活动。进而促进海南国际旅游岛建设，促进区域内经济协调发展，提升旅游业的竞争力，打造世界一流的海岛休闲度假旅游目的地。海南各市县在全域旅游创建中深入贯彻落实"创新、协调、绿色、开放、共享"五大发展理念、推进供给侧结构改革，对海南旅游转型升级提质增效具有深远影响。

第五节　建成全域旅游示范省的发展建议

海南建成全域旅游示范省，将有利于加速实现对海南资源的统筹整合，推动海南旅游业成为经济转型升级、供给侧改革的关键驱动力，成为全面体现并实践五大发展理念的综合优势产业。随着全域旅游示范省建设进程的加快，发展中的短板问题日渐显露，海南要对此加大重视和投入，消除其对海南全域旅游推进的限制作用。

一　进一步强化旅游产业地位

旅游业既是综合性产业，也是一个平台性产业，旅游业本身不仅涵盖了多种行业，更是能够成为集聚各种要素、各种消费、各种业态的平台性产业。旅游业不但能在对外形象塑造和宣传上起到重要作用，而且还能极大地促进社会的经济发展和居民就业。

海南应该推动旅游投资主体的多元化，不断完善旅游业发展的基础条件，进一步扩大旅游市场的主体规模和提升海南旅游产品的竞争力。通过制定一些相关税收优惠政策，吸引外来资本进入海南投资旅游新业态，同时要加大对旅游新业态的监管力度，积极引导旅游新业态发展与海南国际化的市场需求相匹配，避免产品出现供过于求，产生恶性竞争，扰乱海南旅游市场环境。

二　改革创新旅游行政管理体制

当前的旅游管理体制存在突出的矛盾表现为部门职能不协调、不衔接和不匹配等，要求进一步改革创新旅游综合执法机制和推进旅游综合执法队伍等改革创新来实现对旅游活动全过程和旅游产业全链条的有效监管，打击侵害旅游者权益的违法违规行为，维护旅游市场秩序。

在旅游管理体制改革创新中，海南走在了全国的前列。海南在三亚市成立了全国第一支专业化的旅游警察队伍，推动三亚旅游管理体制创新实现跨部门旅游综合执法，优化了旅游环境，提高了游客的满意度，塑造了良好的国际形象。在实施的过程中，不断地创新改革，逐渐摸索出了由旅游警察、涉旅职能部门、旅游巡回法庭、旅游纠纷人民调解委员会等组成的"四位一体"治旅模式。

由于海南的旅游管理体制改革只是在三亚试点实行，并未在全省范围内推行，因此，海南全面的旅游综合执法机制仍然没有建立。为此，海南需要进一步加快旅游行政管理体制的深化改革，积极推动"1+3+N"的旅游管理体制创新，1就是推动建立综合协调性强的旅游管理机构，3就是推动设置旅游警察、旅游工商所和旅游巡回法庭等专门机构，N就是推动建立与各部门职能相互包容衔接的各种旅游发展制度。

海南要进一步扩大旅游管理部门的权限，将与旅游密切相关的会议展览、节事节庆和民族特色活动等纳入到旅游管理部门工作中。旅游管理部门可以有效整合与旅游密切的资源和进行统一的管理，有利于海南在旅游宣传和旅游促销过程中实现统一有序，实现高效率的促销宣传和整体品牌塑造。

三　打造立体旅游交通体系

无论是传统的旅游六要素还是现行的旅游十二要素，行都是旅游最重要的要素之一，是旅游业发展的关键要素、基础支撑和先决条件，也是直接影响大众出游和体验的重要因素。

海南位于中国的最南端，四面环海，与其他地方不存在陆地接壤，在对外交通上只能借助航空运输和海上运输实现进出岛。根据2016年游客进出岛方式的统计数据显示①，76.2%的游客选择乘坐飞机进出岛。在航空运输上，进岛游客主要以搭乘海口美兰国际机场和三亚凤凰国际机场的航班为主，而海南在航线覆盖面上相对较窄，航班密度较低。海南拥有海口美兰国际机场、三亚凤凰国际机场、琼海博鳌机场和三沙永兴机场四个机场，其中3个机场与国内城市开通通航，2个机场与国外城市开通通

---

① 数据来源于《海南统计年鉴2016》及整理得到。

航。截至 2016 年年底，海南开通国内航线 340 多条[①]，基本上实现覆盖国内省会城市及部分重点旅游城市；执飞的境外航线 51 条[②]，定期航线 35 条，不定期航线 16 条，主要覆盖周边国家及欧洲部分国家。海南省拥有海口港、洋浦港、八所港、三亚港和清澜港五个港口，其中海口港和三亚港设有邮轮码头，开展轮渡服务只有海口港。由于海南与外界交通的渠道选择有限，海南需要加快航空运输和海上运输建设，确保游客拥有便利的交通进出岛。在航空运输上，要进一步推动美兰国际机场和三亚凤凰国际机场成为面向东南亚区域性枢纽机场的建设步伐，提升航线覆盖面和航班的密度，扩大机场的吞吐量；继续完善博鳌机场和永兴机场的基础设施及服务设施建设，根据其运营能力适当地增开航线，逐步培养成海南的重要支线机场。在海上运输上，要加快完善邮轮游艇码头及相关配套设施建设，重点推出环海南岛游船游线、三沙邮轮旅游线、环南海邮轮旅游线等旅游产品。

在对内交通上，海南拥有全球首条环岛高铁和环岛高速公路，但"田"字形高速公路网络主骨架尚未形成，制约了中部地区的经济发展，与海南国际旅游岛的发展显示需求不匹配。海南要加快中线的屯昌至海口高速公路建设和推进横线的万宁至儋州至洋浦、琼中至五指山至九所、文昌至琼海等高速公路开工建设，构建以"田"字形高速公路为主骨架的旅游高速公路体系。积极推动旅游连接线建设，实现旅游交通和城市公共交通无缝衔接，确保通往旅游景点景区道路的畅通。加快推进环岛滨海旅游公路建设和特色休闲路线建设，以环岛旅游公路串联起全省主要的滨海旅游资源和依靠休闲绿道体系促进市县内外部的绿道贯通。大力发展内河周边配套设施建设，依托南渡江、文昌河、万泉河以及三亚河开发出内河旅游观光产品。

在海南全力发展全域旅游时，要更加关注交通短板突出问题，加大对交通的投资力度，努力建成陆、海、空互联互通、无缝衔接的立体交通体系。

四 大力发展旅游景区

全域旅游是空间全景化的系统旅游，要把一个区域整体作为功能完整

---

① 数据来源于美兰国际机场和凤凰国际机场披露的相关数据整理得到。

② 数据来源于《海南日报》2017 年 2 月 8 日第 7 版。

的旅游目的地来建设。全域旅游是景点旅游的拓展和升级。这要求景点景区、宾馆酒店等旅游设施的建设要更加系统化和规划布局要更具合理性，避免盲目地到处新建景点景区和宾馆酒店，实现景点景区内外一体化，提升游客在游览过程中的体验。

海南高质量的旅游景区存在数量较小且分布不均、过于集中这一突出问题。目前，海南共有52家A级景区①，其中有6家AAAAA级景区，15家AAAA级景区。在空间分布上，三亚拥有16家A级景区、海口拥有10家A级景区和琼海拥有7家A级景区，共占海南A级景区数量的63.5%。

海南要加大对现有A级景区的投入力度，提升其在产品建设、服务设施和基础设施上的水平，促进其完成景区升级工作，扩大海南在高等级景区景点上的规模。对于一些发展较好的旅游项目，要加大对其的扶持引导，帮助其打造成A级旅游景区，进一步扩充海南A级旅游景区规模。加快推进美丽海南百千工程建设，提升小镇和乡村的旅游基础设施，发展特色小镇休闲旅游和乡村休闲旅游。大力发展特色街区，提升特色街区品牌，打造一批具有特色的高品质特色商业街区。在旅游度假资源丰富的地区，集中建设旅游配套服务设施，开发出休闲度假产品，打造旅游度假区。

在空间布局上，确保实现一县市至少一名景的格局。海南要扶持那些景区数量稀少且缺乏高等级的市县，设立省旅游开发专项资金，重点打造"一县市一景"的旅游景区发展模式。通过"一县市一景"来塑造和提升当地的旅游品牌形象，带动周边的旅游配套基础设施和服务设施完善，吸引外来资本进入当地旅游资源的开发中，逐步扩大当地旅游景区景点规模，增强对游客的吸引力，减少游客过于集中在某一地某一核心景区所带来超负荷运营压力和拥挤人群对当地环境的破坏。

五　优化旅游空间布局

全域旅游发展要根据当地的旅游发展状况，做到有序开发和分步推进，实现更加有效地整合资源推进发展。

海南旅游发展空间不平衡，出现了东热西冷、南重北轻的两极分化的现象。东部强势引领，西部优于中部的发展格局明显，旅游空间布局过度

---

① 数据来源于《海南省统计年鉴2016》及整理得到。

集中于以海口和三亚为核心的东线沿海区域，三亚、海口占全省接近60%的旅游市场份额。海南在推进全域旅游时，从旅游发展较好的东部向西部推进，由南北向中部推进。在三亚和海口的南北两极引领下，提升东部度假海岸的品质，加快推进西部海岸和中部雨林生态化开发，实现海南旅游统筹发展。根据海南各市县的旅游资源特色和旅游功能定位，将海南全省的旅游资源划分成六种不同特色主题的旅游组团。以海口、文昌和澄迈的北部地区主要发展以休闲为特色的旅游，打造一流的生态文化休闲旅游目的地；以三亚、乐东、陵水和保亭的南部地区主要发展以度假为特色的旅游，打造国际知名的热带滨海休闲度假旅游目的地；以五指山、定安、屯昌、琼中和白沙的中部地区发展以雨林为特色的旅游，打造国家热带森林公园旅游目的地；以琼海和万宁的东部地区发展以康养为特色的旅游，打造国际化的乡村生态文化旅游目的地；以儋州、东方、临高和昌江的西部地区发展以山海特色的旅游，打造以黎苗文化和东坡文化为核心的休闲体验型旅游目的地；以西沙、南沙和中沙群岛及其管辖海域的岛屿地区发展以海洋为特色的旅游，打造世界热带海洋旅游目的地。

发展特色主题旅游组团，有利于对海南的旅游资源进行统筹规划，改善中西部地区发展相对落后和旅游产品相对分散的不利局面，实现海南旅游空间的均衡布局，达到有效分流客源的目的。

六　建立旅游用地保障机制

全域旅游是在一定区域内，以旅游业带动和促进经济社会发展的一种区域协调发展模式。这要求发展全域旅游需要一个相对较大的空间尺度，来实现各种资源的组合和优化布局，旅游用地的矛盾将更加尖锐。

海南要根据全域旅游发展的现实需求，做好旅游用地的保障工作，确保全域旅游工作的顺利推进。第一，明确旅游用地范围。受限于管理体制和旅游产业的综合性特征，我国旅游用地分类体系尚未建立，因此，海南要以现有的分类标准中零散提及的旅游用地类型为基础，结合旅游业的服务属性、产业属性、生态属性开展旅游用地分类体系研究，建立海南旅游用地分类体系。

第二，加强旅游用地监管。在审批方面，加强对旅游项目用地的合法性审查，确保用地，同时符合土地利用总体规划、城乡规划、风景名胜区规划以及其他区域保护发展建设等规划和相关法律法规。在建设方面，鼓励建设环保设施和使用环保建材，对建设过程中的生态环境破坏进行评估，特别是海岸线、重点旅游区、生态核心区等重点区域。在利用方面，严惩违法违规变更土地用途和严禁出让或变相出让风景名胜区资源及其景区土地，实施旅游用地试点年度评估，加强动态监管，引导旅游产业用地的节约集约利用，提高旅游产业用地利用效率。

第三，改革旅游用地供给。首先，实施土地分类管理，对不同类型的旅游建设项目实行差别化用地保障政策；其次，积极支持利用"四荒地"、垃圾场、废弃地和边远海岛等土地建设旅游项目，挖掘未利用土地的旅游潜力；再次，实行精细化的旅游区基准地价管理，专门针对各旅游区设定基准地价和专门的基准地价修正指数，优化调整旅游区的土地利用结构和空间布局；最后，推行旅游项目分级管理，对列入省重点项目清单的，由省级预留新增建设用地指标予以优先保障。

七　拓宽旅游人才供给渠道

全域旅游的推动，需要强有力的人才支撑，旅游人才的培养将面临新机遇和挑战，需要站在国际的视野、国家的战略、全域的格局，思考旅游人才的位置和作用。

根据《海南省旅游人才发展状况调研报告》[①] 预测：到 2020 年，海南旅游人才队伍总量至少需要 47.7 万人，其中旅游行政管理人才 500 人、经营管理人才 8.11 万人、专业技术人员 7.63 万人、服务技能人才 31.92 万人，人才需求缺口超过 20 万人。随着全域旅游的发展，海南在人才需求上的缺口会进一步拉大。因此，海南要将旅游人才置业全域旅游发展的突出位置，通过人才引进、职业培训和学校培养等途径增加旅游人才的供给量，满足海南对人才的需求。

第一，要制定旅游人才政策，加大对高层次人才的引进力度。通过对引进人才对象进行细分，以便更有效地实施人才计划，增强引入人才的实效性和提升引入人才与海南人才需求的匹配程度。第二，开展专业技术人才培训。海南要全面推进旅游从业人员的培训，举办各类旅游项目的中高层管理人员岗位职务培训班，提升中高层的管理水平；举办围绕海洋旅游、乡村旅游、网络营销、会展旅游、邮轮游艇、健康养生、温泉度假等

---

① 数据来源于《海南日报》2016 年 8 月 24 日第 11 版。

新业态领域的专项人才培训，满足旅游新业态发展对人才的需求。第三，建立旅游人才专家信息库，推动专家学者对旅游业发展的智力支持和示范引领作用。第四，加大对旅游教育的投入，进一步提升海南旅游教育办学水平。海南应该大力支持海南省高校申请旅游管理硕士、博士学位授权点，以期在旅游办学层次上取得新的突破，构建一个完整的海南旅游人才培养体系；海南省应该积极推动海南高校与国外旅游著名高校展开深入大规模的合作，推动海南旅游教育的国际化进程，为海南培养具有国际视野的本土化旅游人才。海南应该加强对海南旅游教育资源的整合力度，鼓励不同院校结合学校的优势开设旅游专业和进行差异化的人才培养，要求海南旅游院校根据海南旅游发展对人才的需求调整旅游人才培养方案和实行动态招生，推进旅游院校与旅游企业在旅游人才培养方面的合作，为海南全域旅游发展提供人才的保障。

八　培育旅游新业态

全域旅游要求从封闭的旅游自循环走向开放的"旅游+"融合发展方式的转变。通过"旅游+"来不断衍生新产品、新业态和新供给，促进产业结构调整和产业转型升级，提高旅游产业发展的质量和水平。加大对以医疗旅游和会展旅游为代表的旅游业态的扶持力度，以此推动海南旅游产业升级转型。

海南要充分利用海南具有的独特宜人的气候条件和政策优势，通过旅游+医疗健康，发展医疗旅游和养生旅游。第一，加快博鳌乐城国际医疗旅游先行区建设，重点发展特许医疗、健康管理、照护康复、医学美容和抗衰老等产业，推出为游客提供体检、健康管理、医疗服务、康复、养生等完整的医疗健康旅游产品。第二，推进海口、三亚中医医疗旅游示范基地建设，大力发展中医养生康复疗养。第三，打造精品温泉旅游休闲度假区，开发以温泉休闲度假为载体的养生旅游产品。第四，鼓励现有医疗机构扩大疗养服务范围，支持建设集休闲度假、医疗服务于一体的休闲疗养项目，满足境内外游客的休闲疗养服务需求。

海南要借助博鳌亚洲论坛这一品牌号召力，发展会展旅游。通过会展产业政策培养和扶持一批实力雄厚、竞争力较强的会展企业，促进海南会展产业举办水平的提升。第一，吸引国家级的学术会议和一些大型的公司的订货会等在海南举办，争取将博鳌国际旅游论坛建设成定期定址的国际性旅游论坛。第二，提升三亚海天盛筵、三亚热带兰花博览会和海南国际海洋旅游博览会等海南现有展会的品质，加强与游客的互动，增强展会的区域影响力，提升海南展会品牌形象。举办汽车、房地产、健康养老等消费型展览展销，促进旅游相关产业消费。第三，扩大海南黎族苗族传统节日"三月三"规模和影响力，弘扬传承海南少数民族传统文化，吸引更多旅游项目开发将本土文化元素注入旅游要素中，增强游客文化体验感。深挖海洋文化资源，打造东坡文化节、冼夫人文化节等一批具有特色的节庆品牌，此外，将"海南国际旅游岛欢乐节"办成国际性旅游节庆品牌。第四，在举办好环海南岛国际大帆船赛、环海南岛国际公路自行车赛等国际赛事的基础上，进一步加大游客参与度高的重大国际体育赛事的策划和引进工作，将海南打造成国际体验赛事的重要胜地。

九　提升旅游公共服务水平

全域旅游需要全域统筹规划，全域资源整合，全要素综合调动，全社会共治共管、共建共享，需要全面提升旅游公共服务体系，实现空间、时间、内容、功能、人群等领域的旅游公共服务全域全覆盖。海南要进一步加强旅游公共服务体系的建设，全面提升旅游公共服务品质，满足游客对高质量的旅游公共服务的需求，提高游客满意度。

第一，完善旅游公共服务体系。促进区域旅游协调发展，统筹城乡基础设施与旅游公共服务设施一体化发展，加强旅游度假区、A 级景区和乡村旅游点的道路、步行道、停车场、供水供电、医疗急救、游客信息服务以及垃圾污水处理、安防消防等基础设施建设。在 AAA 级以上景区、重点旅游区以及机场、车站、码头等建设旅游咨询服务中心。

第二，推进旅游厕所建设工程。按照统筹规划、实用环保、卫生便利、标准统一的原则，在旅游景区、旅游线路沿线、交通集散点、旅游餐馆、旅游娱乐场所、休闲步行区等场所布局和建设一批星级旅游厕所。落实业主单位建设责任，将旅游厕所纳入 A 级景区等创建和评定工作。加大厕所建设资金投入力度，鼓励广大企业切实履行社会责任，投身厕所建设与管理。支持社会资金投资和经营旅游厕所，积极探索"以商建厕、以商管厕、以商养厕"的新机制。要加强对厕所监督管理，确保全省旅游厕所全部达到"数量充足、干净无味、免费使用、管理有效"的标准。

第三，强化旅游集散功能。加强对机场、火车站、汽车站、港口码头的人流、物流的规范管理，改善重点旅游城镇、景区的交通衔接，按照双车道以上公路标准推进 AAAA 级以上景区连接公路建设。统筹旅游景区标志的规划、设计和建设，在机场、车站、码头和高速公路、国道、城镇要道设置旅游指引标志。完善高速公路服务区、加油站点的旅游咨询、信息查询等配套服务功能。

十　推行智慧旅游

旅游业发展对信息化有了新的需求，需要用信息技术推进旅游生产方式、管理模式、营销模式和消费形态的转变，全面提升产业质量效益和核心竞争力。加快旅游信息化发展，既是适应信息化时代的必然选择，也是全域旅游发展的客观要求，更是满足游客需求的内在要求。海南应该以推进智慧旅游建设为主线，充分发挥信息化对海南旅游产业发展的支撑与引领作用，推动旅游产业综合竞争力全面提升。

第一，规划和整合旅游数据资源。编制海南省旅游信息化发展规划，规范指引全省旅游信息化建设，统一智慧旅游建设标准体系，保障建设模式具备可持续性、长期性，推进现代信息技术在旅游行业的广泛应用。推动各市县完成信息数据中心的组建，加快海南旅游综合云平台大数据完善工作，对统一的旅游资源库数据、通信运营商数据和机场航空吞吐数据进行统计分析。推进海南智慧旅游公共服务平台建设，构建旅游电子政务网络互动平台体系，加强与游客居民的互动，实时解决反馈意见，提升政务服务和便民服务水平。

第二，开展智慧旅游城市和企业试点工作。在"大三亚"旅游经济区、海口、琼海、万宁等重点旅游城市，AAAA 级以上景区，四星级以上酒店、旅游风情小镇以及 5 椰级以上乡村旅游点为主，打造智慧旅游城市、智慧景区、智慧酒店和智慧旅游乡村，积极推动景区、餐饮点、购物场所、娱乐场所的消费支付电子化。

第三，实施全省重点公共场所 WiFi 网络建设。覆盖范围包括行政服务办事大厅、文化体育场馆公共活动区、旅游咨询服务中心、公共交通枢纽候客区、三星级及以上酒店大堂和餐饮区、A 级景区游客集散中心和餐饮购物区、会展中心、免税购物店等区域，并鼓励引导演艺场所、购物店、餐饮热点等一般性商业公共场所经营单位实施 WiFi 覆盖，为游客提供免费、便捷的互联网接入服务。

附件　　　**海南省各市县创建国家全域旅游示范区验收评分表**

主类	亚类	验收指标	考核明细	自评得分	验收得分
基本要求（300分）	体制机制（90分）	政府成立统筹抓旅游的领导机制	有明确的领导责任、工作机制、决策机制，对涉及全域旅游创建重要事项实行一事一议。政府将全域旅游发展纳入经济社会发展工作的全局，每年召开全域旅游工作推进会议。把全域旅游发展列入地方政府目标考核范畴（30分）（未达到则不计分）。		
		建立具有综合职能的管理机构	设立旅游发展委员会，具备与旅游综合产业相适应的产业规划、综合监管、政策协调、旅游经济运行监测等相应职能（30分）（未达到则不计分）。		
		建立旅游综合执法体系	建立"1+3"旅游综合执法机制，设立旅游质量监管机构，设立旅游警察、工商旅游分局、旅游巡回法庭（或旅游调解委员会）（30分）（未达到则不计分）。		
	综合贡献（100分）	经济贡献	旅游业对当地GDP的综合贡献达到15%以上（30分）（未达到则不计分）。		
		财政贡献	旅游业对地方财政的综合贡献达到15%以上（25分）（未达到则不计分）。		
		就业贡献	旅游新增就业占当年新增就业的20%以上（25分）（未达到则不计分）。		
		富民贡献	区域内农民年纯收入20%以上来源于旅游收入（20分）（未达到则不计分）。		
	旅游规划（50分）	规划编制	编制旅游引领、多规合一的全域旅游总体规划（20分）（未达到则不计分）。		
		规划执行	规划由政府审定，当地政府审批发布，并得到全面贯彻实施（15分）（未达到则不计分）。		
		多规合一	全域旅游发展贯穿于基础设施、城乡建设、土地利用、环境保护等各类规划（15分）（未达到则不计分）。		
	安全文明（60分）	旅游管理	两年内没有被国家和省级旅游部门给予严重警告处理，没有被列入全国诚信体系黑名单的企业（20分）（未达到则不计分）。		
		旅游安全	有健全的旅游安全管理机构和管理制度，有安全处置预案和紧急救援体系，主要旅游场所无严重安全隐患，近两年无重大安全事故（20分）（未达到则不计分）。		
		游客满意	近两年无严重的旅游投诉事件（10分）（未达到则不计分）。		
		文明旅游	近两年无严重旅游不文明现象（10分）（未达到则不计分）。		

续表

主类	亚类	验收指标	考核明细	自评 得分	验收 得分
认定条件 (600 分)	旅游要素 (285 分)	旅游餐饮	餐饮场所容量与市场需求相适应，布局合理、类型多样、卫生舒适、价格合理、管理规范。每建成 1 条美食街加 5 分，每拥有 1 家餐饮名店或老字号餐饮品牌加 3 分，举办美食评选活动加 3 分（满分 15 分）。		
		旅游住宿	住宿接待设施规模与市场需求相适应，布局合理、类型多样、卫生舒适、管理规范，具备英语使用环境。每建成 1 家精品住宿项目（如高端度假酒店、国际商务会展酒店、生态文化度假村）加 2 分，每建成 1 家特色旅游住宿设施（民宿庄园、露营地、度假村等）加 1 分（满分 10 分）。		
		旅游交通	旅游交通干线建设：每完成 1 条旅游交通干线建设项目加 5 分（满分 15 分）。		
			"最后一公里"建设：连接景区、度假区、主要乡村旅游点的公路等级较高，设施完善，全面实现景观化；每打通 1 条景区与主干路之间"最后一公里"公路加 2 分（满分 10 分）。		
			铁路公路沿线旅游化改造：每打造 1 个铁路、公路沿线景观带加 3 分，每增设 1 处旅游公路观景平台加 0.5 分（满分 10 分）。		
			旅游客运服务：旅游交通专线、城市公交、汽车租赁网点要延伸到主要景区和乡村旅游点，与机场、车站、码头实现交通换乘无缝对接；每开通 1 条跨市县旅游直通车加 5 分，开通 1 条市内旅游直通车加 2 分（满分 10 分）。		
			交通标识系统：公路沿线有完善、准确、清晰、规范的交通标识系统，中英文对照（满分 10 分，每条主要旅游道路交通标识缺失扣 2 分）。		
			绿道慢行系统：绿道慢行系统贯穿主要城镇、乡村和景区，每建成 10 公里休闲绿道加 2 分（满分 10 分）。		

续表

主类	亚类	验收指标	考核明细	自评得分	验收得分
认定条件（600分）	旅游要素（285分）	旅游产品	康养旅游产品：每建成1个医疗健康旅游项目加5分，建成1个生态养生项目（温泉养生、森林养生、滨湖养生项目）加4分，获评"国家中医药健康旅游示范区"加4分，"国家中医药健康旅游示范项目"加3分（满分15分）。		
			文体旅游产品：每改造完成1个本土文化的"第一印象区"（机场、码头、车站、高速公路出入口等）加3分，推出1场文化旅游演艺加5分，举办1场有影响力的旅游节庆或赛事加5分（满分15分）。		
			乡村旅游产品：每建成1个乡村旅游特色精品项目（包括椰级乡村旅游点、金牌农家乐、乡村旅游景区、乡村旅游节庆、乡村旅游线路）加3分（满分20分）。		
			特色城镇旅游产品：每建成1处旅游小镇或特色文化商业街区加3分，每建成1处城市休闲公园加1分（满分15分）。		
			购物旅游产品：每开发1个旅游商品特色品牌加3分，每推出1类优质旅游商品加2分，每建设1处知名旅游购物场所加1分（满分15分）。		
			专项旅游产品：每建成一个专项旅游基地或示范区项目（婚庆旅游、低空飞行、房车露营旅游等）加3分（满分15分）。		
			旅游度假区建设：每建成1家国家级旅游度假区加10分，每建成1家省级旅游度假区加5分（满分20分）。		
			旅游景区建设：每建成1家5A级景区（或4A级创建出5A级景区）加10分，每建成1家4A级景区（或3A级创建出4A级景区）加5分，每建成1家3A级景区加3分，每建成1家2A级景区加2分（满分20分），无A级景区扣5分。		
			旅游综合体建设：每建成1家有影响力的旅游综合体加5分（满分10分）。		
			精品旅游城市建设：每获得1个国家级城市称号（包括全国文明城市、国家园林城市、国家卫生城市、中国优秀旅游城市等）加5分；城市建成区内每建成1个旅游龙头项目（包括4A级以上旅游景区、商业休闲综合体、特色文化商业街区）加3分（满分10分）。		

续表

主类	亚类	验收指标	考核明细	自评得分	验收得分
认定条件（600分）	旅游要素（285分）	旅游产品	特色产业小镇建设：每建成 1 个列入《海南省总体规划（2015—2030）》的特色产业小镇加 5 分（满分 15 分）。		
			美丽乡村建设：每建成 1 个宜居、宜业、宜游的美丽乡村示范点加 3 分（满分 10 分）。		
		旅游购物	购物场所容量与游客需求相适应、布局合理，商品类型多样、有当地特色、价格合理，购物环境整洁舒适、管理规范。每出台 1 项有效推进农产品转化为旅游商品的政策措施加 2 分（满分 5 分）。		
		旅游娱乐	推出 1 场常态化运营的地方特色演艺节目加 5 分，举办 1 场有影响力的民俗节庆加 3 分（满分 10 分）。		
	旅游环境（110分）	"五网"建设	"路网"建设：每完成建设 1 个"路网"项目加 2 分（满分 10 分）。		
			"光网"建设：光纤宽带、4G 信号覆盖各大城镇和主要景区（满分 10 分，每个特色小镇或 A 级景区不通宽带或 4G 信号扣 1 分）。		
			"电网"建设：电力覆盖各大城镇和主要景区（满分 10 分，验收当年每个特色小镇或 A 级景区不通电扣 2 分，断电次数超过 5 次扣 1 分）。		
			"气网"建设：天然气或液化石油气使用覆盖各大城镇和主要景区（满分 5 分，每个特色小镇或 A 级景区"气网"不通扣 1 分）。		
			"水网"建设：确保供水安全，景区排水系统完善，污水处理系统覆盖各大城镇和主要景区加 8 分。每个景区或酒店增设直饮水设施加 1 分（满分 10 分）。		
		卫生环境	城乡垃圾一体化处理，生活垃圾定点存放清运率达到90%以上加 5 分，生活垃圾无害化处理率达到70%以上加 3 分；生活污水处理率达到65%以上加 3 分；主要涉旅场所干净卫生整洁，无乱堆乱放乱建乱摆现象，路边、河边、湖边、海边达到美化、绿化、洁化加 5 分（满分 10 分）。		
		景观环境	主要旅游线路、旅游景区、旅游村镇建筑富有特色、乡村风貌突出、自然环境优美。森林覆盖率与 2015 年相比，每提高 0.1 个百分点加 1 分（满分 10 分）。		
		水体环境	区域内的湖泊、河川、海岸水质达标，没有污染。河（湖）水体垃圾基本实现全收集全处理（满分 10 分，每出现 1 处劣 V 类水体扣 2 分）。		

主类	亚类	验收指标	考核明细	自评得分	验收得分
认定条件（600分）	旅游环境（110分）	人才素质	人才培育和引进：每出台1项鼓励支持旅游院校、科研机构参与旅游人才培养、旅游理论研究等的合作机制加2分，制定1项切实可行的人才引进计划加3分（满分5分）。		
			旅游教育和培训：验收当年，市县每组织开展旅游人才培训1次加1分（满分5分）。		
			全民素质提升：建立企业投资旅游的激励机制加5分，建立调动全民参与旅游积极性的机制加5分，成立当地旅游志愿者服务队加5分（满分15分）。		
		旅游标准化建设	每出台1项市县旅游行业标准加5分，每创建1个标准化项目加3分（满分10分）。		
	智慧旅游（30分）	智慧旅游基础设施	建立旅游数据信息中心加5分，设立统计系统加3分。涉旅场所实现无线网络覆盖加3分，通讯信号覆盖加3分，视频监控覆盖加3分。所有旅游景区流量实时监控、发布加3分（满分15分）。		
		智慧营销	建立旅游官方网站加5分，每开通1个有影响力的官方自媒体发布平台（如微信公众号和旅游微博等）加2分（满分10分）。		
		智慧服务	建立互联互通的旅游大数据平台，建立旅游信息公共服务与咨询网上平台，具备线上导览、在线预订、信息推送、在线投诉等功能加5分（满分5分）。		
	公共服务（70分）	公共游憩空间	公共游憩空间（包括博物馆、文化馆、城市公园、休闲广场、公共绿地等）合理、空间充足、功能完备（满分10分）。		
		旅游集散中心（点）	建设完成1处布局合理、功能完善、有地方特色的游客集散中心（点）加10分（满分10分）。		
		旅游信息咨询中心	每建设完成并投入使用1家有地方特色、功能齐全、资料丰富的旅游信息咨询中心加2分（满分10分）。		
		停车场	旅游停车场分布合理、配套完善、管理规范，近2年每新建、扩建1家与游客承载量相适应、符合生态化要求的停车场加1分（满分5分）。		
		旅游标识	公共信息图形符号位置合理、符合规范、视觉效果优良；标识系统外形美观、内容完整、规范、准确、清晰；中文与外文（英、俄、韩等语种）标识对照，维护保养良好（满分10分，每个重点涉旅场所标识不符合要求扣1分）。		

续表

主类	亚类	验收指标	考核明细	自评得分	验收得分
认定条件（600分）	公共服务（70分）	旅游厕所	旅游厕所建设：按照城乡旅游厕所全覆盖，数量充足、布局合理、干净无味、实用免费、管理有效，导向标识清晰规范的标准，每完成当地旅游厕所建设任务的10%加1分（满分10分）。		
			旅游厕所共享：所有交通沿线和临街、临景的企事业单位厕所免费向公众开放，每共享5个企事业单位厕所加1分（满分5分）。		
		自驾车房车露营地	每建设1家功能完善、特色鲜明的自驾车房车露营地加5分（满分10分）。		
	宣传推广（20分）	形象建设	推出特色鲜明的全域旅游目的地形象加3分，完成吉祥物设计加2分（满分5分）。		
		资金保障	出台旅游宣传推广资金保障措施加2分，验收当年每投入300万元旅游宣传推广费用加2分（满分10分）。		
		创新手段	采用新媒体、新技术、新手段、新途径进行宣传推广，投入力度占总体营销投入20%以上加5分（满分5分）。		
	共建共享（40分）	共建机制	建立社会资本参与旅游公共服务设施建设的机制加5分；建立具备整合各类资金投入旅游的平台和载体（如旅游基金）加5分；采用PPP、众筹等多元化投融资模式，每建设1个旅游项目加2分（满分20分）。		
		共享机制	游客、居民、旅游从业人员的合法权益得到保障，各种利益主体和谐共处、协调有序、互惠互利（满分10分，每发生1起重大旅游合法权益损害事件扣5分）。		
		惠民政策	出台全面落实带薪休假制度强有力的措施加3分，全面落实对未成年人、学生、教师、老年人、现役军人、残疾人等群体减免门票等优惠政策加2分（满分5分）。		
		无障碍设施	涉旅场所要配备为孕婴、老年人、残疾人服务的设施（满分5分，每1个A级景区或星级酒店缺少无障碍设施扣1分）。		

续表

主类	亚类	验收指标	考核明细	自评得分	验收得分
认定条件（600分）	政策保障（45分）	支持政策	出台国家全域旅游示范区创建综合性政策文件和实施方案加10分（满分10分）。		
		旅游项目	按照项目开发建设时序要求，每年保证有一定数量的土地指标用于旅游项目，合理保障重点旅游项目用地加10分；建立主要领导联系旅游项目制度加5分，每引进或建成1个品牌项目加2分；近2年招商引资总额每实现50亿元加1分，在建旅游项目每实际完成投资额50亿元加3分（满分25分）。		
		资金保障	每设立500万元专项旅游资金加2分，逐年稳步增长加2分（满分10分）。		
加分项目（100分）	特色旅游产品（四项合计不超过80分）	海洋旅游产品	每建成1个滨海旅游度假精品项目（包括精品海湾、滨海旅游综合体）加10分；依照产业发展规划，每建成1个邮轮旅游项目加10分，每建成1个游艇旅游项目（包括游艇码头、游艇俱乐部）加5分；每建成1个海上旅游及运动项目（包括海岛旅游、帆船、冲浪、海钓、休闲渔业等）加5分（满分30分）。		
		森林生态旅游产品	每建成1家国家级森林公园或湿地公园加15分，建成1家省级森林公园或湿地公园加10分，建成1家市县级森林公园或湿地公园加5分，建成1家其他品牌性生态旅游项目加10分（满分30分）。		
		会展旅游产品	每年召开高等级（国家级或国际级）会议论坛、大型展览1次计15分，每组织500人到本市县进行会奖旅游计5分（满分30分）。		
		产业旅游产品	每推出1个产业旅游示范项目（航天旅游、动漫旅游、水库旅游、工矿旅游、铁路旅游、旅游装备制造等项目）加10分（满分30分）。		
	跨市县产业合作（20分）	跨市县产业合作	市县之间出台统一的旅游产业扶持政策加5分，构建区域统一的旅游品牌加5分，发布统一的旅游市场规则和标准加3分，每建设一项跨市县的旅游基础设施项目加2分（满分20分）。		
总分	—	—	—		

说明：各市县验收前开展自评，并提供能够说明自评得分的材料，供省推动旅游产业发展工作联席会议验收，最终得分以验收得分为准。

第四章

海南省冬季瓜菜产业发展现状与对策研究

2009 年 12 月 31 日发布的《国务院关于推进海南国际旅游岛建设发展的若干意见》明确指出要充分发挥海南热带农业资源优势，大力发展热带现代农业，使海南成为全国冬季菜篮子基地；《海南省"十二五"规划纲要》关于大力发展现代农业的论述中也明确指出把海南建成国家重要的蔬菜水果生产基地。近年来，海南省致力于做优做强冬季瓜菜产业，以市场为导向，大力实施优势特色农产品区域布局规划，优化品种结构，形成了一批规模化的生产基地和有一定影响力的瓜菜品牌，主要瓜菜供给区遍布全岛。海南省统计局统计报告显示，冬季瓜菜种植面积和产量自 2007 年以来逐年增长，种植面积由 2007 年 20.21 万公顷扩增到 2015 年的 29.99 万公顷，瓜菜总产量从 2007 年的 432.02 万吨增加到 2015 年的 683.56 万吨，9 年内瓜菜总产量增长率达到 58.22%；2015 年海南蔬菜产值 222.03 亿元，比 2010 年增长了 103.33%，占海南省农业总产值的比重由 31.96% 提高至 36.17%，成为支撑海南农业经济增长的主导产业。海南冬季瓜菜经过多年的发展，已成为海南热带农业的重要组成部分和农民增收的主要来源，并已经在全国冬季蔬菜市场上发挥出了不可替代的作用。

第一节 海南省冬季瓜菜产业发展概述

海南是我国唯一的热带岛屿省份，是发展热带高效农业的优良基地，伴随着《海南省"十二五"热带现代农业发展规划》《海南省优势农产品区域布局规划（2011—2015 年）》《海南省冬季瓜菜生产基地建设规划》等系列规划的出台，海南各地根据自身产业特点、气候条件、种植习惯等，逐渐形成了海南省瓜菜区域规模化的格局，并且促使了几大优势产业带的形成。

　　海南冬季瓜菜种植面积在 8000 公顷以上的作物有西瓜、苦瓜、豇豆、南瓜、辣椒等。根据海南的气候、生态特点和农民的种植习惯，海南省冬季瓜菜的区域特色逐渐形成。首先，瓜菜类如黄瓜、南瓜、冬瓜、辣椒、茄子、豆角等一般都是喜温作物，而海南省地处中国最南端，热量充足，基本上冬季不需要温室或大棚加温就可以进行瓜菜生产，具有发展冬季瓜菜的区位优势。其次，区域优质瓜菜产业带也逐渐形成，海南全省冬季瓜菜布局分为琼南西（甜）瓜、豇豆、苦瓜优势区，琼北苦瓜、茄子、辣椒优势区，琼东辣椒、西瓜、黄瓜、冬瓜优势区，琼西南瓜、西瓜、辣椒优势区和琼中苦瓜、黄瓜、野菜发展优势区等五大区域。

　　主导产品主要有瓜类（西瓜、甜瓜、苦瓜、南瓜、黄瓜、冬瓜、节瓜、丝瓜），椒类（黄皮尖椒、青皮尖椒、泡椒、甜椒、红尖椒），豆类（豇豆、菜豆），茄果类（茄子、樱桃、番茄）。

　　西瓜种植主要集中在三亚、陵水、文昌、东方和琼海，其面积约占全省种植面积的 73.6%；冬种辣椒主要分布于海口、临高、文昌、琼海、儋州和澄迈，其面积约占全省种植面积的 76.0%；冬种豇豆分布于三亚、陵水、乐东和海口，其面积约占全省种植面积的 73.7%。

第二节　海南省冬季瓜菜近年来的产销状况

一　海南省冬季瓜菜近年来的生产情况

　　据统计，近几年海南冬季瓜菜面积稳定在 290 万亩左右，产量在 470 万吨左右，出岛量 339 万吨，占产量的 72%。2015—2016 年，全省产量为 478 万吨，冬季瓜菜种植面积为 290.3 万亩。其中瓜类为 248 万吨，豆类为 75 万吨，椒类为 96.6 万吨，茄类为 35.5 万吨，全省冬季瓜菜种植总面积为 290.3 万亩。瓜类种植面积为 110 万亩，豆类种植面积为 53.4 万亩，椒类种植面积为 73.4 万亩，茄类种植面积为 21.6 万亩。

　　瓜类种植主要包括西瓜、甜瓜、冬瓜、苦瓜、黄瓜、青瓜、丝瓜、葫芦瓜、南瓜、节瓜等；豆类主要包括豇豆、四季豆、毛豆等；椒类主要包括青椒、黄皮椒、红尖椒、圆椒、泡椒、小尖椒等；茄类包括茄子、小西红柿等。海南省冬季瓜菜种植面积构成如图 4-1 所示，按种植面积从高到低排序依次是瓜类、椒类、豆类、其他类、茄类。

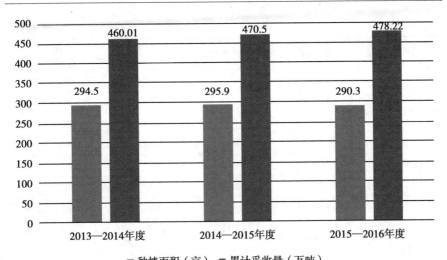

图 4-1　海南省近几年冬季瓜菜种植面积及采收量

数据来源：海南省农业厅提供。

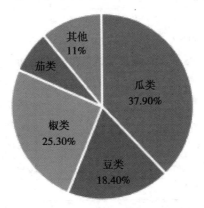

图 4-2　海南省冬季瓜菜种植面积组成

数据来源：海南省农业厅提供。

海南省主要冬季瓜菜种植品种、播种期、亩产量等如表 4-1 所示。

表 4-1　　　　　　　　2016 年海南冬季瓜菜主要品种推介表

品种类型	品种名称	播种期	种植密度（株/亩）	亩产量（公斤）
1. 尖椒	奥运大椒	9—11 月	2800—3300	2500—3000
	海椒 309	9—11 月	2800—3300	2500—3000
	螺丝椒	9—11 月	2800—3300	2500—3000

品种类型	品种名称	播种期	种植密度（株/亩）	亩产量（公斤）
2. 泡椒	秀丽	9—11 月	2800—3300	2500—3000
	洛椒 98A	9—11 月	2800—3300	2500—3000
3. 圆椒	中椒 105	9—11 月	2500—3000	2500—3000
	天成八号	9—11 月	2500—3000	2300—2800
4. 朝天椒	美红朝天椒	8—11 月	2000—2500	1500—2000
	艳红	8—11 月	2000—2500	2000—2500
5. 线椒	辣丰 3 号	8—11 月	2000—2500	3000—3500
	红秀 2003	8—11 月	2000—2500	3000—3500
6. 彩色甜椒	红英达	8—11 月	1600—2000	3000—3500
7. 长豆角	华赣	10 月—翌年 1 月	4000—5000/穴 * 2	2000—2500
	丰产 2 号油青豆角	10 月—翌年 1 月	4000—5000/穴 * 2	1500—2000
	海豇 1 号	10 月—翌年 1 月	4000—5000/穴 * 2	2500—3000
	海豇 2 号	10 月—翌年 1 月	4000—5000/穴 * 2	2500—3000
8. 菜豆（四季豆）	12 号白玉豆	11 月—翌年 1 月	5500—6000/穴 * 2	1500—2000
	双青 35 号	11 月—翌年 1 月	5500—6000/穴 * 2	1500—2000
9. 黑皮冬瓜	兴蔬墨地龙	10—12 月	600—700	6000—8000
	铁柱 168	10—12 月	600—700	5000—6000
	琼农黑皮冬瓜	10—12 月	600—700	5000—6000
10. 黄瓜	津优 1 号	10 月—翌年 2 月	2200—2500	4000—5000
	津优 12 号	10 月—翌年 2 月	2200—2500	4000—5000
11. 南瓜	金船密本	9 月—翌年 1 月	450—500	1500—2000
	红升 603	9 月—翌年 1 月	450—500	1500—2000
12. 甜瓜	西州蜜 17 号	10 月—翌年 1 月	1400—1600	2000—2500
	西州蜜 25 号	10 月—翌年 1 月	1400—1600	2000—2500
13. 紫长茄	长丰 2 号	9—11 月	1200—1400	3000—3500
	丰茂 5 号	9—11 月	900—1200	3000—3500
	紫贵人	9—11 月	1200—1400	3000—3500

其中 2015—2016 年海南省各市县冬季瓜菜种植面积如图 4-3 所示。

按照图 4-3 可知，冬季瓜菜种植面积在 15 万亩以上的重点市县从高到低排序有：乐东县、文昌市、东方市、澄迈县、海口市、三亚市、万宁

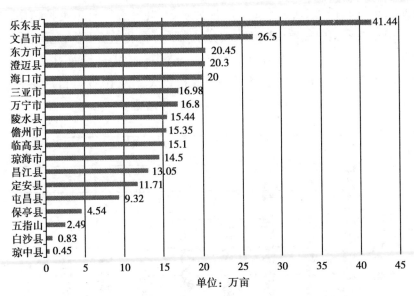

图 4-3　2015—2016 年海南省各市县冬季瓜菜种植面积

数据来源：海南省农业厅提供。

市、陵水县、儋州市、临高县，共 10 个市县。

在 10 个冬季瓜菜重点种植市县主要种植品种如表 4-2 所示。

表 4-2　　　　2015—2016 年海南省重点市县主要冬季瓜菜种植品种

市县	主要冬季瓜菜种植品种（按种植面积从高到低排序）
乐东县	豇豆、甜瓜、四季豆、茄子、毛豆、青瓜
文昌市	青椒、黄皮、红尖椒、冬瓜、圆椒、南瓜、泡椒
东方市	黄瓜、黄皮、小尖椒、毛豆、茄子、小西红柿
澄迈县	豇豆、冬瓜、青椒、南瓜、泡椒、茄子
海口市	泡椒、小尖椒、豇豆、冬瓜、苦瓜、南瓜
三亚市	豇豆、青瓜、苦瓜、茄子、青椒
万宁市	苦瓜、豇豆、泡椒、青椒、青瓜
陵水县	小西红柿、豇豆、小尖椒、甜瓜、苦瓜
儋州市	冬瓜、泡椒、南瓜、小尖椒、青椒
临高县	南瓜、泡椒、黄皮、节瓜、圆椒

在以上 10 个冬季瓜菜重点种植市县中，澄迈县虽然排在第四位，但近年来冬季瓜菜发展方面政策扶持力度比较大。澄迈县 2015—2016 年冬

季瓜菜种植面积为 20.3 万亩，产量为 41 万吨。澄迈县瓜类种植中，冬瓜、南瓜在瓜类中种植面积较大，分别为 2 万亩和 1.4 万亩；豆类中，豇豆种植面积最大，为 2.8 万亩；椒类中，青椒、泡椒种植面积较大，为 2 万亩和 1.4 万亩；茄类中，茄子种植面积较大，为 10.5 万亩。如图 4-4 为澄迈冬季瓜菜 2015—2016 年种植面积的柱形图。

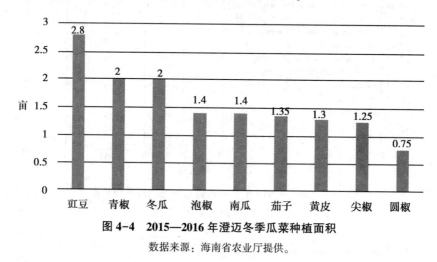

图4-4　2015—2016 年澄迈冬季瓜菜种植面积
数据来源：海南省农业厅提供。

二　海南省冬季瓜菜近年来的销售情况

海南瓜菜的市场定位基本以岛外市场为主，其冬季瓜菜主要销往外地，因此并不够重视岛内这个巨大市场。海南省冬季瓜菜产品主要销往全国 180 多个大中城市，少部分销往国外市场。其中北京、上海、杭州、武汉、寿光、沈阳、长春等市场消费量均达到 20 万吨以上，郑州、西安、深圳、合肥、重庆、成都等市场以及一些中等城市消费量也在 10 万吨以上，已成为海南瓜菜重要的集散地。西北地区中小城市的瓜菜需求也在不断增加。

冬季瓜菜在内地比较适销的产品主要为豆类、椒类、茄类、菜用瓜类、果用瓜类五大类。其中长豆角、四季豆、甜瓜、苦瓜、丝瓜、樱桃、番茄等在冬春季节北方大棚和两广地区较难生产或生产量较少，历年来很受市场欢迎；黑皮冬瓜、紫长茄、红线茄及椒类中的小红尖椒、线椒、朝天椒、螺丝椒等近年来也普遍受到欢迎。由于受气候因素、面积增加等因素影响，市场价格波动较大。和销地对不同瓜菜种类以及品种的消费习惯存在较大差异，各产区农户在选择品种时要根据销地市场需求来安排，得不到销售市场的认可，则农户种植出来的瓜菜无法销售出去。如东北、西北、西南地区较喜欢黄皮尖椒，华东地区较喜欢泡椒，华中地区较喜欢青皮尖椒，广州、深圳较喜欢圆椒等。因此，各产区农户要根据需求的不同种植不同的品种以满足目标市场的消费者。

第三节　海南省冬季瓜菜产业近年来发展态势

一　总体收益率走低

由图 4-5 可知，受周边省份种植面积扩大，以及内陆地区推广大棚种植影响，海南冬季瓜菜种植成本利润率大幅降低。

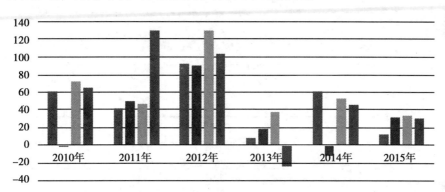

图 4-5　海南省近几年冬季瓜菜成本利润率

数据来源：海南省价格监测中心提供。

由图 4-6 可知，黄瓜、茄子、豆角、青椒的价格波动幅度大，冬瓜的价格波动较平缓，同时，可以看出上述五种蔬菜的价格在 2016 年都出现大幅度上升。

二　价格波动加剧

由于气候（暖冬或灾害天气）影响、种植的盲目性和议价能力低弱等，海南冬季瓜菜价格波动加剧，种植风险不断加大。

1. 价格波动情况

从图 4-7、图 4-8 和图 4-9 中可以看出，近年来海南省冬季瓜菜的零售价格走势，瓜类、豆类、椒类零售价格波动较大，其中南瓜、冬瓜价格

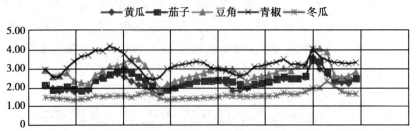

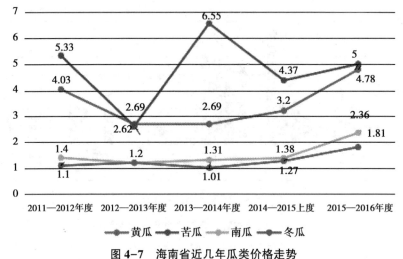

图 4-6　海南省冬季瓜菜市场零售价格走势

数据来源：海南省价格监测中心提供。

波动较为平缓，豆类价格整体呈上升趋势波动。

图 4-7　海南省近几年瓜类价格走势

数据来源：海南省商务厅提供。

2. 价格波动原因

从需求方面来看，由于冬季瓜菜主要销往内地，较不注重岛内市场。而又由于海南岛内市场的需求是全年的，岛外市场的需求是季节性的。全年的需求是可以预测并可知的，而季节性的需求是不确定且未知的，其风险也是差异极大的。种植反季节瓜菜，表面上看，似乎可以获得较高的投资回报，但风险却相当高，与高风险带来的高收益极不相称。但很多人错误高估了海南冬季瓜菜的优势及岛外市场的需求量，更错误高估了其效益。正是由于这种市场定位的片面化，且市场信息不对称，使得菜农趋利现象更加严重，本期的生产决策往往是依据前期市场价格，更加剧了原本

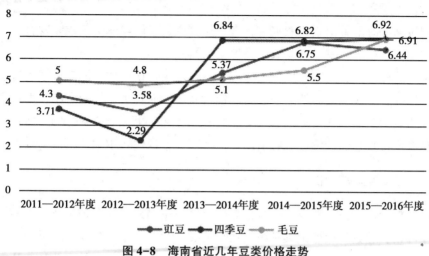

图4-8　海南省近几年豆类价格走势

数据来源：海南省商务厅提供。

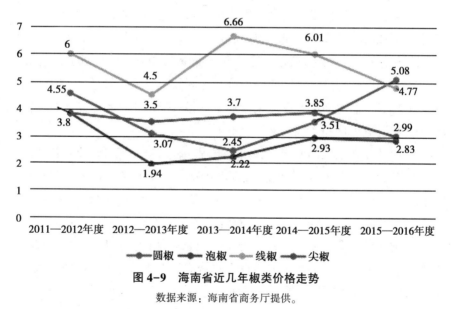

图4-9　海南省近几年椒类价格走势

数据来源：海南省商务厅提供。

已风险极高的海南冬季瓜菜的市场风险。

其次，由于"两广""云南"等地冬季瓜菜也都具有一定的竞争力，都对于海南冬季瓜菜市场造成了一定的冲击，因此一旦由于天气原因造成了海南省冬季瓜菜延迟上市，其上市时间与周边地区冬季瓜菜上市时间重叠，则冬季瓜菜价格会受到较大的冲击。

不仅受到需求方面的影响，供给方面的影响也造成了冬季瓜菜的价格的波动。海南省由于自然灾害较多，如台风、暴雨等恶劣气候频发，一旦发生，会造成冬季瓜菜等农产品价格的剧烈波动。

除此之外，高额的成本也造成了冬季瓜菜价格波动。海南瓜菜销售主要依靠外省收购商，缺乏强有力的销售队伍。而且由于海南省冬季瓜菜主要是运输出岛，其运输成本上升，摊位费上涨，再加上瓜菜保鲜时间段，易腐烂，且仓储运输成本有所增加，从而导致运输转销加价将更为惊人。

三　竞争能力低

随着科学技术的发展，气候条件已经不是制约蔬菜等种植业发展的主要因素，北方的大棚蔬菜种植已取得突破。此外，根据各地市场反馈，近年来海南省冬季瓜菜仍然面临较大市场压力，其中，来自"两广"及内地大棚北运瓜菜对于海南省冬季瓜菜影响较大。

广东省粤西地区是北运瓜菜主要生产基地之一，湛江市的徐闻县、雷州市、廉江市、遂溪县和茂名市的高州、化州、吴川等地，北运瓜菜种植面积每年都在 13.333 万公顷左右，年产量超过 300 万吨。部分坡地为秋种，椒类品种大部分与海南雷同，收获时间较长，上市较早，具有运输距离短的特点。而海南省冬季瓜菜运输成本相较于广州，费用高，且运输时间长，缺乏竞争优势。

广西壮族自治区的南宁、钦州、方程、合浦、北海等地以及桂北部分地区，冬春瓜菜种植面积超过 16.667 万公顷。其中贵南地区的辣椒种植面积近 4 万公顷，批量上市时间在 2—3 月。冬瓜约有 0.667 万公顷，上市时间在 4—6 月。这些品种都将对海南冬季瓜菜的销售产生巨大冲击。

内地大棚瓜菜主要以茄果类为主，山东等地的大棚瓜菜生产规模大、种类多，对海南省前期上市的冬季瓜菜造成很大压力，如云南西双版纳有 1.333 万公顷冬季瓜菜，越南、缅甸、老挝的西瓜、甜瓜等上市较早，每年进入我国几十吨，对海南瓜菜销售也将产生一定的影响。

因此现时的海南冬季瓜菜已没有想象中的优势，仅能通过错开与上述地区的上市时间差来赢取市场空间。然而，一旦海南冬季瓜菜因天气原因推迟上市的话，必将与上述地区的瓜菜上市时间重叠，其结局可想而知。此外，由于生鲜蔬菜作为生活必需品，其需求弹性小，从而决定了内陆市场的需求量是有限的，而海南冬季瓜菜品种结构较为单一，一旦某一冬季瓜菜品种出现丰产或种植规模过大，销往内陆市场就极易出现市场供应饱和，此时岛内市场又一时无法消化吸纳，这也是为何会时常出现海南冬季瓜菜贱卖之道理。

四　物流成本高

海南瓜菜生产组织化程度低，物流、人工成本较高，主要以散户生产、传统销售模式为主，环节多、损耗大，是海南瓜菜价格走高的主要原因。种养技术水平较低、规模小，无法形成规模化优势和品牌优势，附加值不高，缺乏市场竞争力。从流通环节看，多数瓜菜流通属于长距离运输，环节多、损耗大、费用高，劳动力工价及地租价格上涨过快。经过对海南省海口、三亚、儋州、文昌、琼海、定安、昌江、澄迈、临高、乐东、东方、万宁等12个市县，包括青瓜、茄子、豆角、白菜、辣椒、豇豆等六个品种进行调查，各环节成本费用构成见表4-2。

从表4-3可以看出，除生产成本外，其余各环节中运输环节成本最高，每公斤运输成本达到0.731元，运输成本中燃油费占比达到41.04%。这主要是由于海南农产品运输主要以公路运输为主，从海南琼海到北京运输距离约3100公里，运输时间约为72小时，每车单次货运量为30吨。

由表4-4可以看出，运输环节总成本约为0.5708元/公斤，燃油费用占运输总成本的44.15%，2014年后由于油价的下跌，此部分费用有所下降；此外，人工及过路费包含了雇佣司机费用以及高速过路过桥费，金额达到0.1666元/公斤。海南冬季瓜菜出岛运输成本中的轮渡费用也占到了14.54%，虽然海南省政府近些年为促进农产品出岛出台了一系列政策措施，其中每年减免农产品运输车辆通行附加费和"过海费"约1.3亿元，但仍然不能解决"过海费"过高的实际问题。

长距离运输加上过海费用，造成海南省较"两广"运输成本高。

表4-3　　　　　　　2012—2013年海南省瓜菜各环节成本构成

环节	单位	金额（元）	比重（%）
1. 生产成本合计	元/667平方米	4011.23	100
其中：人工成本	元/667平方米	16851.49	42.02
物质与服务费用	元/667平方米	1562.71	38.96
土地成本	元/667平方米	763.03	19.02
2. 批发环节成本合计	元/公斤	0.308	100

续表

环节	单位	金额（元）	比重（%）
其中：运输费	元/公斤	0.235	76.30
装卸费	元/公斤	0.068	22.08
车辆折旧费	元/公斤	0.005	1.62
3. 零售环节成本合计	元/公斤	0.084	100
其中：摊位费	元/公斤	0.039	46.43
市场管理费	元/公斤	0.007	8.33
税费	元/公斤	0.001	1.19
其他	元/公斤	0.037	44.05
4. 运输环节成本合计	元/公斤	0.731	100
其中：人工费	元/公斤	0.167	22.85
燃油费	元/公斤	0.300	41.04
车辆折旧费	元/公斤	0.111	15.18
轮渡过海费	元/公斤	0.083	11.35
其他	元/公斤	0.070	9.58

说明：表中数据来源为实地调研计算所得。

数据来源：侯媛媛、贺滉：《SWOT框架下海南冬季瓜菜供应机制研究》，《江苏农业科学》2015年第11期。

表4-4　　　　　　　　　海南冬季瓜菜运输环节成本及利润

项目	金额（元/公斤）	比例（%）
人工及过路费	0.1666	29.19
其中：雇佣司机费用	0.1024	17.94
过路费	0.0642	11.25
燃油	0.2520	44.15
车辆折旧	0.0120	2.10
轮渡	0.0830	14.54
其他	0.0572	10.02
运输环节成本合计	0.5708	100.00
净利润	0.0560	—

数据来源：侯媛媛、刘恩平、李光辉、汪佳滨、占金刚：《海南冬季瓜菜流通环节的利益分配分析》，《中国蔬菜》2016年第12期。

五　自然灾害风险大

海南省得天独厚的气候资源，使其冬季瓜菜的供应地位举足轻重。受各种天气系统交互影响，海南省气象灾害出现频繁，干旱、暴雨、热带气旋等是其主要气象灾害。海南虽然地处热带，但冬季仍可受北方冷空气影响，低温灾害虽然产生概率和范围相对较小，但影响也不容忽视，如2008 年和 2010 年冬季长期的低温、寡照，导致瓜菜减产 20%—30%。因此开展瓜菜气象灾害的定量风险分析，对做好灾害监测预警与防灾减灾工作具有重要意义。

据了解，2016 年由于北方大棚菜、山东冬储菜等产地瓜菜受冷冬影响后，供应总量减少，菜价普遍看涨，北京地区进入 1 月以来，中低档菜价比往年提高一倍，高档菜价比往年提高 3 倍多。因此，海南省各地的圆椒、青瓜、苦瓜、长茄、丝瓜、菜椒、泡椒等多种瓜菜的收购价格，比去年同期平均增长 20%—30%左右。其中涨幅较大的有圆椒、尖椒、黄瓜、长茄等，30 多种冬季瓜菜中仅有小南瓜的价格有小幅跌落。

图 4-10　海南岛气象站点分布

西瓜冬季寒害危险性从中部向东西减小，豇豆和丝瓜冬季寒害危险性从南向北加重，辣椒冬季寒害危险性从东南向西北增加，瓜菜不同等级寒害风险概率分布形式差异明显；瓜菜冬季寒害孕灾环境敏感性从中部五指山地区向周围低海拔区降低；瓜菜冬季寒害灾损风险和防灾能力在区域上存在明显差异。瓜菜冬季寒害综合风险分布形式总体一致，中部和北部

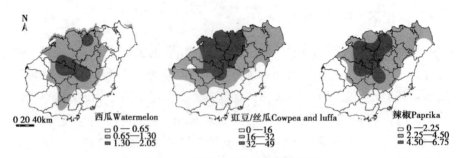

图4-11　海南岛瓜菜平均有害积寒

高、南部和东西部沿海低。这种寒害风险分布主要受海南冷空气活动和地形因素作用，与实际寒害发生规律一致。

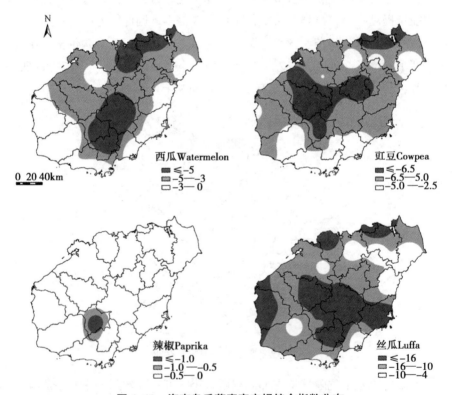

图4-12　海南岛瓜菜寒害灾损综合指数分布

　　海南岛四种瓜菜冬季寒害综合风险总体分布形式一致，呈中北部高、南部低，高风险区存在部分差异。西瓜和辣椒冬季寒害高风险区在海南岛中部的琼中、白沙和通什部分地区，该区主要是山区，多为寒害高发区，海拔较高，孕灾环境敏感性高，加上这些地区西瓜产量低、防灾能力弱，属于寒害的高危地带；豇豆和丝瓜高风险区范围较大，主要在白沙、琼中、儋州、屯昌、临高和澄迈等地区，该区寒害发生频率较高，种植面积大而产量水平低，由寒害导致的灾损高，加上地区防灾水平一般，受寒害危害较重。海南南部和东西部沿海地区瓜菜寒害风险较低，主要是由于这些地区发生寒害的频率低，海拔高度低，孕灾环境敏感性低，除丝瓜外，另三种瓜菜产量水平较高，灾损低，地区防寒抗灾能力较强。

从历史寒害灾害记载看：海南岛寒害发生以西北部、中部山区最多，年均次数在 1.0—1.8 次，南部沿海地区基本没有寒害出现；出现寒害的年数占总年数的比例：西北部、中部 80%，北部 70%，多数地区 50%，南部地区极少。

六　市场风险大

第一，海南省冬季瓜菜生产集中度低，规模普遍偏小，以分散农户种植为主，产品无差异和进入壁垒低的特点造成近乎完全竞争市场；同时海南冬季瓜菜流通中的中间商具有渠道力量强势和集中的特点，流通的终端消费市场又是典型的完全竞争市场结构，这种两端弱势、中间强势的供应链决定了链条主体在市场交易中的利润分配两头小、中间大，也决定了海南省冬季瓜菜在市场上的竞争力不足，在这样的完全竞争市场下，风险大，价格波动幅度大，利润趋于不确定性。

第二，2000 年全国农业种植业结构调整后，广东、广西大力发展秋冬瓜菜，种植面积日益扩大。2013 年，海南蔬菜的年种植面积仅为广东、广西的 9.8%。2013 年第一季度，海南省蔬菜总产量达 244.74 万吨，比上年同期增长 5.2%，但全省蔬菜价格总水平却下降了 14.2%，海南瓜菜受到了广东、广西秋冬茬瓜菜大量上市的严重冲击。据调查，2013 年春节前后，海南冬季瓜菜多个品种出现"菜贱伤农"现象：陵水县樱桃、番茄 2 元/公斤还几乎无人问津，海口佛手瓜 0.1 元/公斤，青皮冬瓜价格 0.6—0.8 元/公斤，辣椒价格 1 元/公斤。造成这种"量增价跌"现象的主要原因有：

（1）海南瓜菜的陆销需要跨越琼州海峡，运输成本相对广东、广西要高，尤其是遇上暖冬，农产品经销商采购的市场辐射半径相对减小，往往舍弃海南而到广东、广西采购。

（2）近年来，随着大棚蔬菜的兴起，秋季瓜菜的销售时间逐渐拉长，春季瓜菜的上市时间也有所提前，这样的"空档期"在一步步缩短的同时，也减少了内地市场对海南冬季瓜菜的需求量。

（3）海南的反季节瓜菜生产虽然已形成一定规模，但加工、运销滞后，尚未走向一体化经营，无序生产现象时有出现，自我调节等能力较差。

以上原因也造成了海南省冬季瓜菜产品所处的市场风险大。

七　生产环节收益长期偏低

图4-13是以海南运往北京为例，测算得到海南省冬季瓜菜流通各环节的成本、劳动付出与利润分配极不平衡。

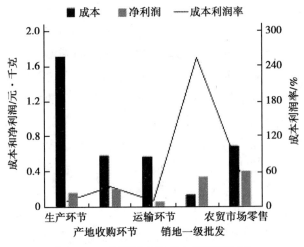

图4-13　各利益主体成本及利润分配

资料来源：侯媛媛、刘恩平、李光辉、汪佳滨、占金刚：《海南冬季瓜菜流通环节的利益分配分析》，《中国蔬菜》2016年第12期。

从成本利润率看，运输环节和生产环节的成本利润率最小。但在运输环节中，一般运输周期都在2—5天，每车单次运输的装载量最小都在30吨，因此虽然其成本利润率较小，但周转速度快，运载量基数大，每车每次运输环节的纯利润基本在1500元以上。而生产环节不论是在劳动时间、劳动力消耗还是成本花费上都是最多的一个环节，但最终的成本利润率却很低，并且由于大部分农户都是小规模种植，生产数量也难以抵消低利润带来的损失，因此生产环节的纯利润往往最少。单位净利润最大的环节是农贸市场零售，为 0.402 元/公斤，根据大部分农贸市场的摊位规模，农贸市场一般的摊位日销量为 250—750 公斤，每日净利润 100—300 元，但由于其经营特点，导致工作时间长、工作环境差，基本没有休息日，因此农贸市场的经营利润可以看作是对超负荷劳动的补偿。销地一级批发一般以收购价格的 10% 左右利润对外销售。销地批发环节单位净利润仅次于农贸市场零售环节，但经营成本最少，一级批发商帮助收购商出售产品，按照出售的包装箱件数收取费用，因此销地批发环节是整个蔬菜供应链中成本利润里最高的环节，达到 253.73%。

从价格波动幅度上看，生产环节的净利润不多，但当农产品价格大幅上升时，并不能给农民带来很高的收益，利润大部分扣留在收购环节、批发环节和零售环节。当农产品价格下降时，销售环节和批发环节会通过压低收购价保护零售和批发环节的利润，损失主要集中在生产环节，主要由农民承担。这个测算说明，单纯的生产者——农民（不含自产自销）的市场地位较低、定价话语权小，得不到与其劳动力和成本付出相符合的利润。

另外，瓜菜产业销售组织化程度较低，据海南省农业厅的统计，海南省从事农产品运销的合作社只有 113 家，并且规模普遍较小。农户缺乏市场意识，对经销商的依赖度较大。据调查，海南冬季瓜菜种植户对经销商的依赖度大约为 78%，绝大多数的种植户没有想过开拓销售市场，都是通过中间人卖给各地收购商，同时加上蔬菜成熟时期较集中，保鲜时间较短，因此可供选择的收购商数量有限。农户对经销商的高度依赖，使得其在农产品交易活动中处于劣势地位，市场交易权益极易受到损害，这也导致农户定价话语权小。

第四节　海南冬季瓜菜产业发展建议

一　提升海南冬季瓜菜市场品牌竞争力

第一，树立起海南瓜菜地理标识意识，依托海南省作为全国迄今为止富硒土壤分布最大省份、富硒土壤面积达到 9545 平方公里的得天独厚自然优势，重点打造绿色、生态、环保的海南瓜菜品牌产品，迎合现代消费理念变化的需求，进一步提高海南瓜菜的市场占有率。

第二，利用现代信息技术建立健全海南瓜菜追溯系统，按照规模化种植、标准化生产、商品化处理、品牌化销售、产业化经营的方式组织瓜菜生产，强化产品生产全程质量安全控制，增强消费者对海南瓜菜产品的消费信心，建立海南瓜菜长期、稳定的消费市场群体。

第三，应当避开内地大棚蔬菜。各市县要瞄准内地大棚蔬菜收获尾期，合理安排种植时间，积极推广集约化育苗技术，及时移栽。乐东、东方、三亚、陵水等地甜瓜宜于9月初开始播种，文昌的小红尖椒、朝天椒生育期较长，可在8月下旬开始播种。对于一些收获期较晚的品种如紫长茄也应该及早播种以争取最佳上市时间。

第四，应当避开"两广"瓜菜上市高峰期。调查了解两广的气候特点和种植情况，合理安排种植时间，尽量避开"两广"瓜菜上市高峰期，做到分期分批上市，防止相互挤压，造成价格下滑。保持均衡上市，市县之间错开上市高峰期，保持全省均衡上市。南部地区一般在9—10月份分批播种，北部地区晚稻收割较迟，播种时间可在10—11月。

此外，要加大海南瓜菜产品宣传的力度，着力营造支持海南瓜菜产品品牌建设的良好氛围，让海南瓜菜品牌深入人心，强化消费者对海南瓜菜产品的消费意识。

二　降低冬季瓜菜的流通成本

1. 加强整个产业链条中各主体的组织化程度，构建大型农产品流通联合体

从流通主体发展阶段上看，现阶段活跃在流通领域的主体主要是私人运销企业和农民运销合作组织。目前，私人运销企业的发展已经具有了一定的规模，但农民运销合作组织起步较晚，正处于发展的关键阶段，由于其联系着广大种植农户，应作为政策扶持的重点。运用政府的"三农"专项资金等支持与农民利益联结紧密、带动农民增收明显的运销合作组织，引导其完善组织制度和运营机制。对规模大小不同的农民运销合作组织进行整合，引导其做大做强。此外，以供销社为基础带动发展农产品运销合作组织、开展农产品运销服务，具有独特的组织优势，能够起到连片带动的作用，将供销社打造成农产品运销合作组织的联合体，有助于加强农户的市场地位。

2. 扶持发展本地农产品运销龙头企业，引进和研发先进的冷藏保鲜技术

在批发、运输环节上，通过扶持发展本地农产品运销龙头企业，鼓励农产品运销龙头企业向农产品流通领域延伸业务，引导专业性农产品运销企业间合作重组，做大做强，促进海南省本地农产品运销企业与引进的运销龙头企业相互配套补充，共同发展。

此外，在对运销企业进行扶持的同时，要引进和研发先进的冷藏保鲜技术。与此同时，冷库还可以延长农产品的上市时间，做到错峰上市。因此政府通过加大对产地冷库的投入力度，引入冷链运输，能够在一定程度上起到减少损耗、稳定市场的作用。

3. 完善流通环节利益分配机制，推动零售端改革

农产品流通中出现价格波动、差价增大等问题，核心在于农产品流通环节中各个利益主体之间利益分配问题，未来要强化各个利益主体之间的协商和联系，建立一个更好的、更健康的利益分配机制。一方面，通过产销直接对接减少一些不必要的流通环节，能够降低成本；另一方面，零售端价格波动频繁也常导致农产品价格波动，因此，为强化政府对农产品价格的调控，政府也应该将力量延伸到零售市场。

此外，还应该继续完善和发展农贸市场乃至露天农产品销售市场和流动摊贩的合理存在，在一些城市居民小区，早、晚市场以及流动商贩的存在反而是现有农产品流通中的一种很好的补充，也有助于降低市场流通成本。与此同时，在信息化时代下，也应该积极推进电子商务这一现代流通方式的发展，促进农产品线下线上的融合，提升农产品的流通效率。

三　政策性与商业性结合，积极推广农业保险

冬季瓜菜保质期短，不易储存，供给弹性和需求弹性都很小，"菜贱伤农"，冬季瓜菜价格波动的每次波动都涉及农户的切身利益，是政府价格调控的一项重要内容。

总结广东、上海和成都等地蔬菜政策性保险经验做法，加快建立蔬菜生产保险制度。要按照"政府主导、市场运作、农民自愿"的原则，建立和扩大蔬菜生产保险制度，政府对参保种植户和保险企业给予一定的财政补贴，形成政策性与商业性结合的模式，尽可能利用社会力量分散风险，积极探索互助保险、共同保险、以险养险等多种形式，努力提供差别

化、针对性更强的保险产品。

同时，整合各类补贴和优惠政策，发挥农业保险的作用，推广农业保险。按照"价低保菜农"的原则，在合理确定主要冬季瓜菜产地价格和终端销售价格的基础上，根据市场价格变动情况，对相关利益方给予合理补偿，当冬季瓜菜严重滞销导致菜价大幅下降时，联合保险公司，及时给予菜农适当补助。

四　加大海南冬季瓜菜产业的信息化建设

健全瓜菜供需信息发布机制。针对海南冬季瓜菜易受"两广"和北方大棚瓜菜集中上市的影响，重点加强对广东、广西和北方大棚瓜菜主产区种植品种的生产调查，全面分析"两广"及北方大棚瓜菜主产区瓜菜品种种植可能对海南冬季瓜菜生产带来的影响与冲击，及时提出海南瓜菜生产种植的指导意见，科学引导农民适时调整瓜菜生产时间和品种结构，合理规避由于瓜菜种植雷同而陷入集中上市的局面。

加强对海南省冬季瓜菜消费地的消费偏好调查，合理引导农民生产适销对路的瓜菜产品，避免瓜菜生产偏离需求而造成的滞销损失。建立和完善以政府为主导的农产品供需信息采集、汇总、分析、发布平台与制度，科学引导农民学会了解市场、分析市场、研判市场，把握好瓜菜生产推进度量，避免盲目生产、跟风生产、无序生产造成的供过于求。

整合产供销和价格监测系统平台形成权威监测体系，健全信息监测发布预警制度。根据部门职责分工，协调配合，尽快建立覆盖主产区和主要批发市场的蔬菜产销信息监测预警体系，健全管理制度，通过网络媒介以及手机报等新兴传播平台，定期收集和发布主要蔬菜生产、供求、价格等信息。特别是对岛内各区域优势瓜菜的播种面积、产量、上市期和产地价格信息进行采集、分析、预测和发布，提供及时、准确、全面的生产和预警信息，引导种植户、经营者合理安排生产和经营活动，稳定生产者、经营者、消费者的市场预期，避免生产经营的盲目性和随意性。

农业、商务、统计、气象、物价等部门要建立冬季瓜菜的生产、流通、消费、价格及气象信息发布综合平台，结合各自部门职责及时发布信息。农业部门加强引导和稳定冬季瓜菜生产，重点扶持其集约、规模化建设和发展，指导农户积极应对天气等自然灾害；商务部门及时发布冬季瓜菜流通、消费信息，引导菜农进行种植模式和品种调整；气象部门加强气候预测，根据往年的经验及时通报，对冬季瓜菜的生产提出预警；物价部门加强监测网点建设，搭建城乡村三级信息服务网络平台，及时准确价格预警预报。在条件成熟的情况下，有必要进行整合建立一个统一、权威性的政府监测机构，形成更科学的监测体系，有利于发布更有权威性的监测报告，用于指导生产和生活。这也符合政府职能转变的大思路，它也是政府监控经济运行的主要内容之一，应予高度重视。

五　理顺流通体系，提高生产环节权益

农民缺乏定价话语权的核心原因在于农民在市场中处于弱势地位，得不到与其劳动和成本付出相符合的利润，而批发和零售环节作为流通体系中主要的利润获得者，主导着价格的形成和利润的分配。这是因为海南冬季瓜菜的生产以分散经营为主，规模小而分散，没有市场调研和预测的能力，更不会适时对生产进行结构调整，往往依据上一年价格和经验来确定本年度的生产，"跟风"现象严重，易造成生产供给的大幅波动。所以应增强冬季瓜菜经营的集约程度，鼓励集中经营，促进产业规模化，形成信息流通的菜价市场，从而对于冬季瓜菜的价格做出合理的估计，形成科学的菜价体系，提高瓜农地位。

2014 年中央一号文件也提出扶持和发展新型农业经营主体，发展多种形式的规模经营，鼓励发展专业合作、股份合作等多种形式的农民合作社，构建具有专业化、集约化、组织化的新型农业经营体系。这样能在一定程度上解决针对生鲜农产品流通的小生产与大市场之间的矛盾，提高农民在供应链中的地位和议价能力。

同时，在生产和流通环节要着力加强农民的组织化程度，保护其合法收益。对农产品流通的政策扶持重点应在生产环节，重点扶持农民。农产品价格调控的主要着力点应在批发环节和零售环节，通过降低零售、批发环节的成本和促进市场充分竞争来保持价格的稳定。

第五章

海南国际旅游岛建设的现代城市治理实践探索

城镇化是经济社会发展的一个过程，推进城镇化是解决农业、农村、农民问题的重要途径，也是全面建成小康社会、加快推进社会主义现代化建设的必由之路。改革开放以来，我国经历了世界历史上规模最大、速度最快的城镇化进程，城市发展波澜壮阔，取得了举世瞩目的成就。城市发展带动了整个经济社会发展，城市建设成为现代化建设的重要引擎，城市是我国经济、政治、文化、社会等方面活动的中心，在党和国家工作全局中具有举足轻重的地位，是经济社会发展、促进民生改善的综合载体和重要支撑。据国家统计局数据显示，截至 2016 年年底，城镇常住人口 79298 万人，比上年末增加 2182 万人，乡村常住人口 58973 万人，比上年末减少 1373 万人，城镇人口占总人口比重（城镇化率）为 57.35%，同时，全国人户分离人口（即居住地和户口登记地不在同一个乡镇街道且离开户口登记地半年以上的人口）2.92 亿人，比上年末减少 203 万人，其中流动人口 2.45 亿人，比上年末减少 171 万人。全国就业人员 77603 万人，其中城镇就业人员 41428 万人。

当前，我国城市发展已经进入新的发展时期，城市工作必须遵循创新、协调、绿色、开放、共享的发展理念，坚持以人为本、科学发展、改革创新、依法治市，转变城市发展方式，完善城市治理体系，提高城市治理能力，着力解决城市病等突出问题，不断提升城市环境质量、人民生活质量、城市竞争力，提高新型城镇化水平，走出一条中国特色城市发展道路，建设和谐宜居、富有活力、各具特色的现代化城市。城市工作作为一项系统工程，必须顺应城市工作新形势、改革发展新要求、人民群众新期待，坚持以人民为中心的发展思想，坚持人民城市为人民，这是我们做好城市工作的出发点和落脚点。同时，要坚持集约发展，框定总量、限定容量、盘活存量、做优增量、提高质量，立足国情，尊重自然、顺应自然、保护自然，改善城市生态环境，在统筹上下功夫，在重点上求突破，着力提高城市发展持续性、宜居性。

海南省委、省政府强调要加快推进海南特色新型城镇化建设，主动适应经济发展新常态，全面开启"多规合一、全岛同城、一张蓝图干到底"，充分发挥生态环境、经济特区、国际旅游岛"三大优势"，紧密围绕全国同步建成小康社会、基本建成国际旅游岛、建设美丽海南"三大目标"，持续推进建设全省人民的幸福家园、中华民族的四季花园、中外游客的度假天堂"三大愿景"。科学谋划城镇发展布局，坚持以"人"为核心、一张蓝图干到底、走城乡一体化就地城镇化的发展路子、抓好"五网"基础设施建设、推进全域旅游、依法依规管理、齐抓共管形成合力，严密把守生态红线，切实推进体制机制创新，为海南"十三五"全面建成小康社会提供强劲动力。全力打造好山好水好风光、宜居宜游宜兴业的特色精品城市和精品小城镇集群，在琼州大地绘就生态魅力独特、地域文化彰显、游客流连忘返、百姓安居乐业的海南城镇绚丽画卷。

其中海口认真贯彻落实"绿水青山就是金山银山"的精神要义，以海绵城市的理念，以决战决胜的信心，按照"把海口展示给世界，把世界吸引到海口"的理念，创新现代治理体制机制、提升社会治理能力，全面推进创建全国文明城市、创建国家卫生城市"双创"工作，以人居环境改善为切入强力推动城市发展与治理协同推进，着力打造国际旅游岛中心城市、迈向"四宜三养"的"首善之城"；三亚作为全国首个"海绵城市和综合管廊建设综合试点城市"和"城市修补、生态修复"试点城市，通过"双城""双修"探索城市生态文明建设模式、新型城镇化发展方式，建立起有利于推进试点工作的管理体制、协调机制、保障体系，持续推动旅游业态转型升级和优化，向国际滨海旅游精品城市、海南旅游特区的标杆城市快步迈进；琼海积极探索就地城镇化，着重体现尊重自然、顺应自然、天人合一的理念，依托现有山水脉络等独特风光，让城市融入大自然，让居民望得见山、看得见水、记得住乡愁，推动小镇风情化、田野公园化、村庄景点化，打造"城在园中、村在景中、人在画中"的美丽乡村境界，在促进城乡一体化发展中，注重保留村庄原始风貌，不砍树、不填湖、不拆房、不占田、就地城镇化，尽可能在原有村庄形态上改善居民生活条件，不仅创造性地建构了现代城市治理的新模式，有效化解了城市治理带来的巨大投入成本，也有力地推动了城乡治理的系统衔接，加速了城乡治理一体化进程。

第一节　海南国际旅游岛建设与现代城市治理

一　海南国际旅游岛建设新内涵

"十三五"时期，是海南实现国际旅游岛建设发展目标的冲刺阶段和决胜阶段，海南国际旅游岛建设将高举中国特色社会主义伟大旗帜，坚持中国特色社会主义理论体系和习近平总书记系列讲话精神的指导，进一步解放思想，深化改革，构建更具活力的体制机制，走生产发展、生活富裕、生态良好的科学发展之路；积极发展服务型经济、开放型经济、生态型经济，构建起以旅游业为龙头、现代服务业为主导的特色经济结构；将发展的重点放在提高旅游业的发展质量上，着力打造一批具有海南特色的国际先进水平的旅游产业等。

就海南国际旅游岛建设而言，其新内涵和新定位体现在六个方面：一是我国旅游业改革创新的试验区。充分发挥海南的经济特区优势，积极探索，先行试验，加快体制机制创新。二是世界一流的海岛休闲度假旅游目的地。充分发挥海南的区位优势和资源优势，按照国际通行的旅游服务标准，推进旅游要素转型升级，进一步完善旅游基础设施和服务设施，开发特色旅游产品，规范旅游市场秩序，全面提升海南旅游管理和服务水平。三是全国生态文明建设示范区。坚持生态立省、环境优先，在保护中发展，在发展中保护，坚持金山银山不如绿水青山的发展理念，建设低碳经济示范区，探索人与自然和谐相处的文明发展之路，使海南成为全国人民向往的花园。四是国际经济合作和文化交流的重要平台。发挥海南对外开放前沿的区位优势，依托博鳌亚洲论坛的品牌优势，全方位开展区域性、国际性经贸文化交流活动以及高层次的外交外事活动，使海南成为我国重要的国际交往平台。五是南海资源开发和服务基地。合理利用和合理开采南海油气、旅游、渔业等资源，加强海洋科研、科普和服务保障体系建设，使海南成为我国南海资源开发的物资供应、综合利用和产品运销基地。六是国家热带现代农业基地。充分发挥海南热带农业资源优势，大力发展热带现代农业，使海南成为全国冬季菜篮子基地、热带水果基地、南繁育制种基地、渔业出口基地和天然橡胶基地。

二　现代城市治理内涵

伴随着人类社会的进一步发展，治理理论在各行各业蓬勃兴起，从参与主体而言，无论是企业、城市还是政府，均致力于改善治理素质，以实现更佳的效益和顺应信息时代迅速发展的要求。因此，现代城市治理理论应运而生。

城市治理理论始于 20 世纪 80 年代。其起源的时代背景是，全球化的方兴未艾改变了许多城市的性质和运作，尤其是全球经济的兴起转化了城市边缘的作用与城乡之间的关系。城市治理一词涵盖了非常广泛的实践，其中一些迄今仍未得到恰当的描述、分析和解释。现代管理文献表明，这些实践包括诸如社会福利、环境保护、教育和自然规划等领域。并在中央和地方各级表现出共同协调指导、共同生产、合作管理和公私营伙伴制等方面的创新。

根据联合国人居中心（UN—HABITAT）对城市治理定义的界定，治理可包含三个层次的内容：一是施政可被视为治理的子集。在许多有关治理的案例中，治理不仅包括政府，还有第三部门、NGO 以及民众社会等多元主体的参与。二是治理的性质偏向中性，可表现为：专横或仁慈，有效或无能。三是与管理和统治重视结果不同，治理重视"过程"。那么，什么是城市治理？或可界定为个人和公私机构用以规划和治理城市公共事务的众多方法的总和，是一个调和各种相互冲突或彼此不同利益以及可以采取合作行动的连续过程。

为了在全球范围内推广其"良好的城市治理"的理念，联合国人居中心制定了良好的城市治理标准①：（1）城市发展各个方面的可持续性："城市必须平衡兼顾当代人和后辈人的社会、经济和环境需要。领导者必须在可持续的人的发展方面有长远的战略眼光并有能力为共同的福利而调和各种不同利益"。（2）下放权力和资源："应根据附属性原则分配服务提供的责任，亦即在最低的适宜级别上按照有效率和具有成本效益地提供服务的原则分担责任"。（3）公平参与决策过程："分享权力的结果是公平地使用资源。包容性城市为每个人提供平等机会，获得基本的、适宜标

---

① The Global Campaign on Urban Governance, Concept Paper 2nd Edition; March 2002 [EB/OL]: http://www.unhabitat.org/governance.

准的营养、教育、就业和生计、保健、住房、安全的饮水、卫生和其他基本服务"。（4）提供公共服务和促进当地经济发展的效率："城市必须有健全的财政制度以具有成本效益的方式管理收入来源和支出，管理和提供服务，并根据相对优势使政府、私人部门和社会各界都能正式或非正式地对城市经济作出贡献"。（5）决策者和所有利益攸关者的透明度和责任制："透明度和责任制是使利益攸关者得以深入了解本地施政状况和评估哪些社会阶层从所作决定和行动中得到惠益的必要条件。法律和公共政策的实施应做到透明而具有可预测性。城市政府官员应始终保持专业能力和个人品德的高标准"。（6）市民参与和市民作用："人是城市的主要财富，对于实现可持续的人的发展而言，人民既是对象，也是手段。市民参与的含义是生活在一起并不是一个被动行为：在城市中市民必须积极参与谋取共同的福利，必须得到权力来有效参与决策过程。另外，还有一个包容性，既是一个原则也是个目标，其贯穿于整个城市治理过程。"

第二节　城市现代治理海南探索实践

2015 年时隔 37 年的中央城市工作会议再次召开，"城市工作"再次上升到中央层面进行专门研究部署，党和国家对城市改革和发展的顶层设计进一步深入，这也意味着我国即将面临或正在面临城市发展和城市管理模式的改变和调整。[①] 自海南建省办经济特区将近 30 年以来，海南省利用有限的时间完成了西方国家花了两百多年才完成的城市化发展阶段。鉴于已有的成功和失败经验，使得海南的城市发展已经到了一个重要的转型期。当前，海南省城市的发展面临诸多问题，许多城市交通拥堵、环境卫生状况迅速恶化、贫富差距不断扩大，社会矛盾日益激化，这些问题制约了海南省城市的经济发展、社会进步和人民生活质量的提升。

一　海口以"双创"工作促进城市治理实践

（一）海口市双创工作的基本脉络

由小城镇发展而来的海口市"先天不足"：虽椰风海韵，风光秀美，

---

① 《中央城市工作会议》，新华网 . 新华时政（http：//www.xinhuanet.com/politics），2015csgz/。

但作为国际旅游岛的省会城市，知名度不仅比不上三亚、博鳌等城市，与其他省会城市相比，海口在城市环境、公共秩序和管理水平等方面，也较为滞后。海口市基础设施薄弱，市政道路、地下管网、公共文化服务等设施历史欠账多，城市规划建设也混乱无序、硬件不足、软件难补。长期以来，海口市的城市管理粗放、社会文明程度亟待提升等问题制约着当地经济社会发展，与国际旅游岛省会城市的地位极不相符。2015 年 7 月，海口市以"双创"为抓手，创新城市管理方式，推进城市供给侧改革的发展思路，按照双创工作的部署和标准要求，积极推动城乡环境卫生治理、道路交通秩序治理、日常市容市貌治理、生态环境综合治理、公共安全秩序治理、城乡公共卫生治理等"六大治理"工作，高标准、严要求打造海南首善之城和现代滨海城市，为建设更加文明、和谐、友善、美丽的海南国际旅游岛树立标杆、作出示范，切实提高法治海口、文明海口、善治海口的综合治理水平，加快治理体系和治理能力现代化步伐。

（二）海口市"双创"工作的基本框架

海口市以"双创"为抓手，倡导"四种精神""三种特质"，围绕"六大治理"，着力从城市精神、管理服务、民生建设和人居环境等四个方面创新城市治理，大力推动"四大工程"，各项工作均取得了显著成效，经济增长领跑海南，人民群众得到更多实惠，城市建设管理水平显著提升。增进人民福祉没有终点，海口市将更加坚定信念、不忘初心、求真务实、继续努力，全面提升城市治理水平，不断增进海口人民福祉，让海口更现代、更文明、更宜居、更和谐，让广大市民游客更有归属感、自豪感、获得感和幸福感。

海口市坚持"双创"（"全国文明城市"和"国家卫生城市"）与统筹社会"四个治理"（系统治理、依法治理、综合治理、源头治理）相结合，始终坚持以防控风险与破难题、补短板为抓手，积极推动社会治理理念、制度、机制、方法创新，有力地维护了海口乃至全省的社会大局稳定，服务和保障经济社会全面、协调、可持续发展。积累了像社会矛盾纠纷多元化解体系、社会治安防控建设、"公安+城管"模式、重点青少年服务管理、综治中心实战化运行模式等一些经验做法。尤其是自海口开启"双创"模式以来，市委把"双创"作为统筹海口经济社会发展、统筹城市建设和城市管理的重要抓手，在全市掀起了"双创"高潮。全市各级综治部门坚持贯彻市委、市政府的决策部署，按照省委常委、市委书记张琦同志关于"标准不变、力度不减、持续发力'双创'"的重要指示要求，把"南昌会议"主要精神融入"双创"工作中，同研究、同部署、同落实、同考核。紧紧围绕中央综治委以及省综治委的工作要求，对标"双创"任务清单，奋力而为，以提高人民群众安全感为着力点，深入开展预防和打击违法犯罪活动、禁毒三年大会战、社会治安重点地区和突出治安问题排查整治等专项行动；结合"双创"测评前提条件，加强未成年人思想道德建设和学校及周边安全环境综合治理，为海口"双创"和社会经济发展创造平安和谐的社会环境。

二　三亚市"双城""双修"工作推动城市治理探索

（一）三亚市"双城""双修"工作的发展脉络

自三亚市升格为地级市三十多年以来，三亚市完成了从小渔村到知名滨海国际旅游城市的蜕变，过度追求发展速度和经济增量，忽视了城市的基本功能，特别是城市人口持续增多、游客数量不断激增、建设规模日益扩大、经济活动扩张加速、生态环境压力与日俱增、基础设施配套严重滞后，城市治理总体滞后于"城市病"加速的现实需求，三亚市探索以"双城"（海绵城市建设、综合管廊建设）、"双修"（生态修复、城市修补）作为助推国际化热带滨海旅游精品城市建设的有效载体之一，着力完善和修复城市功能及环境。

"双城""双修"纳入《三亚市城市总体规划（2011—2020 年）》（以下简称《总体规划》），《总体规划》重视城乡区域统筹发展、合理控制城市规模、完善城市基础设施体系、建设资源节约型和环境友好型城市、创造优良的人居环境、重视历史文化和风貌特色保护。在此基础上，三亚市制定实施《三亚市海绵城市建设总体规划》《三亚市地下管廊建设专项规划》和《三亚市生态修复城市修补总体规划》，按照海绵城市建设总体要求，以涵养城市水资源、改善城市水环境、修复城市水生态、提高城市水安全等为目标，根据三亚气候特征、建设情况等，通过试点集成具有地方特点的海绵建设技术，让雨水能自然渗透、自然积存、自然净化，满足城市可持续发展的要求；同时建成由干线管廊、支线管廊、缆线管廊等多种建设形式有机结合的综合管廊工程体系，利用海棠湾区海榆东线道路改造工程时机，尽快开展综合管廊试点工程的建设。结合崖州古城北路、创意产业园中央大道、创意产业园 2 号路北段和铁炉港环湖路建设，按时序推进综合管廊建设，并结合新区建设选择试点，在老城区结合棚户区改造、老区改造、河道改造及道路改造等因地制宜地进行建设，避免频繁开挖城市路面，提高城市基础设施建设水平；以建设国际热带海滨风景旅游精品城市为目标，确定生态修复以山体、河流、海岸的修复为重点，城市修补以城市形态轮廓、建筑色彩、广告牌匾、绿化景观、夜景亮化以及拆除违规建设等六方面工作为重点抓手，在技术方法和操作策略上，采用城市总体设计方法加上综合环境建设的策略。在总体规划的宏观指导下，结合该市"城市治理管理"方案、三亚的城市格局和居民游客对城市的空间体验，以"一湾两河三路和高速公路铁路沿线"作为近期工作的重点地段，将光明路—和平路段确定为先行示范段。

生态环境是三亚的核心竞争力，三亚通过全力推进"双城""双修"，努力探索城市内涵式发展道路，三亚市"双修"工作的探索值得借鉴。三亚虽是海南南部的经济龙头，也是海南国际旅游岛建设的重要支撑点。但目前三亚面临着城乡基础设施建设滞后、城乡治理管理仍需加强等突出问题，三亚通过2015年"城市治理管理年"的努力探索，提出鹿城将在新常态下积极打造三亚城市治理的3.0升级版。2015年6月，国家住建部将三亚列为城市修补生态修复（双修）、海绵城市和综合管廊建设综合试点城市（双城），这意味着三亚成为全国首个"城市修补、生态修复"试点城市，也是目前唯一同时获得海绵城市和综合管廊建设综合试点的地级市。开展城市修补生态修复、推进海绵城市和地下综合管廊建设是三亚市提高规划建设设计水平，完善城市功能，提升风貌特色的有效途径和重要举措，对于研究探索中国城市生态文明建设模式、新型城镇化发展方式具有重要的试点示范意义。

（二）三亚市"双城""双修"工作的基本内涵

"双城"指的是海绵城市与城市综合管廊。海绵城市是指通过生态化技术构建低影响开发雨水系统，使城市像海绵一样，能够吸收、存蓄、渗透、净化雨水，补充地下水、调节水循环；在干旱缺水时有条件将蓄存的水释放出来并加以利用。城市综合管廊是指建于城市地下用于容纳两类及以上城市工程管线的构筑物及附属设施。地下综合管廊系统不仅解决城市交通拥堵问题，还极大方便了电力、通信、燃气、供排水等市政设施的维护和检修。

"双修"，是指生态修复和城市修补。这是三亚开展城市治理管理，加快推进国际化热带滨海旅游精品城市建设的重要举措。其中生态修复包括海的修复、河的修复和山的修复。城市修补包括加强广告牌匾整治、推进城市绿化改造等。通过开展城市"双修"，实现"让绿于民、让路于民、让景于民、让海于民"，改善人民的生活环境，提升城市形象和品质。

开展城市修补生态修复、推进海绵城市和地下综合管廊建设是三亚市提高规划建设设计水平，完善城市功能，提升风貌特色的有效途径和重要举措，对于研究探索我国城市生态文明建设模式、新型城镇化发展方式具有重要的试点示范意义。三亚科学规划、苦练内功、下大力量持续推动旅游业态转型升级和优化，向国际滨海旅游精品城市、海南旅游特区的标杆城市快步迈进。

三　琼海市田园城市"就地城镇化"创新实践

我国的新型城镇化起步比较晚，实践起来难免会有许多问题，经验也在累积之中。就目前来说，主要的问题可以概括为：新型城镇化中设施不够、没有彻底解决人的"城镇化"和"城市病"的问题。近年来，海南省琼海市严格遵循"不砍树、不拆房、不占田，就地城镇化"的标准，在保留生态本底和尊重农民生产生活方式的前提下，通过发展本地特色产业、基础设施配套和公共服务延伸来实现农民身份的自然过渡，走出一条低成本、可持续、因地制宜的新型城镇化之路。

2013年以来，琼海市以建设美好幸福家园为目标，努力打造田园城市，以乡村旅游推进全域旅游。着力保护生态环境，在生态文明建设中，以"农民强、农民美、农民富"为导向，通过转变发展形势，极力推动生态文明建设，将美化乡村和优化生态环境相结合，实现绿色崛起；大力创新节事活动，琼海根据有的地方节事活动无人参与的窘境，巧妙地赋予活动力量产生的品牌效应成为了人民富强的动力，将不同的活动融合在了一起，实现了"六神有主，一脉贯穿"的模式，整个过程受到媒体关注，充分调动了省市镇与媒体的作用，共同谋划了一些主题活动：琼海旅游新攻略征集活动、大学生休闲旅游季活动、琼海主题婚庆活动等，带来了每个小镇都会变成一个"有味道"的目的地；琼海以"田园城市"推进全域旅游建设，推动农民家园、度假天地和休闲园林融合发展，使农村迅速成为现代服务业的重要市场；通过引进消费，主推主题产品是"幸福家园"，不断扩大文化和生态效益，探索并走出城乡一体化的特色道路；推进产业发展和文化特色相融合的小镇建设，以琼海特有的"味道"激发人民群众、游客和海外游子的乡愁，使他们有共同构建美好家园的愿景，不断地挖掘区域人文特色，创造出"一镇一风情"的纽带和"一镇一品"的核心，从而实现"一镇一特色"；创新"不砍树、不拆房、不占田，就地城镇化"实践，从文化传统、生态环境、公共服务和生产资源四个方面，创造了以幸福为目标的特色新型城镇化。其中，城镇化的核心是以人为本，政府从治理城市到公共服务，从分配资源到高效率使用新型产业的建设，通过重民生、重生态、重传统来表达了对幸福文化的向往。

第三节　海南国际旅游岛建设纵深推进下的现代城市治理

一　海南国际旅游岛建设纵深推进的现实需要

海南省是我国最大的经济特区和唯一的热带岛屿省份，发展潜力巨大。自建省办经济特区近30年以来，海南已从昔日落后的边陲岛屿发展成为初步繁荣的经济特区，经济社会发展取得显著成效。但由于发展起步晚、基础差，目前，海南总体上仍属于欠发达地区，面临着诸如经济实力不强、城镇化发展不足、经济结构层次偏低、城乡管理水平较低、生态环境相对脆弱、风暴潮等灾害时有发生、可持续发展的任务比较艰巨、旅游服务质量有待提高、人才培养引进和储备不足等一系列社会问题。因此，海南省保护生态环境、促产业结构优化升级、推动科学发展的任务十分艰巨。

海南国际旅游岛建设作为一项国家战略，国家高度重视海南的发展，明确将推进海南国际旅游岛建设发展作为全国区域经济战略性布局的一项重大举措，提出新要求，赋予新使命。海南建设世界一流的海岛休闲度假旅游目的地的基础条件和时机已经成熟。充分发挥海南的区位和资源优势，建设海南国际旅游岛，打造有国际竞争力的旅游胜地，是海南加快发展现代服务业，纵深推进海南国际旅游岛建设，实现经济社会又好又快发展的重大举措，对全国调整优化经济结构和转变发展方式具有重要示范作用。《海南国际旅游岛建设发展规划纲要》提出：到2020年，旅游服务设施、经营管理和服务水平与国际通行的旅游服务标准全面接轨，海南旅游的国际知名度、美誉度大大提高，旅游产业的规模、质量、效益达到国际先进水平，初步建成世界一流的海岛休闲度假旅游胜地。接待国内外游客达到 7680 万人天次，旅游总收入 1240 亿元，旅游业增加值占地区生产总值比重达到 12%以上，第三产业增加值占地区生产总值比重达到 60%，第三产业从业人数比重达到 60%。全省人均生产总值、城乡居民收入和生活质量力争达到国内先进水平，综合生态环境质量继续保持全国领先水平，可持续发展能力进一步增强的发展目标。①

二 海南现代城市治理现状分析

海口"双创"、三亚"双城""双修"、琼海"就地城镇化"均体现了现代治理的本质即践行新的发展理论，其本质可概括为四大工程——民生工程、改革工程、创新工程和实绩工程。现代城市治理是最重要的民生工程。海口、三亚、琼海等市县在正视与发达城市差距的同时，深刻领会了治理体系与治理能力现代化的核心价值及时代精神。城市治理实践几乎所有的指标都直接指向民生，近几年投入基本上都是在民生，背街小巷的治理、污水的治理、菜市场的改造、文化设施的建设、道路交通的改善、环境绿化美化等大部分都与民生有关，特别是琼海在全国率先创新实践"不砍树、不拆房、不占田、就地城镇化"，为我国新型城镇化提供了一个独具海南特色的"示范样本"。现代城市治理是最大的改革工程。过去很多职能部门把权抓在手里，不做事，或者是做事不讲质量，不讲效率。甚至许多人把权力变成了寻租的资本，不论是海口"双创"、三亚"双城""双修"，抑或琼海"就地城镇化"均把现代城市治理与经济社会发展紧密结合，特别强调公共权力必须放到基层使用，把质量发展渗透到每一个城市治理环节中，始终以深化综合改革指引城市治理实践。现代城市治理是最大的创新工程。过去很多事情想做没有做，惰性消磨了创新活力。而现在却让所有的职能部门和所有基层党政部门使出了浑身解数，也让社会的力量得到了充分的发挥。几乎每一个基层单位，每一个社会机构和社会成员都绞尽脑汁搞创新，都希望做得比别人更好，大家对建设城市、管理城市在拼命地想招，原来是尽量地不做，现在是拼命地挖空心思

---

① 国家发展改革委：《关于〈海南国际旅游岛建设发展规划纲要（2010—2020）〉的批复》，海南史志网（http：//www.hnszw.org.cn）2015 年 12 月 7 日。

想去做。现代城市治理是最大的实绩工程。海口、三亚和琼海等市县均能以人民为本，通过多种信息渠道倾听百姓声音，有效规避政绩工作、面子工程等，以百姓需要为工作导向，以群众满意为根本追求，坚持正确的政绩观，更为关注工作实绩，现代城市治理本质上与全心全意为人民服务的宗旨高度一致，对于市民游客来讲，现代城市治理就是满足人民群众对美好生活追求的实绩工程。其中，海口、三亚和琼海最具代表性和借鉴性，是海南国际旅游岛建设纵深推进背景下现代城市治理的重大举措和创新实践。

（一）海口现代城市治理现状分析

1. 初步建立政府与社会共创机制

2016 年，海口已筹建市公益基金会，设立"双创"专项奖励基金和志愿服务基金，初步建立群众主动参与、自觉参与的长效机制，争取全市市民群众以各种形式关注、支持和参与到"双创"工作中来。并推进志愿服务制度化，加大志愿者招募注册力度，把志愿服务工作作为硬指标，纳入到区一级文明指数测成区人口的 10% 以上。完善志愿服务运行机制，规范志愿者招募注册、培训管理，完善活动记录，建立健全志愿者星级认定、回馈奖励制度。

2. 较为注重改革创新管理方式

海口以区、镇（街）为主，全面推行"公安+城管+N"多个部门联合执法、联勤联动。加快推进城市综合执法，重点在与群众生产生活密切相关、执法频率高、多头执法扰民问题突出、专业技术要求适宜、与城市管理密切相关且需要集中行使行政处罚权的领域推动综合执法，并报海南省政府批准，将食药监部门无证商贩非法经营行为、水务部门未取得城市排水许可证或未按城市排水许可证规定向城市排水管网及其附属设施排放污水行为、住建部门的物业企业及开发建设单位涉及物业方面违法违规行为、爱卫部门的病媒防治和无烟场所禁烟等方面的四项部门行政处罚权等事项纳入综合执法范畴。此外，海口还建立第三方机构评估机制，对"双创"成效开展定期检查。依托社区网格化工作平台，强化"双创"实时动态检查，及时发现问题。

3. 强化社会诚信体系建设

2016 年，海口市在政务服务、市场监管、社会诚信、司法公信等各个领域，制定《海口市诚信"红黑名单"发布制度》，严格实行"守信激励、失信惩戒"。组织开展好"诚信企业""诚信街区""诚信门店"等各类诚信创建活动，在全社会营造诚信光荣的氛围。同时，海口市公安、工商、住建、物价、旅游、商务等部门还将规范市场经济秩序作为一项重要的工作任务，对于扰乱市场经济秩序的一切不法行为，坚决予以打击，尤其从重从快严厉打击欺行霸市、强买强卖、强装强卸、阻挠施工和敲诈勒索等违法犯罪行为，增强人民群众和广大投资者的安全感。

4. 拓宽筹资投入渠道

海口通过新增地债和存量资金盘活等方式保障 142 个代建制项目建设资金。海口市、区财政在安排促创建活动日常工作经费和奖励经费的同时，想方设法加大基础设施、公共服务、公益广告宣传等专项投入。特别是采用代建制和 PPP 模式相结合的方式尽快形成多元化的"双创"工作投入体系。对 142 个代建制项目，市财政牵头部门与项目实施机构明确项目的总投资额，通过新增地债或存量资金盘活的方式保障项目建设资金。对之前已经确定社会资本投资意向方的"双创"PPP 项目，各责任单位逐一洽谈，明确合作项目，并谈判招标。对暂未确定投资意向方的其他项目，由市财政 PPP 中心牵头，再对项目进行整合打包。

（二）三亚现代城市治理现状分析

1. 建立自然生态保护长效机制

三亚市政府通过《三亚市山体保护规划》，三亚建立自然山体保护的长效机制。作为全国开展"生态修复、城市修补"的试点城市，2015 年以来三亚探索对山、海、河等重要自然生态空间进行修复保护，出台了包括《三亚市山体保护条例》在内的一系列地方法规，并配套编制相关专项规划作为开展治理管理工作的依据。2016 年 5 月，三亚启动山体保护规划的编制工作，探索通过科学有效的方法，加强对三亚市域自然山体的保护以及山前建设地区的管控，建立三亚自然山体保护的长效机制。规划采取目标导向与问题导向相结合的方式，对三亚的整体生态格局进行了明确。在此基础上，规划确定了山体保护的目标是恢复自然与城市相互融合的城市生态格局，重点突出自然山体的保护，加大山前建设地区的管控以及山体资源的合理利用。通过科学分析地形地貌、地表植被、重要生态功能区、土壤类型等影响山体的重要因素，三亚综合划定面积约 1138 平方千米山体保护范围，占市域面积的 59.28%。

2. 建立健全"巩卫"管控长效机制

精品城市既要注重建设，更要注重精细化管理。自 2016 年 11 月开展

"巩卫"工作以来,三亚全市上下做了大量扎实有效的工作,付出了很多心血和努力,取得了阶段性成效。三亚对升级改造后的农贸市场、划好的停车位等加强管理。坚持常态化从严执法,依法管理城市。市综合执法局、公安交警、工商等部门都依法从严执法,落实精细化管理要求。落实属地管理责任、行业管理责任、网格管理责任和"门前三包"责任,特别是注重落实好网格管理责任和"门前三包"责任,抓紧配齐网格员,加强网格员培训,使之充分履行好职责;在前期对"门前三包"进行宣传教育的基础上,三亚加大执法力度,对不履行"门前三包"责任的责任人从严处罚,促进群众知晓率和参与度提升。同时,还加强考核、督办问责。坚持在一线发现、培养和使用干部,重点关注在"巩卫"等工作中表现突出的优秀干部,严肃问责履职不力、消极不作为的干部,积极推动干部"能上能下"。此外,三亚加强"巩卫"工作宣传力度,实施"巩卫"有奖举报,动员群众参与"巩卫",推动"巩卫"工作深入人心。三亚市委书记严朝君指出,要持续发力抓好落实,实现"巩卫"两个"确保"目标,即确保通过国家卫生城市复审,确保建立起科学有益的长效机制。要精准发力,认真梳理督查检查中发现的问题,建立起"网格员—社区—区—市"的问题解决机制,逐级快速落实整改。对不整改、整改不到位的单位和责任人进行问责。要加快实施已安排的建设项目,同时加快制定遗漏项目的建设方案。各区要抓紧排查,明确项目资金来源、开工完工时间节点,完善背街小巷、城中村等基础设施建设,弥补城市管理欠账,改善人居环境,为市民、游客提供生活便利。

3. 建设项目政府督查长效机制

重点建设项目支撑力强、辐射面广,是投资的"启动器",是拉动经济发展的"发动机"。随着投资体制改革的深入,三亚市的一批重点建设项目,或采用 BT 模式,或委托建设,或合作建设,或直接由企业投资经营,均取得了良好的效果。然而,由于重点项目投资大、周期长,涉及方方面面,单靠企业的纯市场行为,无法使企业利益、政府目标、社会效益统筹兼顾。这就要求政府不仅要发挥其服务和管理职能,更重要的是政府要将这两项职能发挥得有力度、能落地。三亚市委成立了重点项目督查组,下设办公室,由市委常委、秘书长亲自挂帅,负责重点项目督查。每个项目都有明确的项目责任领导,项目责任领导跟踪具体项目,对具体项目负责,各职能部门相关负责人对口负责各专业口工作。如此,既让政府完全掌握项目进展和动态，又使项目业主有明确的路径和渠道反映问题。市委重点项目督查组定期对重点项目进行一线巡场督查，对明确下来的有关问题通过督查简报，落实到具体部门和具体负责人。项目领导小组实行周例会、月进度汇报会及专题会议制度，项目领导小组会议以市政府专题会议纪要方式发文且具有合法性，政府各职能部门按此执行。如此一来在"面"上、"点"上、"线"上形成了运作有效的"督查体系"，既督查前期工作的落实情况，又部署下阶段工作，环环相扣。每一件事都有一个责任人在管，每一个决定、每一项具体政策措施都能落地，都能落实。由此可见，三亚建立健全市委主导的重点项目督查机制，对高质量推进重点项目建设极为有益。不仅可以充分发挥政府的管理和服务职能，而且进一步巩固和发展海南国际旅游岛的开发建设。

4. 建立违法建筑管控长效机制

三亚市本着"露头就打、打早打小"的原则，建立违法建筑管控的综合长效管理机制，明确区、相关部门的任务分工，依法对管控不力的相关负责人予以追责。2015年年初，三亚市出台《三亚市违法建筑管控办法》，成立市打击违法建筑领导小组，明确对违法建筑管控实行属地管理、突出重点、源头控制、快速处置、协作配合、依法追责的综合长效管理机制。为促进违法建筑管控工作取得实效，三亚明确各区及相关职能部门的工作分工。各区将承担辖区内违法建筑的调查、登记、统计、查处工作，组织违法建筑巡查、防控和专项治理工作，制定区级定人、定岗、定责的网格化管理管控制度；三亚市综合执法局将对违法建筑管控情况进行汇总，制定四大网格化督察制度和全市违法建筑管控工作绩效考核标准；三亚市规划局需在每月5日前，将已核发的建设工程规划许可证情况告知各区，发现违建行为的，在3个工作日内将情况告知各区；三亚市土地行政主管部门加快全市土地权属确权，对非法买卖、占用土地建设及擅自将农用地改为建设用地的行为依法予以查处。此外，三亚对违法建筑管控实行网格化管理及责任追究制度，将责任落实到人，明确六大问责情形，违法建筑面积一年在各自责任区域内新增达到一定面积时，将给予通报批评、停职检查、公开道歉、调离工作岗位等处罚，最高将给予该区域正职领导、分管领导、直接责任人免职处理。

（三）琼海现代城市治理现状分析

1. 以人的城镇化促进就地城镇化

琼海市结合自身发展实际，综合经济、社会、文化、生态等多要素，以人的城镇化推动就地城镇化，把特色小镇、农业公园、基本公共服务均等化和旅游绿道作为重点依托，努力推动发展方式方法的转变，充分发挥自身产业优势、环境特色和资源禀赋，把新型城镇化建设作为推动现代城市治理的重要载体，一方面通过促进城乡产业融合发展实现城乡统筹协同管理；另一方面创造性地实施不砍树、不填湖、不拆房、不占田、就地城镇化，大力推动田园城市建设，着力从多元化收入和多样化身份解决农民在城镇化的收入、身份问题，进而实现独具琼海特色的新型城镇化建设目标。

2. 科学有效化解二元矛盾

琼海市正视城乡二元矛盾及其存在的突出问题，认识到城镇化不是简单地消灭农村，也不是倒逼农民单纯地向城镇集中，而是要促使城市功能向农村辐射，促进城乡的均衡协调发展。一方面加大财政资金向农村倾斜，切实提高农村基础设施、公共服务与社会功能等的水平，同时加大农村产业优化升级，促进农业农民增产增收，促进农民收入来源的多元化，推动城乡基本公共服务的均等化，加快教育、医疗、交通、供水、垃圾处理等功能向农村延伸，满足农民不离土不离乡的基本条件需求；另一方面正视琼海农村人口占比过高的现实，努力推动城乡资源、功能、产业等优势互补，共享经济社会繁荣发展，在大力改善现代城市治理的同时，努力促进进城务工人员返乡创业工作，促进农民职业、身份的多样化，从源头上遏制农村空心化和城市聚集化的发展。

3. 促进城乡居民生活一体化

为了防止城乡割裂甚至社群解体，琼海市非常注重保护农村的价值体系、生活方式和传统习俗等，强化农民对乡村社区的认同感、归属感和亲近感，通过就地城镇化防止农民对乡村的疏离感；同时让农民拥有实质性地融入城市生活，在化解既有二元社会结构基础上，尽可能巩固城乡居民一体化生活。

4. 大力推动特色新型城镇化建设

琼海市通过建立健全城乡一体化的社会保障和公共服务体系，使城乡居民共享城镇化建设的成果，实现人的城镇化对土地城镇化的替代，在新型城镇化建设进程中具有极大的地方特色和借鉴价值。琼海市结合田园城市、美丽乡村、特色小镇等，推动"一镇一风情、一镇一特色、一镇一产业"的城镇化建设，将地方的文化、生活、环境等融入新型城镇化过程。不仅满足了农民对经济社会发展及其收入、身份等实际需求，更尊重了传统生活形态所带来的精神需求。

三　现代城市治理举措与成效

（一）现代城市治理举措

1. 着力推进治理机制创新

（1）建立完善的城市规划体系

规划是城市建设和管理的依据，城市治理管理中的很多难题都与城市规划的先天不足有关。三亚坚持规划先行，充分发挥规划的引领作用，加快城市总体规划修编，完善各控规和专项规划编制，通过"高标准设计、高质量建设、高效能管理"来不断完善城市设施，优化城市功能，从根本上解决城市治理管理问题。在当前，特别是以国家住建部把三亚作为全国城市转型发展试点市为契机，与中国城市规划设计研究院等机构合作，做好生态修复和城市修补"双修"工作的规划设计，在规划的指导下抓好海岸线修复、河岸线修复、山体修复、广告牌匾整治、城市绿化改造、违法建筑拆除、城市色彩协调、城市亮化改造、城市天际线和街道立面改造等各项工作，争取"双修"工作在短时间内取得突破性发展。

（2）建立科学的城市治理管理体系

科学的城市治理管理体系是提高城市现代化管理水平的内在要求和关键所在。三亚按照现代城市治理管理的要求下放权力，充分发挥新设四区的作用，继续推进行政执法体制改革，明确市、区两级执法责任和权限，进一步规范执法程序。同时，把村、社区作为城市治理管理的基础，以其为支撑点来组织城市治理管理，形成市、区、社区相互衔接、合理分工的城市治理管理框架，构建起"统一领导、各司其职、规范管理、强化基层"的城市治理管理新格局，并及时制定、更新城市治理管理标准化体系，从公共基础设施、园林绿化、环境卫生、交通管理、市民行为等方面入手，逐步推行治理管理的规范化和法制化。

（3）依靠现代科技提高城市治理管理水平

加快推进数字化视频监控的融合，加强数字化城管、"数字食安"等系统的应用，着力完善相关工作流程，提升城市治理管理的技术水平。将城市辖区划分为单元网格，把涉及市政设施、停车、市容、环卫、违建等各个方面的城市管理内容纳入网格化体系，并依托数字化城管系统和12345热线，建立网格事项的发现、处置、上报、交办、办结、回访运行机制，实现社会服务零距离、社会管理全覆盖。

（4）形成全社会齐抓共管的合力

人民群众既是城市管理者又是受益者，只有充分调动群众参与城市治理管理的积极性和创造性，才能使城市治理管理真正落到实处。因此，三亚在努力抓好执法人员教育培训和队伍建设，打造文明、专业、果敢的执法队伍的同时，坚持全民动员、全民参与，加大宣传力度，出台奖励办法，让每个市民都以实际行动为加强城市治理管理尽责出力。特别是对于城市管理中的一些重大问题决策，坚持问计于群众、问计于专家，让群众和专家参与决策并进行有效监督。

2. 加大生态环境综合治理力度

（1）注重大气污染防治

改善能源结构，优化产业布局，禁止在城区及近郊新建高污染、高耗能项目，逐步淘汰建城区 10 吨/时以下锅炉；加大扬尘污染的治理，规范建筑工地施工行为，实施道路清扫低尘保洁的机械化作业方式；开展有害气体治理，加强监管，严控企业不达标排放，加速淘汰黄标车和老旧机动车，严厉查处露天焚烧垃圾行为；对渣土车采取一体化管控，对违规渣土车要做到惩治屡犯，重罚退市。

（2）强化水域综合治理

开展水域环境面源污染整治，对水域周边的养殖、餐饮、洗车服务等污染源进行整治，实现源头控污的目标；要加强饮用水源地保护，确保饮用水源安全；加强对南渡江的综合整治。建立分级负责、属地管理、部门协同、依法整治的长效机制，确保南渡江流域河道安全和生态环境良好。

（3）优化道路交通秩序

要加快道路交通基础设施建设，加大科技投入，提高智能交通系统应用水平，有效遏制区域性交通拥堵现象；强化"黑车"的整治力度；强化对农村道路的管理。严厉查处"三超"车辆，依法严惩违规超载行为；严厉查处各类交通违法行为；加大媒体曝光力度，引导好、发挥好、利用好社会监督力量，提高全民参与文明交通的积极性。

3. 切实加强人居环境治理

（1）完善市政市容治理

全面落实"门前三包"责任制，按照"堵疏结合，分类管理"总体思路，实行"一点一策"管理；加强对建筑工地和物业小区管控；完善环卫设施建设，分批建设中心城区小型生活垃圾收集站，启动餐厨垃圾处置项目，解决"三无小区"环境卫生问题；提高道路、路灯、桥梁等市政设施的管养水平，完成主城区13个积水点改造；是开展广告招牌治理，编制《单立柱广告与集约式路牌广告设置规划》，实施公共资源广告经营权的市场化运作，多渠道、多层次、全方位治理小广告。

（2）强化农村环境卫生治理

出台《海口市农村环境卫生管理办法》，健全农村环境卫生管理制度。全面建立农村卫生清扫保洁机制，做到农村垃圾"有人扫、有人运"。完成农村生活垃圾收运工程二期项目建设，配备农村环卫设施，推行农村垃圾干湿分类处置。

（3）大力开展市场和商场环境治理

开展农贸市场和大型商场环境整治，营造"容貌整洁、设施配套、秩序井然、市民满意"的农贸市场、大型商场。制定农贸市场、大型商场内外的环境秩序标准；继续加大农贸市场升级改造力度，启动长流片区等区域农贸市场建设；开展废品收购站集中整治，完善废品收购站的规范标准和监管制度。

（二）现代城市治理的成效

1. 增强了城市的竞争力

具有城市的竞争力，城市才有活力，才能发展壮大。城市的竞争力是软实力和硬实力的集中体现。海口"双创"就是为了增强城市的竞争力。在硬件建设上，通过军民共建、省市联动、全民参与，开展了全方位的环境综合整治，取得了显著成效，城市道路干净了，背街小巷整洁了，交通规范有序了，流动商贩入店了，商铺经营规范了，社会治安综合治理明显好转，基础设施趋于完善，城市景观绿化、亮化、美化、彩化了；在软件建设上，大力培育和践行社会主义核心价值观，在大街小巷营造浓厚的宣传范围，在《海口日报》、海口广播电视台增设"双创"专栏和"双创"频道，坚持不停地宣传教育。还通过会议教育、专题培训、宣讲活动、文艺演出等方式，加强市民的文明卫生教育，帮助市民逐步养成文明卫生的良好习惯，提高市民整体素质。同时深入推进城市管理和执法体制改革，完善城市治理体系，提升城市治理能力；在经济建设上，充分发挥市情优势，在经济下滑严重的情况下，实现了稳增长，土地拍卖突破了每亩

1000万元单价，刷新了海口土地出让成交单价纪录，这是海口土地价值的体现，也是海口城市价值的新体现；一举揽获了2015年海南省百日大会战唯一的综合特等奖、重点项目绩效考评上台阶奖等7项大奖；2016年，全市社会固定资产投资、地方一般公共预算收入、房地产销售、金融业增加值增长都"四个高于"全省平均水平。海口正在迈向欣欣向荣、繁荣昌盛的发展道路，积蓄着雄厚的硬实力和软实力，增强了城市的竞争力。

2. 增强了城市的吸引力

具有吸引力的城市，才能不断地吸取新鲜血液，才是开放的城市、发展的城市。在全市人民的共同努力下，"双创"刷新了海口一座城，创建了良好的投资环境，增强了投资商的吸引力，他们把海口作为自身发展的风水宝地，纷纷向海口投入。北京、上海、广东等地企业项目均落地海口。既为"双创"工作注入新的活力，又为海口的发展提供可靠的经济支撑。在"双创"工作中，海口还不停地整治旅游景点、旅游乱象，提升景区品位和旅游工作水平，不断挖掘和整合旅游资源，增设旅游项目、旅游景点。同时，引导市民转变旅游观念，养成热情好客的良好习惯，让游客感受到海口的温馨、城市的温暖，吸引游客观光旅游，2015年到海口的游客达1225.23万人次，同比增长8.4%，旅游总收入160.06亿元，同比增长12.7%。"双创"增强了城市的吸引力，既吸引了外商、投资商，又吸引了游客。

3. 增强了城市的凝聚力

具有凝聚力的城市才能凝聚正能量，形成合力，真正推动城市发展。城市的价值，从自身功能来说，在于为市民所做的贡献，让市民真正受益，突出城市内涵。"双创"工作的宗旨是为民、利民、便民、惠民，从而集聚正能量。海口"双创"工作紧扣这个宗旨，改造背街小巷，修建交通道路，方便了市民出行；47天完成首届三角梅花展布展；60天完成龙华"双创"广场建设；3个月美兰机场扩建征地8190亩；26个月建成省肿瘤医院等一批"海口速度"的工作效率，打造了海口城市精神。升级改造农贸市场、实现环卫PPP一体化全覆盖、进行无害化处理、新建规范化标准化公厕，方便了市民的日常生活；新建学校10所，新增教育学位1.2万个，解决了市民子女上学难问题；绿化美化城市，打造特色餐饮街（区）和"15分钟便民生活圈"，为市民的身心健康提供了良好的环境；推行先看病后付费的治疗模式和"限费"医疗改革，解决了市民看病治病难问题；设置公益性岗位，安排生活困难的市民就业，解决弱势群体生活困难问题。"双创"聚焦市民、惠及市民，广大干部用自己的辛苦指数换取市民的幸福指数，凝聚了全市市民的力量，在全市呈现出人心思齐，人心思干，肯干苦干，共建共创海口美好家园的新景象，为的是让市民的城市生活更方便，更舒心，更美好。

4. 增强了城市的影响力

具有影响力的城市，才能引起其他城市的关注，放大自身价值，树立城市形象。海口"双创"打造了更和谐、更宜居、更宜业的城市环境，市民更深刻地感受到居住在海口、工作在海口、生活在海口的温馨和城市的温暖，广大市民安居乐业、诚信友善、行为规范。赢得市民就赢得了"双创"，"双创"刷新了这座城市，不仅影响了市民，也影响了全省各市县，三亚、琼海、儋州、万宁、澄迈等各市县陆续到海口参观考察"双创"工作，了解城市治理的好经验、好做法。各个市县通过参观考察都赞不绝口，海口的"双创"值得学习、值得复制，海口的城市变化令人耳目一新，令人惊叹。海口的"双创"在全省各市县中产生了极大的影响，各市县都以海口为榜样，掀起创建工作热潮。海口的"双创"取得显著成效，海口城市面貌发生的巨大变化，更引起了各类媒体的关注、报道和点赞。媒体的关注、报道和点赞，不仅在全市引起强大的影响，也在全省、全国都引起一定的影响，提升了海口的知名度和公信力。从而，全市人民对开展"双创"的信心更足、决心更大、意志更坚定，"双创"开创了城市治理的新业绩，增强了城市的影响力。海口"双创"与城市价值相辅相成，"双创"是创新城市价值的前提，创新城市价值是"双创"成果的体现。海口"双创"在全力推进，城市价值在不断凸显。

5. 促进了经济的快速增长

现代城市治理，特别是人居环境的改善极大地拉动了经济增长，海口市通过"双创"使得经济增速、增幅领先全国，三亚市"双城""双修"推动旅游市场人财两旺，入境游客止跌回升，国际航空航线发展迅速。农业稳定发展，热带高效农业不断壮大，特色小镇、风情小镇、公园小镇、产业小镇、美丽乡村建设稳步推进。房地产去库存成效显著。开展服务社会投资百日大行动，新机场和临空临港经济区等大项目加快推进。

6. 城市治理成果丰硕

紧紧抓住三亚被列为全国唯一"双修"试点城市机遇，举全市之力开展山海河生态修复和城市修补"六大战役"。2016年共拆除违法建筑6126栋、总面积377.1万平方米，拆除各类户外广告牌5993块，建设东岸湿地公园、红树林生态公园、丰兴隆生态公园等，实施城市道路等海绵化改造，升级改造全市建筑楼体夜景灯光，实施解放路街道立面改造示范工程。修复抱坡岭等受损山体；完成三亚湾17.4万平方米原生植被加厚补植；加强三亚河水污染治理。12月10日，全国"双修"工作现场会在三亚圆满召开，三亚"双修"工作得到了国家住建部、省委省政府和与会代表的充分肯定。

7. 治理管理成效显著

三亚荣获全国创新社会治理优秀城市、全国旅游标准化示范城市等荣誉称号。并线运行的12301、12345热线以及数字化城管快速反应，形成以旅游警察支队、旅游巡回法庭、旅游纠纷人民调解委员会、行政执法部门"四位一体"的旅游市场监管长效处置机制。三亚旅游警察受邀出访莫斯科，开创了中国旅游执法国际交流合作的先河，并与泰国旅游警察建立互访沟通机制。开展"创文巩卫"，以领导负责、责任分区、单位包点明晰责任，以城乡环境卫生整治、农贸市场改造升级、环卫设施建设和病媒生物防治等为抓手，以督查巡查、电视问政促落实，市容市貌得到改善，市民素质和城市文明程度持续提升。

8. 改革开放深入推进

扎实推进"多规合一"工作，组织编制完成《三亚市总体规划（空间类2015—2030年）》，国务院已批准《三亚市城市总体规划（2011—2020年）》，发布"十三五"规划纲要。不断深化行政体制改革，积极探索实施"强区扩权"，推动市、区两级"责任清单"和"权力清单"编制。农垦改革加快推进，南新农场整体移交顺利完成，新设立南新居。完成"营改增"改革各项工作，行政审批制度改革不断深化。成功举办澜湄合作首次领导人会议、澜湄国家旅游城市（三亚）合作论坛、三亚·财经国际论坛等重大赛事会展活动。

9. 民生福祉持续增进

扎实推进城乡居民就业创业。扩大城镇从业人员"五险"、城乡居民医疗养老保险参保面，推进机关事业单位养老保险改革，提高企业退休人员养老金，全面推开城乡居民大病保险制度。三亚市被国家卫计委、民政部确定为第二批国家级医养结合试点单位。采取货币化安置、安置房建设等多种方式，圆满完成全年 13514 户棚改任务，建成各类保障性安居工程住房 2108 套，东岸棚改进展顺利。举全市之力推进脱贫攻坚工作，开展干部驻村帮扶，加大产业帮扶，解决好贫困户义务教育、医疗、住房"三保障"问题，全市贫困户和巩固提升户 1053 户、4678 人实现脱贫，8 个整村推进村全部"摘帽出列"，超额完成年度脱贫计划。

第四节　现代城市治理体系创新

一　现代城市治理理念的创新

目前，参与式治理成为海口、三亚城市治理新的亮点。城市治理主体多元化使得民间组织、社区组织、市民更多地参与城市管理，政府与市民组织合作治理的格局已经形成。在这样的一个前提下，公众参与已经贯穿于城市治理的整个过程。从纵向讲，公众参与整个过程，是全程参与；从横向讲，城市治理的各个重要领域，包括城市规划、市政建设、公共政策到社区治安和社会服务都已经离不开市民的广泛参与。所以参与式治理不仅成为市场管理的重要方式，也同时成为西方特别推崇的，也是海口、三亚现在创造的协商民主的最主要的方式。现在政治学最前沿的研究就是参与式治理，参与式治理的意义不仅在于改善城市治理的效果，中国话叫集思广益，听听老百姓的看法，肯定是多一个人的意见，决策越科学。但是这仅仅是一个方面，其实它另外一个方面的意义更重要，就是公众参与的过程性价值，参与本身就是有价值的，这种价值就是居民觉得我是这个城市的主人，虽然参与中我的意见可能未被你接纳，但是我参与的这个过程，你让我提出来，你听我的，其实就是一个民主的过程。

海口、三亚市民在参与城市治理当中，实现自己的民主权利和政治理念，政府通过参与式治理可以增强公民的认同和信任。西方发达国家居民对政府的信任关系跟中国正好是倒挂的，我们老百姓对中央政府是高度信任，西方的政治家羡慕得不得了，但是到了地方越往下信任度越低。西方国家正好相反，对联邦政府信任度非常低，但是西方发达国家百姓对基层的信任度非常高。为什么？因为在西方发达国家的社区治理中，居民是高度参与。因此，海口、三亚还实施参与式绩效评估。也就是说，参与是全过程，涵盖了各个重要领域。既然政府绩效评估这么重要，当然应当有公众来参与。所以，海口、三亚所做的参与治理，在国内具有一定的引领意义。我们国家整体民众参与度还是比较低的，至于单项参与则更少，所以像这样的专项性的参与需要特别倡导。

二　现代城市治理主体的创新

海口、三亚现代城市治理的主体日益多元化。按照政治学的理解，治理是一个工具性的概念，统治是一个价值性的概念。为什么要从管理到治理，从统治到治理？因为不能政府一家包办所有的事务，所以治理的主体要多样化。城市治理现代化的一个特别重要的特征，就是治理主体多元化，除了政府和其他公共权威机构以外，企业组织、民间组织、社区组织，还有各种网络组织，在城市治理中发挥日益重要的作用。过去为政府所独享的城市管理的职能和城市服务的职能，现在转交给民间组织、企业组织和社区组织。所以现在其他的非政府的，或者非公共权的机构，已经和城市政府一起形成了一个多元化的城市治理结构。当然在这个多元化的城市治理结构中，政府为主导，这一点在中国是没有任何问题的，就是在发达国家也是这样。西方发达国家的公共权力机构和其他的社会组织、民间组织、社区组织已经形成了一个多元的治理结构网络，这个网络里面公共权力机构依然起着主导作用。从各国城市治理创新的趋势来看，政府、市民、企业、社会组织、社区组织共同参与的参与式治理非常重要。管理和治理，一字之差反映出理念不同。管理是单一性的公共权力行为，治理是多元主体共治行为，除了政府，市民、企业、社会组织、社区组织均要参与，简单来说治理是我们一起来管理。治理过程也是市民参与的过程，共同参与贯穿于城市治理的整个过程和各个重要领域，从城市规划、公共预算、市政建设、公共政策到社区治安、社会服务和市民互助都离不开市民的广泛参与。

三　现代城市治理机制的创新

海口"双创"、三亚"双城""双修"工作是全民动员，全民参与，特别是领导干部"白加黑""五加二"辛苦了一年多，有些干部出现厌战情绪，有些群众认为事不关己，存在抵触心理。专家认为，城市发展要善于调动各方面的积极性、主动性、创造性，尽最大可能推动政府、社会、市民同心同向行动，使政府有形之手、市场无形之手、市民勤劳之手同向发力。海口、三亚在怎样调动人人参与现代城市治理，鼓励企业和市民参与城市建设、管理等方面，还需建立长效机制。新兴组织在海口、三亚现代城市创新中承担重要的角色。除了政府组织、市场组织、民间组织和社区组织在海口、三亚现代城市治理当中承担主要角色的，其他涌现的一些新的组织给城市创新带来新的动力和活力。最主要的新兴组织是两类，第一类是社会企业，第二类是网络组织。这两类新兴组织既有传统社会组织或者是民间组织的某些特点，但是又在许多方面超越了传统组织，它们所发挥的作用很特殊。这些新的组织，从根本上改变社会组织的形态，网络组织在改变社会组织的空间形态，这种新的组织形态也会在极大程度上改变海口、三亚城市生活的治理结构。

四　现代城市治理策略的创新

海口、三亚现代城市治理的自治化程度加速。海口、三亚启动市、区、镇（街道）行政管理体制改革、"公安+城管"联合执法改革和深化行政审批制度改革等，力促资源下沉，基层权责对等。海口、三亚的改革进一步向"最"基层延伸，试点将政务服务、经济管理、规划管理、用地管理、综合执法等区级行政权限下放镇实施，财政所、规划建设管理所等区管机构下放镇管理。城市自治化其实是由来已久的传统。从西方城市起源这个角度去看，很重要的就是自治，城市自治是城市治理创新的重要领域。在信息化和全球化的时代，城市作为地方政府和地方共同体的自治化程度明显提高，也就是说城市从中央政府当中获得更多的自治权限和税收权力。市民的事务主要是由市级机构负责的，市民打交道的主要是市政府，跟国家层面的联系越来越少。由此可见，第一，相对于中央政府来讲，城市作为地方政府的自治权限越来越大；第二，相对于政府公共权力机构而言，市民本身在城市管理中的作用明显增强，城市管理事务不再由政府直接负责的就由市民组织和社区组织负责。社区在城市治理中的基础作用日益凸显，这是城市治理未来的一个走向。

五　现代城市治理工具的创新

新的信息网络技术日益成为海口、三亚现代城市治理不可或缺的工具。治理能力有三个要素，第一个是主体，城市政府官员的素质就是主体的素质；第二个是制度和机制的完善程度；第三个是工具。工具特别重要，信息化时代，新的信息工具的使用能够改变行为方式和治理方式，特别是信息网络的技术，改变了人类的行为方式和生活方式，同样也已经改变了城市生活的内涵和形态。一个脱离信息网络技术的城市生活已经难以想象了。网络技术已经是每个方面，包括城市治理不可或缺的，信息网络技术对城市治理的作用越来越重要。大量的城市创新项目都是运用信息网络技术与城市直接相关的，特别是城市交通、市民参与、社区服务。现在最时髦的智慧城市、智慧社区典型地反映了信息网络对于城市创新的意义，也可以说在很大程度上预示了未来城市的形态。例如，海口市数字化城市管理指挥监督中心大厅内，一块巨大的屏幕上画面不断切换。工作人员潘国斌针对网友通过"城市管家"发来的违章停车照片进行核实后，随即转派给附近交警。几分钟后，交警将赶到现场对违停进行处理。"城市管家"是海口、三亚建设的数字化城市管理平台，每个市民可以通过手机进入其中，不仅可以查询了解"15分钟便民生活圈""台风实时路径""积水点视频"等便民信息，还能对身边的违法建筑、环境卫生、交通乱象等拍照举报，或是对城市管理提出意见建议，市民真正成为城市管理的参与者和建设者。海口、三亚市坚持"创城为百姓、百姓共创城"的理念，整合资源开通了"城市管家""公益海口"等互动式管理平台。这些平台具备便民服务的功能，成为市民参与城市管理的平台。

六　现代城市治理手段的创新

联合治理或者叫作协同治理，成为海口、三亚现代城市治理的一种新的手段。这个时代最典型的特征是网络化，网络化不是说互联网化，而是指整个人类已经联网了，协同治理、联合治理越来越重要。从我国目前已有的协作治理来看，主要有三种类型，第一种叫作区域性的协作联合。很多城市区域性协作，城市之间，城市内部各个区域之间的协作已经开始形成。第二种是组织机构之间的协作，主要是一些城市管理组织，比如说城市政府间有一个协作网络。第三种是比较新的，而且显得越来越重要，就是项目性的协作。最近海口、三亚出来很多新的法律、法规、政策文件，专门针对项目的合作。海口"双创"是涉及改革发展、城市管理、民生改善等诸多内容的综合性系统工程。海口市以改革创新为突破口，着力实现城市管理到城市治理的转变。海口市以创建全国文明城市和国家卫生城市为"助推器"，推进城市供给侧改革，创新城市治理方式，释放改革红利，逐渐变成活力之城。三亚则作为"双城""双修"全国城市转型发展试点市，加快推进城市修补和生态修复"双修"工作，探索城市内涵式发展之路，为国内其他城市转型发展提供可资借鉴的经验。"双修"试点工作，是破解三亚发展的顽疾问题，对城市内涵式发展道路的积极探索。这实际上是城市发展理念的一次创新、发展路径的一次创新、发展举措的一次创新。

第五节　结语

　　新时期我国城市建设和城市治理面临着大量的新挑战和新问题。如何理清思路，面对挑战，走出一条城市建设和城市治理的新路径，是城市的主政者正在积极探索的课题。海口开展全国文明城市和国家卫生城市创建工作（简称"双创"）整整一年来，整座城市的面貌、市民的精神状态以及干部的工作作风均发生了巨大的变化。海口的"双创"、三亚的"双城""双修"和琼海"就地城镇化"似乎有一股巨大的魔力，它让几十年的沉疴尽除，让久已消失的发展活力再起。其实，无论是"双创"，还是"双城""双修"、琼海"就地城镇化"只是一种标尺、一种规范和一种目标，主导者善于把它变成号角与鼓点。以现代治理精神的标准为路径，以现代治理精神的目标为感召，由此催生和引发人们求进思变的内在动力，克服"小富即安"的惰性，除去失却目标的徘徊，消减标准混乱的内耗，通过深化改革激发内生动力，在全面建设小康社会的道路上快步前行。海口"双创"、三亚"双城""双修"和琼海"就地城镇化"是海南省今后2—3年事关全局、影响重大的历史性工程，是对海南综合发展水平的检验，也是海南现代城市治理有益探索的重要标志。它对于提高城市规划建设管理水平，完善城市功能，提升城市品位；对于加强社会治理，优化发展环境，提高城市文明程度；对于改善人居环境，让海南的天更蓝、水更清、空气更清新，都是一个极大的推动，是全面建成小康社会、全面深化改革、全面依法治市、全面从严治党的有力抓手，同时也是全市上下极其关注、与百姓生活息息相关、惠泽千家万户的民生工程、民心工程。

一　现代城市治理的内容具有丰富承载性

"十三五"时期，是海南现代城市治理的冲刺阶段、也是海南实现国际旅游岛建设发展目标的决胜阶段，海南志在抓住"三大机遇"，发挥"三大优势"，实现"三大目标"，达成"三大愿景"。具体来说，就是坚持"五个发展"，实现"五大突破"。

第一，坚持创新发展，在培育发展新动能方面取得新突破。全面实施《海南省总体规划》，深入推进农垦、司法体制、行政审批、国有企业等改革，打造更具活力的体制机制。

第二，坚持协调发展，在推进特色城镇化方面取得新突破。坚持陆海统筹、区域协同、城乡一体、物质文明精神文明并重、经济建设国防建设融合，在协调发展中拓宽发展空间，在加强薄弱领域中增强发展后劲。打造"海澄文"一体化综合经济圈、"大三亚"旅游经济圈，实施"美丽海南百千工程"，推进基础设施"五网"建设，构筑城乡一体化的新型城镇布局。实施海洋强省战略，力争2020年全省海洋生产总值达到1800亿元。加快文昌木兰湾三沙腹地建设，促进三沙加快发展。坚持点、线、面协调，创建"全域旅游省"。

第三，坚持绿色发展，在推进生态文明建设方面取得新突破。发展壮大旅游产业、热带特色高效农业、互联网产业、医疗健康产业、金融保险业、会展业等十二个重点产业；落实"互联网+"战略，实施"国际旅游岛+"计划，促进各次产业深度融合、跨界发展；大力发展循环经济，强力开展城乡环境治理行动，加强海洋生态环境保护，把海南建设成为绿意盎然、更加令人向往的生态岛。

第四，坚持开放发展，在加快发展开放型经济方面取得新突破。全面融入"一带一路"建设，将海南打造成"一带一路"国际交流合作大平台、海洋发展合作示范区、中国（海南）—东盟优势产业合作示范区。依托博鳌亚洲论坛、中非合作圆桌会议等国际交流合作平台，全方位开展对外经贸文化交流及高层次外交外事活动。

第五，坚持共享发展，在全面小康社会建设方面取得新突破。坚持精准扶贫、精准脱贫，实施"五个一批"工程，打赢脱贫攻坚战。实施"健康海南"工程，确保食品药品安全，深化医药卫生体制改革，巩固提升全省"一小时三级医院服务圈"。

总之，从以上五个方面可以看出，海口、三亚、琼海现代城市治理的内容以治理现代化为基本遵循，具有丰富的承载性。

二　现代城市治理的做法实际操作性强

第一，加强领导，明确责任。海口、三亚、琼海相关的城市治理工作指挥部充分发挥统筹协调职责，把涉及"双创""双城""双修"和"就地城镇化"工作的所有单位、所有领导、所有人员明确分工到区、到镇（街）、到社区、到路段，把工作具体分解到季、到月、到周、到天，确保每一项工作都具体分工到个人、任务量化到个人、目标考核到个人。各区、各部门党政"一把手"切实履行工作"第一责任人"的职责。市指挥部每月要向市领导小组汇报工作，定期编发城市治理工作简报，掌握各区、各部门工作动态，强化督查通报。

第二，条块结合，以块为主。增强城市治理指挥部工作力量，把"双创""双城""双修"和"就地城镇化"工作任务细化到全市各街道、乡镇和经济开发区，充实一批交通协管员、城管协管员、环卫和园林工人等基层一线。按照属地管理原则，进一步深化城市管理体制机制改革，将城市管理的资源、权限、人员配置配备下沉到区、街（镇）一级，赋予区、街（镇）有效的建设、管理、监督、处罚权，形成城市管理"市级规划、部门监督、区级管理、镇街执法"的体制机制，为"双创""双城""双修"和"就地城镇化"工作的顺利开展提供组织保障。同时，充分发挥中央、省驻市企事业单位，驻市军警部队和省直部门的作用，推动现代城市治理工作省市共建、上下联动。

第三，全民发动，营造氛围。宣传、发动市民群众积极参与、支持、配合"双创"和"双城""双修"工作，从自身做起、从小事做起。加强"双创"和"双城""双修"宣传，通过宣传推介典型，搭建交流平台，实行舆论曝光，为"双创"和"双城""双修"营造强大的宣传声势和良好的舆论氛围。

第四，以测促创、严明奖惩。制定《考核奖惩办法》，分类对区、街（镇）、市职能部门以及挂点领导和包点单位进行考核。市级专项工作指挥部、市委督查室、效能办要组成联合督查组，对照工作任务分解表，制定详细的考评细则，对创建工作达不到要求的责任单位和责任人实行"三令"（整改令、督查令、告诫令）督办和行政问责；对工作中领导重视、措施得力、成效突出、群众反映好的单位和个人给予奖励，真正形成"创建有目标，目标有考核，考核有奖惩"的工作机制。

三　现代城市治理的成效具有广泛认知性

现代城市治理工作全方位加大推进力度，呈现出"五个前所未有"的总体态势：一是各级党委政府的重视程度前所未有；二是社会主义核心价值观"24"字知晓率前所未有；三是干部作风转变前所未有；四是社会动员的广度与深度前所未有；五是市容市貌的变化前所未有。取得了"四大成效"：一是美化了城市市容环境，得到了中央媒体的高度赞许；二是凝聚了全市上下的力量，得到了社会各界的广泛支持；三是密切了党群干群关系，得到了基层群众的积极拥护；四是带出了过硬的党员干部队伍，得到了上级的充分认可。发"愚公移山"之志，以"三严三实"为核心要求的"双创""双修""双城""就地城镇化"工作模式，是海南历史上范围空前、力度空前的社会总动员，释放出磅礴正能量，不仅大大提升了城市管理治理水平，而且强力助推了各项事业的大发展。市民游客纷纷点赞，普遍认为海南形成了前所未有的人心思进、人心思干的良好氛围，物化了现代治理的价值追求，具有广泛认知性。

第六章

海南省"多规合一"实施研究报告

　　"多规合一"是不同规划之间的衔接和融合,"多规合一"改革是党的十八大和十八届三中全会作出的全面深化改革战略的具体体现和要求。2014 年 2 月召开的中央全面深化改革领导小组第 2 次会议明确提出了推进"多规合一"改革的目标,海南省于 2015 年 6 月被确定为我国首个开展"多规合一"试点的省份。海南省实施"多规合一"改革具有区位、资源、体制以及经验等多方面的基础和优势,为了推进"多规合一"改革,海南省采取了建立专门领导机构、制定《海南省总体规划》以及建立统一规划信息管理平台等措施,各市县也根据部署采取了形式多样的改革方案,取得了良好的效果,并在规划编制以及规划实施等方面为我国"多规合一"改革积累了经验。但为了进一步推进"多规合一"改革,提升改革的效果,可以考虑从规划立法、规划实施等方面建立相应的保障机制。

第一节　"多规合一"与海南省的实施基础

　　"多规合一"从其形式上分析,是多个规划的相互融合,它对于优化市场资源配置和功能区的布局、保护生态环境和促进简政放权等均具有重要的意义。为了解决现有规划体系间的矛盾与冲突,探索规划管理体制创新经验,我国自 2014 年开始不断推进"多规合一"的改革进程。在这一过程中,为了强化空间管控能力和推进可持续发展等目的,在空间、资源、体制以及实践等优势基础上,海南省开始推进省级"多规合一"的改革进程。

一 "多规合一"及其本质

1. "多规合一"的内涵

从语义角度解释,"多规合一"中的"规"指的是行政规划。而行政规划是指行政主体在实施公共事业及其他活动之前,首先综合地提示有关行政目标,事前制定出规划蓝图,以作为具体的行政目标,并进一步制定为实现该综合性目标所必需的各项政策性大纲活动。根据不同的标准,行政规划有着不同的划分与种类,如根据行政层级为标准,其可以分为国家规划、省级规划、市级规划、县级规划和乡级规划;根据区域范围,其可以分为全国规划、地方规划和区域规划;根据对象的范围,其可以分为综合规划和特定规划;根据规划时间,其可以分为长期规划、中期规划和短期规划,等等。① 而"合"主要是指衔接和融合,其主要目的是为了解决不同规划之间的冲突,当然,"合"在深层次上也要解决政府和市场边界的合理界定以发挥市场在资源配置中的决定作用,要化解中央和地方的矛盾以平衡好保护与发展的关系,要推进国家治理体系和治理能力现代化以降低交易成本。

因此,从语义角度分析,"多规合一"就是多项不同种类的行政规划之间的相互融合与统一,其中"多规合一"理解的核心是哪些规划的合一。一般而言,"多规合一"中的"规"是指不同领域和行业的规划,而不是指不同层级与区域范围的规划,因为不同层级与区域范围规划的调整对象和内容受行政管辖区域和级别的限制,难以进行融合。因而"多规合一"主要是行政规划的横向的衔接和融合,不是规划的纵向的衔接和融合。而横向行政规划的形态主要包括国民经济和社会发展规划、城乡规划、土地利用规划以及生态环境保护规划等。由此可见,"多规合一"主要是指国民经济和社会发展规划、城乡规划、土地利用规划、生态环境保护规划等多个规划的相互衔接和融合,做到区域内(省域、县域)的一本规划和一张蓝图,以解决现有这些规划存在的自成体系、内容冲突、缺乏衔接协调等问题。

2. "多规合一"的本质

一般认为,行政规划作为一种行政方式或者行为形态,其在行政管理

---

① 姜明安主编:《行政法与行政诉讼法》,北京大学出版社、高等教育出版社 2015 年版,第 253—257 页。

过程中具有重要的作用。但是不同类型的规划由于其内容和目标的差异，其在行政管理过程中发挥的作用存在着较大的差异，一般认为行政规划既具有科学合理地实施行政的功能，也具有调整和综合功能，即调整和综合各个行政政策，以达到协调一致。因而，"多规合一"的本质可以看作是通过多项规划的相互协调与融合，以避免规划之间的矛盾与冲突，进而最大限度地发挥规划的作用。当然，从更深层次角度分析，"多规合一"的本质在于"不同利益主体的协调共赢，核心是空间的规划，关键是构建代表公共利益和国家长远可持续的生态安全格局和生态基础设施"①，即它是对不同利益主体制定的各项规划，按照其功能和定位，紧密衔接、重新梳理、优化区域空间布局的过程。这就意味着，在"多规合一"的过程中，必然会出现不同利益主体之间的冲突，因而"合"的过程必然伴随着冲突与矛盾，但必须对这些冲突与矛盾进行协调，只有这样才能实现融合的目的。

需要指出的是，"多规合一"的融合是指不同规划之间的相互协调与统一，从而做到"一张规划干到底"的目的，以避免规划之间的矛盾与冲突。但是融合的过程并不意味着要取代各项规划，而是以问题为导向，统筹协调各类规划，全面梳理并统筹解决各类规划自成体系、内容冲突等问题。因此，"多规合一"不是取代原有的国民经济和社会发展规划、城乡规划、土地利用总体规划、产业发展规划等法定规划，而是把省级各部门规划和各市县的主要空间规划统一和落实到一张规划和蓝图上。"多规合一"工作完成后，各类规划要按照法定程序和内容各自进行调整和完善。

二　实施"多规合一"的必要性

一般认为行政规划具有科学合理地实施行政的功能。我国规划的类型具有丰富性，不同领域中存在着不同类型的规划，在同一领域中又存在着不同级别的规划，主要包括发改部门的国民经济和社会发展规划、国土资源部门的土地利用规划、住建部门的城乡规划、环保部门的生态环境保护规划，以及交通、水利、海洋和林业等各个部门的专业规划，如农业发展规划、海洋经济发展规划、海域利用规划等。在这些不同类型的规划中，

---

① 吕苑鹃:《多规之"底"》，《中国国土资源报》2016年3月7日。

由于制定、审批主体和权限存在着较大的差异，且规划依据的法规体系、规范标准、编制实施制度等要求和内容也不相同，导致规划交叉、冲突、打架、重复建设和资源浪费等现象的出现，而我国相关法律虽然确立了规划协调的原则和相应的机制，自上而下形成了多层级的纵向衔接体系，但是由于规划种类和系统的庞杂性，法律对"不衔接"的情况没有作出相应规定，加之不同规划编制的基础资料来源、基础数据统计口径、用地分类体系和标准、技术方法和路线等存在着不一致，导致实践中各个部门规划之间的横向衔接与协调机制并未真正建立，规划之间缺乏衔接与协调较为普遍，进而影响了规划功能的发挥。因此，为了克服我国现行规划之间，提高行政部门间的效率，促进政府职能的转变，必须实施"多规合一"。

　　海南省在编制《海南省总体规划》过程中，发现了造成"规划打架"的五类情况：基础数据不统一；各类规划在编制过程中使用的坐标系不一致；规划编制依据不统一，城乡规划依据城乡规划法编制，土地利用总体规划依据土地管理法编制，林业、环保各有依据；技术标准不统一；规划编制期限不统一，国民经济和社会发展总体规划期限是5年，土地利用总体规划的期限一般为15年，城市总体规划期限一般是20年。

　　具体而言，实施"多规合一"是为了克服我国现行规划制定和管理中出现的以下几个方面的问题：第一，部门条块分割、规划种类繁杂。如前所述，我国存在的规划类型具有多样性。例如，"十二五"期间海南省级层面编制的规划中涉及国民经济、社会事业和产业发展等目标和指标类的规划共计44项；省级层面编制的内容涉及生态及资源环境约束类的规划共计23项；内容涉及开发建设类的规划共计68项。这些省级规划中，均涉及空间的布局与安排，均具有不同层面的法律、法规效力，但相互之间又存在着相互矛盾、缺少连贯以及各自为政等弊端。第二，规划内容各有侧重，导致内容间的重叠与冲突。不同类型的规划的具体功能存在着差异，导致其内容各有侧重，进而引发规划内容间的重叠和冲突。如城乡规划侧重城乡科学统筹布局，规划编制一般从各行业用地需求的角度进行各种用地的统筹安排，在科学系统、统筹合理的布局上具有重大意义；而生态功能区划和林地规划重点关注与生态资源的保护与管控，在诸多方面与城乡规划的禁止性建设区和土地利用规划的非建设用地内容交叉重复，且边界、内容和政策方面经常会出现不一致的情况，规划实施、行政许可、管控执法存在诸多协调问题。第三，规划之间不协调、不衔接。由于不同规划的制定主体及其职能不同，规划之间的内容差异较大，导致规划间的协调和衔接存在着障碍，如规划期限不一致导致的规划目标上的错位，就规划期间而言，国民经济和社会发展规划期限是 5 年，土地利用总体规划的规划期限一般为 15 年，而城、镇总体规划期限为 20 年。规划期限不同导致规划基期千差万别，起点数据不统一，难以有效融合各规划。第四，规划管理机制不协调。目前各项规划自编制过程中自成体系，与其他部门的协调仅仅限于规划完成后的座谈，在规划编制过程中缺乏有效的衔接和协调。在我国目前“条块结合，上下对应”的政府体制之下，地方政府对于部门的职能设置和权力安排有高度对应性，因此在缺乏顶层设计的前提条件下，依靠地方政府以超常规方式进行规划融合难度较大。

三　海南省实施“多规合一”的基础

根据 2015 年 6 月 5 日召开的中央全面深化改革领导小组第 13 次会议的决议，海南省成为“多规合一”的试点地区。与 2014 年底中央多部委确定的 28 个市县“多规合一”试点地区不同，海南省是我国唯一的省级“多规合一”试点地区，其肩负着重要的历史使命。而海南省能够成为首个省级试点地区，主要是由于海南省具有实施“多规合一”的诸多基础。当然，除了这些优势以外，极力争取也是“多规合一”改革落户海南的必然结果。从 2015 年 3 月开始，海南省就与国家发改委、住建部、国土部、环保部等 20 多个部委进行了系统沟通汇报，得到了它们就海南省实施“多规合一”试点的积极支持，并与住房和城乡建设部签署了关于联合开展《海南省总体规划》编制工作的合作协议。而省全面深化改革领导小组第三次会议更是将“多规合一”纳入省委全面深化改革事项，并就“多规合一”的实施进行了专家研讨和听取意见，这也为“多规合一”落户海南提供了基础和条件。

1. 区位基础

与我国其他省份相比，海南省具有独特的区位特征，这些特征又成为海南省实施“多规合一”的区位基础。具体而言，这些区位基础主要体现在两个方面：第一，陆地面积较小。虽然海南省是我国管辖面积最大的省份，但是其又是我国陆地面积最小的省份①。这就意味着其陆地空间范围不大，便于将其作为一个整体进行考量和布局，进而实现科学规划建设。第二，地理位置相对独立。与我国其他省份相比，海南省四面环海，是一个相对独立和封闭的地理单元，因而有利于"多规合一"技术路线的实施。此外，与其他省份相比，海南省的总人口相对较少，规划设计和协调中涉及的对象相对较少，因而也为"多规合一"在海南的实施提供了基础和优势。

2. 资源基础

与海南省区位优势密切关联，海南省具有明显的资源基础，这主要体现在与其他省份相比，海南省具有独立的生态系统，且特色鲜明。海南省是岛屿型省份，具有相对独立与封闭的生态空间，其生态环境和生态资源受域外省份的影响较小，因而其生态系统具有相对独立性，适合进行整体性规划。此外，海南省地处热带北缘，横跨热带和亚热带，属于热带季风气候，热带资源丰富，生态要素比较齐全，其岛屿、海洋以及热带气候形成了海南独具特色的自然环境，其环境特色较为明显，因而更能为"多规合一"的试点积累经验，也有助于海南省通过统一的资源利用规划，实现产业空间布局和结构的进一步优化。

3. 体制基础

如果说区位基础和资源基础是海南省实施"多规合一"的先天优势和基础的话，那么体制优势则是其后发优势和基础，这一优势和基础确保了"多规合一"能在海南省行政管理体制内顺利的实施。而海南省实施"多规合一"的体制基础主要体现在以下两个方面：第一，省直管县。推进省直管县体制是提高政府效能、放活县域经济、统筹城乡发展的根本要求，而海南是我国实施"省直管"体制最早、唯一在全省范围全面实施省直管县管理体制的地区，其中 2008 年海南省政府就对市县下放了 197 项事权，使县级政府拥有了广泛的自主权，并对省与县（市）级政府管理事权的明确，最大限度减少了政府职能的重叠与交叉。在省直管县管理体制下，政府的行政层级得到了减少，政府职能得到了明确，因而有条件

---

① 海南省管辖的海洋面积就达到了 200 多万平方公里，但是其管辖的陆地面积仅有 3.5 万平方公里，其中海南岛本岛陆地面积仅有 3.39 万平方公里。

也有必要实施"多规合一"，以进行整体规划，统筹安排。第二，特区立法权。"多规合一"是全面深化改革的重要改革措施，而这项改革必然会涉及现有规划管理体制的改革，涉及相关法律法规的变通与修订，而根据《立法法》第65条和第81条之规定，海南省作为省级经济特区，其享有特区立法权，可以根据海南省的具体情况和实际需要，对法律和行政法规进行变通规定，进而打破现有行政规划管理体制的藩篱，从而为"多规合一"改革保驾护航。

4. 发展基础

在国际旅游岛发展战略确定以后，海南省采取了一系列的措施推进海南省经济社会的发展，并取得了良好的效果，进而为"多规合一"在海南的推进提供了发展基础。第一，自海南省六次党代会以来，全省按照"一盘棋"的思路，创新了规划编制机制、土地供应机制、项目审批机制，打破了资源配置的地区、行业、部门和层级壁垒，优化了利用土地、岸线、港口、森林、矿产等资源，提高了资源配置的集中度和整体效益，并编制了一系列省域空间规划；第二，随着大数据、大交通、云计算、物联网等科技的不断发展，缩短了城市之间的距离，缩小了城乡之间的差距，密切了人与人之间的联系。其中环岛高铁的开通以及"田"字形高速公路的建设，海陆空立体交通体系逐步清晰，极大地方便了岛民的出行，强化了城乡、区域的有机对接，有利于全岛统一规划资源利用、产业发展和空间布局，也为"多规合一"在海南的实施提供了基础。

5. 经验基础

海南作为省级"多规合一"的首个试点省份，除了上述区位、资源、体制以及发展优势以外，其长期实践积累的经验与做法也是其重要的优势。早在21世纪初，海南就打破常规，将全省"作为一个大城市"来进行城乡总体规划，成为全国首创。国际旅游岛战略确立以后，海南省十分注重规划的指引作用。在《中共海南省委、海南省人民政府贯彻实施〈国务院关于推进海南国际旅游岛建设发展的若干意见〉的决定》中，明确指出要抓好规划编制，要注意与"十二五"规划编制相结合，与国土功能区规划、城乡总体规划、生态省建设规划等其他重要规划有机衔接；《海南国际旅游岛建设发展规划纲要（2010—2020）》则对国际旅游岛建设过程中的空间布局、产业发展以及基础建设等进行了系统的规定，并将全省进行了六大功能组团的划分；而2012年海南省六次党代会作出了

"绿色崛起"的战略部署，其中明确指出实现绿色崛起，最重要的前提是科学规划，要以全省整体和一盘棋的视野，打破行政区划的壁垒，统一规划，强化规划执行，形成全省特色鲜明、布局合理的功能分区，实现资源与项目的最佳配置，提升海南整体科学规划、科学发展的水平。在这些纲领性文件的指引和要求下，海南省开展了"科学规划年"以及"三规合一"等活动，积累了大量的关于规划协调与融合的经验，这为"多规合一"在海南省的实施提供了经验基础。

第二节 海南省实施"多规合一"的历程与实践

我国"多规合一"的改革源于"十一五"期间开展的"多规融合"，但 2014 年以后"多规合一"才正式进入改革的快车道。2014 年年底，国家发改委、国土资源部、环保部和住建部联合下发了《关于开展市县"多规合一"试点工作的通知》，开始在全国 28 个市县开展"多规合一"试点；各省市也积极推进这项改革，如福建省人民政府办公厅于 2015 年 5 月下发了《关于开展"多规合一"试点工作的通知》，确定漳州市等 12 个市县开展"多规合一"试点。而在 2015 年 6 月 5 日召开的中央全面深化改革领导小组第 13 次会议上，海南省被确定为首个开展"多规合一"的省级试点。为此，海南省采取了多种举措，以推进"多规合一"的试点工作。

一 海南省开展"多规合一"的历程

海南省开展"多规合一"的历程以被确定为省级"多规合一"试点为标志，可以分为两个阶段。第一个阶段是海南省自发开展的探索阶段，该阶段始于海南省建省之初，其主要是试行"三规合一"。在海南建省办特区之时，由邓小平亲自提议，1985—1988 年间中日双方合作编制的《中华人民共和国海南岛综合开发计划》。这一计划不是单一规划，而是一个包含经济社会发展规划、城乡总体规划、土地利用规划在内的"三规合一"综合开发计划。而 2014 年 7 月，海南省人民政府办公厅颁布了《关于印发海南省"十三五"规划编制工作方案的通知》，明确提出要"加快推进市县规划体制改革，在有条件的市县开展试点，探索市县规划三规合一或多规合一"。之后，海南省人民政府及其部门也积极采取措施推进"三规合一"，但是也强调"三规合一"不是简单替代其他规划，而是要统筹发展、统一标准、实现规划信息数字化和互联共享，推动各类规划有效衔接。

进入2015年以后，海南省"多规合一"改革进入快速发展阶段，尤其是被确定为省级"多规合一"试点以后。省委副书记、省长刘赐贵于2015年履新海南之后，决定将"多规合一"作为省政府的重要工作加以推进。2015年年初，根据中央关于"加快规划体系改革，健全空间规划体系"的精神，海南省委省政府率先在全国推进省域"多规合一"改革，启动了《海南省总体规划》的编制工作。3月17日，海南省成立了"多规合一"领导小组并召开第一次会议，研究讨论《关于编制〈海南省总体规划〉推进全省"多规合一"工作的实施方案》，以全面部署"多规合一"工作。4月11日，海南省政府与住建部签署合作协议，联合开展《海南省总体规划》编制工作。4月19日，海南省委召开全面深化改革领导小组第三次会议，将"多规合一"纳入省委全面深化改革事项。5月14日、16日，海南省两度召开《海南省总体规划》专家研讨会、战略规划研讨会，汇聚中央部委领导和国内外顶级专家的智慧。5月22日、23日，海南省多规办两度召开主任会议，汇集各市县在省域"多规合一"格局中发展战略、空间布局、重大项目等方面需求。6月5日，习近平总书记主持召开中央深化改革领导小组第十三次会议，同意海南省就统筹经济社会发展规划、城乡规划、土地利用规划等开展省域"多规合一"改革试点。6月5日，刘赐贵省长连夜召开会议，具体部署推进试点工作。7月22日，海南省委六届八次全会通过了《关于深化改革重点攻坚加快发展的决定》，将推进省域"多规合一"改革试点列为海南省四大重点改革任务之首。9月29日，《海南省总体规划（2015—2030）纲要》正式出台，成为全国首个省部合作探路"多规合一"的标本。

二　海南实施"多规合一"的省级实践

为了克服传统规划体系中存在的权限交叉、条块分割、标准不一以及相互冲突等弊端，海南省从规划的制定主体、内容、平台以及保障体系等方面采取了多项改革措施，以推进"多规合一"的改革进程，并取得了良好的效果，目前已经基本完成"多规合一"的试点工作。

1. 成立了专门的规划实施领导机构

在传统的规划管理体制中，不同性质的规划分别由不同部门制定，因而在"多规合一"改革中的一个核心问题是由哪一主体负责规划的编制和实施。为了解决部门间的利益冲突和协调不畅等问题,海南省成立了高规格的规划编制机构,即改变了过去由政府职能部门主导编制规划的做法,成立了加快推进"多规合一"改革工作领导小组和办公室,并设立高规格的规划委员会和规划督察机构,以统筹协调"多规合一"改革。其中领导小组由省长担任组长,而各副省长和相关厅局的一把手是小组的成员;而办公室由副省长担任主任,主要组成人员从省住建、国土、林业等11个厅局抽调。此外,根据工作需要成立了综合协调组、发展战略组、生态环保组、功能产业组、基础设施组、空间协调组、信息平台组和改革研究组等八个工作小组,各小组分别牵头研究划定生态红线、合理布局产业园区、限定城镇开发增长边界等内容,以分头推进改革的进程。在改革过程中,海南省加快推进"多规合一"改革工作领导小组办公室先后召开了15次领导小组办公室主任会议,分别召开了省人大、省政协征求意见会以及1次全省电视电话会议,还召开了多次领导小组办公室专题会及各规划编制组协调会、市县对接会等,各相关职能部门共完成32项专题研究,完成了《海南省总体规划(征求意见稿)》。

在"多规合一"改革的推进过程中,海南省还注重省部和军地间的协调和沟通。首先,改变过去规划地方编、中央部门审核的做法,实行省部合作共同推进,即在海南省"多规合一"实施的过程中,与住建部、国家发改委、国家旅游局以及国家海洋局等国家部委建立规划编制合作协商机制,以提高规划编制效率和可操作性。其次,改变过去军队与地方规划自成体系的做法,实现军地双方协调推进。如为全面推动军民融合式发展,省军区负责人也列为省"多规合一"工作领导小组副组长,建立了军地"多规合一"的协调机制,积极协调解决部队与地方之间土地历史遗留问题等。

2. 制定了《海南省总体规划纲要》

2015年9月29日,海南省颁布了《海南省总体规划(2015—2030)纲要》(以下简称《海南省总体规划纲要》),该纲要确定了海南省到2020年的战略目标和2030年的发展愿景。该纲要将海南省总体规划的战略定位为"一点、两区、三地",其包含了主体功能区划、生态保护红线规划、城镇体系规划、土地利用总体规划、林地保护利用规划以及海洋功能区划等,提出了"严守生态底线、优化经济布局、促进陆海统筹"的空间发展思路，明确了生态红线、环境质量底线、资源消耗上限、城市发展边界、人口环境容量、空间结构、功能和产业分区、基础设施布局、分区管控与指导、保障措施等主要内容，初步构建了山清水秀的生态空间、集约高效的生产空间、宜居适度的生活空间。

《海南省总体规划（2015—2030）纲要》的战略定位可概括为："一点、两区、三地"。"一点"即21世纪海上丝绸之路的战略支点；"两区"即全国生态文明建设示范区、全国改革创新试验区；"三地"即世界一流的海岛海洋休闲度假旅游目的地、国家热带特色产业基地、南海资源开发服务及海上救援基地。

3. 建立了统一的规划信息管理平台

在实施"多规合一"试点的过程中，要切实实现"一张蓝图干到底"的目标，则离不开"一个平台管到底"的保障，因为"一张蓝图"要求建立汇聚所有要素和运行规则的大数据信息平台，以实现总体规划在指标、功能、布局等方面对具体规划的约束，而这个"平台"就是指统一技术标准和空间信息数据的规划信息管理平台。海南省在"多规合一"实施过程中，注重统筹协调各类规划指标，实现标准统一，初步建立了数据管理的统一平台。如将城乡规划、国土、林业、海洋、基础设施、产业园区等不同坐标系的空间规划矢量数据，统一转换坐标后，集合在统一的空间规划信息平台上，建立全省统一的空间规划信息管控平台，同时把《海南省总体规划》统一接入各部门和各市县的业务管理系统，实现部门与市县数据对接和资源共享，保证规划编制基础数据口径一致、发展目标一致、地理坐标一致，进而实现了各市县、各厅局业务管理信息系统与平台的信息交换、信息共享和管理联动。

4. 积极构建规划改革的立法保障体系

党的十八届四中全会指出，要"实现立法和改革决策相衔接，做到重大改革于法有据、立法主动适应改革和经济社会发展需要"。而"多规合一"是我国全面深化改革的一项重要措施，在其实施的过程中会涉及管理体制、管理权限等问题的修改和完善，因而需要立法的支持与保障。在海南省实施"多规合一"改革的过程中，也积极构建相应的立法保障体系。例如在2016年的海南省人大立法工作中，重点领域改革立法是其重要内容，如为了保障海南省"多规合一"改革于法有据，将运用特区立法权制定《海南省人大常委会关于在海南生态软件园等三个园区调整和暂停实施部分行政审批事项的决定》；对"多规合一"改革需要海南省地方性法规配套的，拟修改《海南省城乡规划条例》《海南经济特区土地管理条例》《海南经济特区林地管理条例》《海南省实施办法》《海南省村镇规划建设管理条例》，其中 2016 年 5 月 26 日修改的《海南经济特区海岸带保护与开发管理规定》中，删除了现行有关单独编制海岸带规划的内容，明确规定省人民政府和沿海市、县、自治县人民政府应当将海岸带保护与开发纳入海南省总体规划和沿海市、县、自治县总体规划，即把海岸带保护与开发纳入全省"多规合一"的蓝图。

5. 深入推进行政审批体制的改革

海南省十分注重行政审批体制改革，实施了行政审批"三集中"的改革措施，但是经过四轮清理后，其行政审批仍然存在着项目审批环节和流程烦琐、评估评审多等问题。在"多规合一"改革的过程中，海南省制定了《省重点园区植入自贸区政策最大限度减少行政审批改革试点方案》，明确海南生态软件园、海口高新区美安科技新城和博鳌乐城国际医疗旅游先行区三个园区作为加快推行简化行政审批改革的试点，大力推进"六个试行"改革，即试行"规划代立项，区域评估评审代单个项目评估评审"、试行以企业"承诺公示制"简化审批、试行多部门"联合验收机制"、试行园区项目"非禁即入"、试行项目退出机制以及试行"一个窗口"。其中以规划代替项目立项是指对列入《海南省总体规划》的政府投资项目不再审批项目建议书，直接审批可行性研究报告。市县和部门规划与总体规划一致的企业投资项目，不再进行项目立项审批，直接由省或市县发改部门备案。

为了推进极简审批，海口高新区从审批程序、机构设置、岗位职责等方面进行大刀阔斧的改革，采取了"规划代立项"、以区域评估取代单个项目评估、优化项目服务、推行承诺制度、建立"准入清单"、打造两个平台、加强两项监管、实行联合验收、建立诚信档案、实施退出机制等十大改革措施，收效显著，其中从签约到落地动工，审批时限提速 80% 以上。

三　海南省实施"多规合一"的地方实践

为了确保"一张蓝图干到底"，实现把海南岛作为一个大城市进行规划的目标，在海南省实施省级"多规合一"试点的过程中，其主张全省"多规合一"总体规划也不能完全代替市县规划，但市县规划要受全省总体规划的约束、管控和指导。因而，在海南省总体规划的指导和约束下，海南省各市县也开展了"多规合一"的地方实践。

1. 海口市"多规合一"的实践

海口市"多规合一"的改革探索始于 2013 年的"四规合一"，即国民经济与社会发展规划、土地利用总体规划、城市总体规划和环保规划（生态规划）的合一。海南省实施"多规合一"改革以来，海口市根据部署，及时推进"多规合一"在海口的实施。2015 年 4 月，海口成立了市政府"多规合一"规划工作领导小组，随即下发实施方案；6 月，正式成立"多规合一"工作领导小组；6 月 25 日，完成了《海口市"多规合一"总体方案（过程稿）》；8 月 20 日，海口市委全会审议通过《海口市"多规合一"改革实施方案》，对"多规合一"改革进行了部署，提出建立一套协调体系、一套技术标准、一套管理机制，形成一套规章制度，理顺四个层级规划之间、同层级规划之间以及市区镇规划之间横向协调和纵向衔接关系，力求实现发展目标、空间布局、土地管制、生态约束的统一。

根据《海口市"多规合一"改革实施方案》的规定和海口市的实践，海口市实施"多规合一"的措施主要包括以下几个方面：第一，设立专门的机构。海口市于 2005 年就成立了市规划委员会，规委会主任由市长担任，对重要地区规划、重大项目规划、重要规划调整及规划政策制定等行使决策权。为了推进"多规合一"的实施和监督，海口市将"城市规划委员会"改组为"海口市规划委员会"，而海口市规划委员会作为一个管理"一张蓝图"的机构，在一定程度上实现了机构的整合，为各成员单位构建了一个沟通的平台，优化了部门之间的协调过程，迈出了由"多规合一"促进机构改革的第一步。第二，构筑一个平台。海口将构筑一个包含了多规数据集成、多规协调衔接、动态更新和信息应用四项功能的平台，服务于全市的政府业务协同，及各专业部门协同审批的子系统。第三，布局一张蓝图。这张蓝图包括了城市规模边界、城市增长边界、生态保护边界、重大设施边界四类边界，分四个层级。第一层级是统筹国民经济与社会发展规划、城市总体规划和土地利用规划；第二层级是汇总整合环保、林业、海洋、国土等规划中的禁止性内容，统一划出生态保护边界；第三层级是协调汇总交通类、基本公共服务类、综合防灾和名城保护等"专项规划"的现实矛盾；第四层级是统筹协调控制性详细规划、五线规划等涉及空间的规划。第四，创新一套机制，即规划联动修改、动态修正、监督及边界管理办法；并打算以现有的城市规划委员会为基础，建立"多规合一"的技术规划委员会。第五，实行编审管监四分离。理顺了管理机制，建立规划编制、审查、审批、管理、监督相互分离的"多规合一"管控体系，其中在市规划委员会中设立常委会和专委会，其中常委会是建立"多规合一"的技术顶层机构，内部再增设土规、林规、环规等专业委员会，负责多规技术审查；同时，内部增设技术协调机构，专门负责多规运行中的协调工作，并对接省级"多规合一"部门，确保上下衔接；而规划监督分为内部监管和外部监督，内部监管由执行监督委员会完成职能，而外部监督则将人大和政协纳入了规划监督的组织。

　2. 三亚市"多规合一"的实践

　三亚市是我国著名的国际滨海旅游城市，也是我国"双修""双城"综合试点城市，"多规合一"的实施有助于三亚市生态环境保护、行政审批改革等各项事业的发展。为了顺利推进"多规合一"的改革，三亚市专门成立了"多规合一"领导小组，并经市政府第47次常务会议审议同意颁布了《三亚市"多规合一"工作实施方案》，该方案确定了三亚"多规合一"三大任务，即制定一套多部门共循的"多规合一"成果、搭建一个多规共享的"1+N"规划信息平台以及完成"一张表"政务审批平台的建设，并规定了"多规合一"的实施路线图，即2015年9月30日前完成"一张蓝图"大体工作，2016年4月30日前完成三亚市"多规合一"成果和2030年城市远景发展构想，2016年5月30日前完成"多规合一"信息平台和"一张表"行政审批平台建设。在《三亚市"多规合一"工作实施方案》指引下，三亚市有条不紊地推进"多规合一"改革，其中三亚市空间类总体规划于2016年11月7日获得海南省加快推进"多规合一"工作领导小组第十次会议的审议通过。

　三亚实施"多规合一"工作原则是打破行政区域壁垒，在省域层面重点对接、落实《海南省总体规划》战略布局和空间管制等相关要求，突出三亚区域中心地位，以三亚为核心，优化三亚全域乃至周边相邻地区在生态保护、旅游开发、产业发展、基础设施互联互通和公共服务配套等方面的资源配置，强化三亚对大区域的统领作用，统筹琼南地区的整体发展。而与海口市相比，三亚市实施"多规合一"的主要特色在于：第一，制定了《三亚市总体规划（空间类2015—2030）》，该规划从发展战略、空间布局、管控细则以及行动计划四个方面进行了设计，其明确了三亚的战略定位，划定了生态保护红线，协调了多规矛盾，使土地属性唯一化，简化了项目审批流程，其中将三亚的战略定位为"南海自由港，国际旅游城"。第二，技术专家与行政单位对接。三亚市打破了传统规划只管图、行政只管批、建设只管建的状况，创新了对接模式，采取"行政统筹负责、技术协同对接"框架，即组建联合领导小组并下设七个工作组，而实施中，行政主管单位以项目牵头，技术专家深入协助指导，形成立体对接格局。第三，建立"1+N"信息平台和"一张表"管理机制，实现规划系统与审批系统对接，将"多规合一"后的"一张蓝图"嵌入到全市审批一体化系统里。具体而言，建立了一个多规共享的"1+N"规划信息平台，该信息平台服务全市空间规划编制审批和实施管理，实现与发改、规划、国土、林业、海洋以及各区的子业务管理信息系统的对接，并与三亚市政务中心审批一体化平台对接，最终实现各委办局审批意见汇总到"一张表"，政务中心通过政务审批平台输出规划审批意见"一张表"，从而实现一张申请表、一张流程图、一张受理单、一张审批表和一张办事指南"五个一"的转变，以及实现统一收发件、全流程网上联合审批，进而整合优化行政审批流程，推动行政审批方式由"串联"审批向"并联"审批转变，提高行政审批效率。

3. 其他市县"多规合一"的实践

在海南省委省政府的统一部署下，按照把全岛作为一个整体进行统一规划的要求，海南其他市县也积极开展了"多规合一"改革工作，并取得了积极的成效，其中儋州市、乐东黎族自治县、陵水黎族自治县、保亭黎族苗族自治县、琼海市、屯昌县以及昌江黎族自治县等市县的总体规划已经获得海南省加快推进"多规合一"工作领导小组的通过。

在保亭黎族苗族自治县的"多规合一"实践中，其成立了以县长为组长的加快推进"多规合一"工作领导小组。在琼海市的"多规合一"实践中，其以博鳌乐城国际医疗旅游先行区先行先试为突破口，对接省域

"多规合一"改革,合理确定土地、岸线、岛礁、海域、江河湖泊、地下资源等核心资源的开发规模、强度和时序;在市域城镇空间布局结构上,构建市域"T"字形空间发展轴线,形成以中心城区和周边城市化地区共同构成的市域核心功能版块;并推进琼海政务服务标准化及公共交易平台建设,实施互联网申报和全流程阳光审批,依托"一张审批网"实现全市三级全覆盖,开展最大限度简化行政审批试点工作。在昌江"多规合一"实践中,其实现了各行业规划数据的统一协调,理顺解决原有各专项规划的矛盾冲突,划定了九条"控制线",其中陆域"生态保护红线"面积占全县面积的48.5%,超过全省33.5%的平均水平;注重将全域旅游、产业小镇、美丽乡村、"五网"基础设施建设、生态环保等融入"多规合一"成果,进一步提高了规划的可操作性。而在屯昌县的"多规合一"实践中,其确定了"一地两区"的战略定位,在生态保护格局上,基于山形水系框架,构建"生态绿心+生态廊道+生态景观网络"的县域生态间结构,并形成了包括一级生态空间、二级生态空间、开发空间三种类型空间在内的"一张蓝图"。

> 屯昌县战略定位为:"一地两区",即依托国家农业公园、循环农业核心示范区等农业创新空间,大力发展生态农业和循环农业,建设国际热带生态循环农业创新基地;推动产业向园区集中,园区向城镇地区集中,提高土地集约利用率,建设全国可持续产城融合试点区;积极发展南药研学游、中医药健康养生旅游、黎苗风情体验游等旅游形式,建设海南中北部原生态休闲体验区。

第三节 海南省实施"多规合一"的成效、启示与展望

在海南省"多规合一"改革进程中,通过统一的领导、周密的部署和严格的措施,海南省"多规合一"改革中取得了较好的成效,并推进了行政审批体制改革的进程和产业结构的优化;通过不断地探索和实践,海南省"多规合一"改革也积累了一些经验和启示,这为我国"多规合一"改革的整体推进提供了基础和借鉴;但是在深入推进"多规合一"改革进程中,海南省也必须处理好改革探索和依法推进等关系,以确保改

革目标的实现。

一　海南省实施"多规合一"取得的成效

海南省域"多规合一"改革实施以来，在省委省政府的统一部署下，针对传统规划体制存在的问题，通过采取相应的措施与手段，取得了一系列的成效，实现了"一张蓝图干到底"的目标，在此基础上，促进了科学发展和绿色崛起，提升了政府的治理能力和水平，为海南国际旅游岛建设提供了强有力的动力。

在2016年两会期间，海南省省长刘赐贵介绍，海南在"多规合一"改革中取得了一些成效：一是有效消除了"规划打架"的矛盾，实现了相互间有机衔接；二是严守生态底线，把生态红线落实到每个图斑和地块上；三是在编制规划的过程中谋划海南的发展，厘清了支撑海南发展的新业态和经济增长点，确定了重点培育和壮大的12个产业，在六类园区里集中集聚发展；四是探索最大限度简化审批手续，以规划代替立项，以园区整体环评代替单项环评。

具体而言，海南省实施"多规合一"取得的成效主要体现在以下几个方面：

第一，制定了《海南省总体规划纲要》，有效消除了规划之间的冲突与矛盾，实现了"一张蓝图干到底"的目标。海南省于2015年9月颁布了《海南省总体规划纲要》，其包含《海南省总体规划》和《部门专篇》两个部分，其中前者是全省总的规划，而后者又包括《主体功能区专篇》《生态保护红线专篇》《城镇体系专篇》《土地利用专篇》《林地保护专篇》和《海洋功能区划专篇》，在明确全省"一点、两区、三地"战略定位的前提下，对产业布局、生态保护、基础设施建设等内容进行了系统规定，突出了生态环境保护、空间管控、城镇布局和产业布局，其中在空间管控上，按照"构建山清水秀的生态空间、集约高效的生产空间、宜居适度的生活空间"三个空间的要求，合理确定了山海相通、可持续发展的生态空间比例，保障发展的生产空间，并明确了开发强度和城市发展空间的边界，从而谋划陆海统筹协调发展的"一张图"，实现了"一张蓝图干到底"的发展目标。

　　第二，划定了生态红线，限定了开发边界，明确了重要生态指标，实现了生态环境的有效保护。在实施"多规合一"和制定《海南省总体规划纲要》的过程中，海南省均强调生态环境保护的重要性，划定了生态保护红线作为全省空间布局的环境基础，在此基础上，统筹规划全省产业功能分区、城镇布局结构和重大基础设施、公共服务设施布局，限定城镇、产业园区等开发边界；划定了资源消耗上线、环境质量底线以及资源利用底线，明确了生态空间的具体管控措施；在"生态绿心、生态廊道、生态岸段和生态海域"的生态空间结构的基础上，划定了一级生态功能区、二级生态功能区和近岸海域生态保护功能区，并明确了不同功能区内的管控措施，从而为生态环境保护提供了有效的制度保障。

　　第三，优化了国土空间、基础设施和产业布局，确立了重点发展产业，实现了资源配置的"一体化"。在海南省实施"多规合一"的过程中，以新结构进行统筹各开发类规划，明确了全省开发空间资源配置的总体路径，从全省一盘棋的角度，提出"一环、两极、多点"的总体结构，作为区域协调发展、优化国土空间布局、基础设施布局、产业布局等方面的基本结构；加快"特色产业小镇、美丽乡村"建设，构建"日月同辉满天星"的开发建设总体格局；打破市县行政区划和利益藩篱，规划布局了6类省重点产业园区和12大产业①，同时重点培育100个特色产业小镇，重点打造1000个美丽乡村；按照"把全岛作为一个大城市"来规划、建设和管理的理念，全省统筹规划全省布局路、电、气、水和通讯等重大基础设施（五网）建设，破解发展瓶颈，促进互联互通，全面提升国际旅游岛建设水平。

　　第四，探索最大限度简化行政审批，最大限度提高建设项目审批效率。在海南省实施"多规合一"改革的进程中，其始终把最大限度简化行政审批作为"多规合一"最要害、最核心的问题加以推进，明确精简行政审批事项的目标，把更多具有"含金量"的行政权力取消下放，以切实提高政府创新和治理能力。为了推进项目建设和园区发展，海南省制

────────────

　　①　重点发展12大产业是旅游业、热带特色高效农业、互联网产业、医疗健康产业、金融服务业、会展业、现代物流业、油气产业、生物制药业、低碳制造业、房地产业、高新技术产业及教育、文化、体育产业；6类省级重点产业园区是旅游产业园区（6个）、高新技术及信息产业园区（5个）、临空产业园区（2个）、物流园区（5个）、工业园区（5个）以及健康教育园区（4个）。

定了《省重点园区植入自贸区政策最大限度减少行政审批改革试点方案》，选择3个园区作为加快推行简化行政审批改革的试点，大力推进"六个试行"改革，以区域评估评审代替单个项目评估评审，在全国率先探索推行以总体规划代立项，探索产业园区内具体项目零审批，以区域性规划的总评估评审覆盖项目评估评审，在统一的信息平台上进行同步行政审批。目前，3个试点园区项目落地审批得到最大限度简化，审批事项减少70%以上。

二 海南省实施"多规合一"的启示

海南省开展省域"多规合一"改革试点以来，其在规划编制、规划内容以及规划体系等方面采取的积极探索与尝试，为我国实施"多规合一"改革积累了一些经验和启示。

第一，在编制体制上，建立了统一领导机构。在传统规划编制上，不同种类的规划由不同机构负责，因此"多规"真正要想"合一"，关键在于管理部门需要"合一"，即成立统筹规划编制及实施管理等各项工作的领导机构。而在海南省"多规合一"改革试点过程中，其改变过去由政府职能部门主导编制规划的做法，成立了权威、高效的改革领导机构，即成立了由省长挂帅的省加快推进"多规合一"工作领导小组和由副省长担任主任的领导小组办公室，并成立了八个工作小组，以统筹推进改革进程，进而确保了改革的统一性和整体性。此外，在规划编制过程中，省级领导机构还全面统筹各市县规划的制定，以确保规划之间的协调性与统一，进而确保了海南省"多规合一"改革的顺利实施和各项成效的取得。

第二，在编制过程中，注重社会意见的听取。"多规合一"改革是我国规划体制的重大改革，其涉及诸多问题，也面临着诸多困难。海南省在推进省级"多规合一"改革的过程中，十分注重社会意见的听取，敞开大门搞规划。首先，在规划制定的过程中，海南省成立了汇聚国内外知名研究单位、高校专家学者组成的专家咨询组，对各阶段规划成果进行审议咨询，以发挥专家学者的智囊作用，以科学地确定全省发展目标、战略和路径。其次，在规划制定过程中，除了与国家部委进行沟通与协商，以提高规划编制的效率和可操作性外，还向省人大、省政协、省级各部门、各市县、部队和社会各界等广泛征求各方意见，使编制规划的过程成为统一思想、凝聚各方共识的过程，以确保规划制定的科学性与合理性。

　　第三,在规划内容上,强调生态环境的保护。在省域"多规合一"试点过程中,海南省通过各种措施保护生态环境,强调生态环境保护在改革中的地位。首先,在海南省总体规划制定的过程中,其将生态红线作为规划布局的基础,即首先由海南省环保厅牵头,开展生态环境承载力和规划的环境影响专题研究,划定生态保护、基本农田、林地保护等各类资源环境生态红线,为总体规划的空间布局奠定环境基础。其次,将资源利用上限、环境质量底线、生态保护红线作为海南省总体规划的底线和刚性约束,要求城镇建设、产业发展和基础设施布局必须以资源环境承载力为基础,最大限度守住资源环境生态红线。再次,积极探索建立落实生态保护红线的长效机制,创新生态保护考核方式。将主要按照"环境质量不能下降、只能上升"的考核思路,建立实现对全省生态文明建设的科学、完整、有效的考核体系。最后,明确了生态空间的具体管控措施,并根据生态功能区等级的不同确定不同的管控措施,实行分区分类管控,如一级生态功能区的禁止生态红线区原则上不得从事一切形式的开发建设活动。此外,还明确了各市县实施"多规合一"时的生态保护任务,如市县划定的生态保护红线,不得改变省域生态保护红线空间格局和范围,在省域生态保护红线空间格局和范围,在省域生态保护红线的基础上增加保护面积,红线面积应大于省域生态保护红线,且管控措施上与省域生态保护红线一致。

　　第四,在实施过程中,实行改革的上下联动。在"多规合一"改革试点的过程中,为了做到将全岛作为一个城市进行规划,海南省除了制定省级规划以外,还积极推动各市县根据自身实际情况制定相应的规划,以实现"多规合一"的上下联动,提升改革的效果。具体而言,海南省在推进改革的过程中坚持省和市县政府的编制主体,强调不能用省级规划替代县级规划,而是由省和市县政府来统筹、指导、协调省域"多规合一"和市县域"多规合一"的编制工作,但是省域和县域"多规合一"的内容和要求有所不同,其中省级规划科学谋划全省发展建设的顶层设计,是构建全省统一的空间规划体系的宪法和总框架,以协调并消除省级各有关规划、各市县主要空间规划等各类规划之间的矛盾,其内容主要是对全省经济社会发展目标、发展战略、总体空间格局、生态红线及指标、产业发展重点、重大基础设施、政策措施等内容提出系统布局和纲要;而县级规划要在全省总体规划的约束、管控、指导下,结合本地实际具体落实规划的目标和任务，其内容侧重于将省级规划中确定的生态管控红线以及土地指标等内容进行具体的落实，并以"多规合一"为平台完善项目审批机制，推进行政审批体制改革。

三　海南省实施"多规合一"改革的展望

2016 年 6 月 28 日，中央全面深化改革领导小组第二十五次会议，会议审议通过了《关于海南省域"多规合一"改革试点情况的报告》，因而海南省域"多规合一"试点基本结束。但是海南省没有停止"多规合一"改革的步伐，而是在深入推进改革的进程，如推进市县"多规合一"的实施。为了确保改革的效果，海南省在深入推进"多规合一"改革的过程中，应当注意以下几个问题的处理：

第一，完善"多规合一"立法，加强改革的立法保障。"多规合一"改革涉及规划制定、规划审批、规划修改以及规划实施等诸多法律问题，因而在推进"多规合一"改革的过程中，要加强相应的立法，以保障改革的顺利开展。首先，通过地方立法对现有的改革成果进行固定，赋予其法律地位。具体而言，海南省应当通过立法明确《海南省总体规划纲要》的法律地位、实施主体、管控规则、修改条件和程序等内容，明确各项违法行为的情形，确立必要的监督和责任追究机制，强化其管控、约束和落实，以确保其法律权威，并以法定形式固定改革的成果。其次，利用特区立法权制定或出台相应的条例或决定，使"多规合一"改革于法有据。在深入推进"多规合一"改革的过程中，仍然要面临着改革探索与依法推进的关系，因而需要结合海南省改革的实践和需求，针对制约改革的法律规定，如规划的审批、管理和监督机制等，运用特区立法权进行变通，以突破现行法律法规的部分条款，或者暂停部分条款在海南的适用，以满足改革的实践需求，确保重大改革于法有据。

第二，完善规划的内容，增强规划的可操作性。海南省已经制定了总体规划，但是总体规划不能代替专项规划和市县规划，因而在推进海南省"多规合一"改革的进程中，还应积极开展专项规划和市县规划的制定。但是在这些规划制定的过程中，在遵循、依据海南省的总体规划的基础上，要密切结合各自领域的特点，强化规划的针对性和准确性，以确保各项规划的可操作性。如市县规划应当在海南省总体规划确定的生态红线、功能区定位等的基础上，结合自身的实际和特色，合理确定战略定位、发展目标和空间布局等内容，从而使海南省各市县规划既能保持统一性和整体性，以避免重复和冲突，又能各具特色。

第三，加强规划的执法力度，确保规划的落实。为了确保"多规合一"的改革成果，必须加强规划的管理和执行，尤其是执法力度，严格追究各项违反"多规合一"行为的责任。对此，在"多规合一"推进的过程中，应当整合现有各类规划执法队伍，提升执法队伍的能力和水平，以建立统一高效的规划执法体系；此外，建立定期检查和报告制度，定期开展专项治理活动，以惩处各项违法行为，确保各项规划能够得到观察落实。

第七章

南海区域治理中的海南作为

海南作为中国最南端的滨海省份，因地理特点与海洋有着天然联系。独特的地缘优势、国家的扶持政策、丰富的自然资源、与周边国家的历史联系等优势，决定了其在南海区域治理中大有可为。在可以预见的未来，我国正在推进的"一带一路"建设和海洋强国建设，都将助推海南以多样化的方式参与到南海区域治理之中，在彰显中国南海主权的同时，有效维护国家的领土主权和海洋权益。

第一节 "一带一路"建设与南海区域治理

南海区域治理的成功实施与南海争端问题的解决关系密切。而南海问题又直接关系到中国"一带一路"倡议的顺畅落地。它不仅与个别环南海国家有关，也与整个东盟有关；它不仅与域内国家有关，也与域外大国有关；它不仅与地缘政治力量此消彼长有关，也牵涉到关于国家发展大计的海洋资源。故把握南海争端历史与现状，厘清南海区域治理思路，对于"一带一路"和海洋强国建设的顺利实施关系重大。

一 "一带一路"建设进程中的南海争端

南海又称南中国海，其海域呈东北—西南走向的半封闭状，总面积约350万平方公里，主要包括东沙群岛、西沙群岛、中沙群岛和南沙群岛及其附属海域，战略地位重要，自然资源丰富。进入21世纪后，围绕着部分南海岛礁及其相关海域，中国与越南、菲律宾、马来西亚等环南海国家间的矛盾争议渐呈复杂化与国际化特点。具体而言，南海争端主要指中国与南海周边国家围绕南海岛屿主权归属、管辖海域划界、专属经济区划界、外大陆架划界、海洋资源开发等海洋权益方面所产生的分歧和争议，其实质是南海周边国家否认我国在南海 U 形断续线以内的主权，部分国家甚至非法占据并大肆掠夺资源①，而现阶段因数个域外国家的介入更使得南海争端增添了诸多不确定性。

南海问题的核心是岛屿主权的归属，矛盾和冲突主要集中在西沙群岛、中沙群岛和南沙群岛及其海域，其中以南沙群岛与海域的分歧和争议最大。2015 年 3 月，中国国家发改委、外交部、商务部联合发布了《推动共建丝绸之路经济带和 21 世纪海上丝绸之路的愿景与行动》，"一带一路"倡议旨在加强与沿线国家的多边合作，促进区域经济共同发展，受到了包括南海周边国家在内的众多国家地区的响应。其中，21 世纪海上丝绸之路的两条主要航路都以南海为重要节点。南海争端的存在为"一带一路"倡议尤其是海上丝绸之路建设形成了一定的阻力，而"一带一路"倡议的实施同时也对南海争端的妥善处理提出了安全要求，并可能带来新的机遇。

（一）南海争端的历史和现状

1946 年，根据《开罗宣言》和《波兹坦公告》精神，中国政府派遣军政人员接管南沙群岛和西沙群岛并树立主权碑；1947 年，中国内政部对包括南沙在内的南海诸岛全部岛礁沙礁进行了命名，再次对南海海域宣示主权，在当时没有任何国家提出异议。1951 年的《旧金山对日条约》明确规定，日本放弃南沙和西沙的权利，但却没有明确两者的主权归属。同时越南则在参与制定该条约的会议上声明具有对南沙、西沙群岛的"权利"，这也导致之后在南海出现了主权争议各说各话、胶着难解的局面。

从 20 世纪 70 年代开始，随着南海油气资源的逐步勘探与开发，周边国家对南海主权和权益的觊觎之心愈发外露，南海争端问题逐步凸显。随后菲、越、马等国家开始了对南海岛礁的军事占领和实际控制，并强调对西沙、南沙等海域拥有全部或部分主权。越南自 1973 年起开始占领南沙的岛礁，1975 年发表白皮书对南沙、西沙宣示主权，至 1991 年共侵占南沙岛礁 27 个。1971 年，菲律宾声称 8 个岛屿不属于南沙，也不属于任何主权范围；1994 年菲律宾宣称对黄岩岛拥有管辖权，进而宣称主权。马来西亚在 1979 年发布的地图中将部分南海岛屿纳入版图，1983 年侵占弹

---

① 安应民：《南海区域问题研究》（第一辑），中国经济出版社 2012 年版。

丸礁；随后不断扩大侵占范围，至 1987 年已达 17 万平方公里。这些国家初期各自为战，而后逐渐以集体的姿态提出在南海的权利主张。例如，1992 年第 25 届东盟外长会议通过了《东盟关于南中国海问题的宣言》，在南海资源的争夺上面对中国时开始采取统一立场。

进入 21 世纪后，相关国家对南海岛礁和海域的实际控制仍在加强。例如，2008 年，时任马来西亚副首相纳吉在南沙燕子岛宣示主权；2009 年，时任马来西亚首相巴达维在南沙的弹丸礁和光兴仔礁宣示主权。越南国会于 2012 年 6 月审议通过了《越南海洋法》，将南沙、西沙群岛包含在越南的"主权"和"管辖权"范围内，目前实际控制的南沙岛屿达到了 30 个。

与此同时，南海问题的国际化趋势日益明显，美国、日本、印度等大国的介入程度不断加深。尤其是近年来，美国加强了在南海的军事存在，以"保障航行自由"和"维护地区稳定"等为借口，密切与南海诸国的政治、军事、外交合作，加强在南海海域的事实存在。日本则呼吁东盟国家联合对抗中国。印度宣称从阿拉伯海的北面到南中国海，都是印度的利益范围，并与越南签订了《国防合作协定》。印度"东向"政策还与日本"南下"政策出现了在中国南海进行"合流"的危险趋势，菲、越、马等国也积极与美、日、印进行以军事和安全为主的合作。在域外大国中，美国在南海的影响力无疑最强，表现也最为活跃。2010 年提出的"重返亚太"显示了美国掌控亚太事务话语权、对抗中国崛起的意图，对南海问题的介入可视为环节之一。即使在美国特朗普新政府上台后，虽然对外政策会有所调整，但经营亚太、重视南海的基本方向不会改变。借助与日本、韩国、菲律宾等国的军事合作与驻军部署，美国仍将不断加强自身在南海的武力展示。当前形势下，中国面临的南海局面颇为严峻。

（二）南海在"一带一路"建设推进中的地位

2013 年 9 月和 10 月，习近平总书记在出访中亚和东南亚国家期间，先后提出了建设"丝绸之路经济带"和"21 世纪海上丝绸之路"的倡议。此后不久，中国政府将"一带一路"正式纳入国家发展议程当中，并有条不紊地施以顶层设计。同年 11 月，中国共产党十八届三中全会通过的《中共中央关于全面深化改革若干重大问题的决定》明确指出，"建立开发性金融机构，加快同周边国家和区域基础设施互联互通建设，推进丝绸之路经济带、海上丝绸之路建设，形成全方位开放新格局"①。"一带一路"横跨亚欧非及南太平洋，涵盖 60 多个国家，21 万亿区域经济总量②，"一带一路"的建设有利于深化中国同沿线国家的经贸合作，推动中国对外贸易的平稳健康发展，促进地区对外贸易的稳定增长和转型升级。③

海洋强国是指在保护海洋、开发海洋、利用海洋、管控海洋方面拥有强大综合实力的国家。海洋强国战略是新时期我国海洋发展的指导性原则，而"一带一路"倡议的提出，为我国海洋强国建设拓展了思路，是中国实现全方位外交的顶层设计，其核心是通过陆地和海上的互相驱动打造海陆统筹的发展模式。可以预见，"一带一路"倡议的提出与推进必将对我国海洋强国建设起到重要的促进作用。按照规划，南海是 21 世纪海上丝绸之路的核心起点之一，自南海向东西两向进行，一条抵达印度洋，一条直达南太平洋地区，目的是贯通欧洲和亚太经济圈，其重点是面向东南亚国家。显然，南海在"21 世纪海上丝绸之路"倡议中具有核心地位，是倡议得以成功实施的重要渠道载体，南海争端问题的解决关系到海上丝绸之路建设的进程、速度、水平。

从地缘政治的角度来看，南海是扼守西太平洋和印度洋的"咽喉"，是战略地位重要的印度—太平洋地区国际航道的交汇区。南海也是印太经济圈的"心脏"，每年全球货运的一半和所有海运的 1/3 要通过南海的马六甲、巽他、龙目及望加锡四大海峡。从印度洋经过南海运到东亚的原油总量，是经过苏伊士运河的三倍和巴拿马运河的 15 倍。中国原油进口的 80%、韩国能源进口的 2/3、日本能源进口的 60% 需要经过南海。④ 显而易见，南海的和平与稳定是推进海上丝绸之路建设的必要保障，如若南海争端的持续僵持甚至恶化，将是推进海上丝绸之路建设的极大障碍。"海上丝绸之路"原则上不涉及主权和领土等问题，而侧重经济与人文合作，

① 《中共中央关于全面深化改革若干重大问题的决定》，http：//www. scio. gov. cn/zxbd/tt/Document/1350709/1350709_ 6. htm。

② 新浪财经：《大热的"一带一路"到底是什么？》，http：//finance. sina. com. cn/c/t/20150325/143293. shtml，2015-09-10。

③ 中华人民共和国商务部：《国务院办公厅关于促进进出口稳定增长的若干意见》，http：//www. mofcom. gov. cn/article/b/g/201508/20150801094663. shtml，2015-09-10。

④ FT 中文网，2016 年 12 月 16 日，http：//www. ftchinese. com/story/001070588。

但如果南海争端不能保持在可控范围内，必将最终影响"21世纪海上丝绸之路"的建设。

在"一带一路"倡议提出之前，中国对南海问题持"主权归我，搁置争议，共同开发"的现实且友好的立场。"一带一路"倡导合作共赢的价值观，与"共同开发"的主张保持了连续性，也从侧面进一步强调了中国在南海问题上采取的态度是非进攻性且和平务实的，它顺应了和平发展的大主题，竭力打造安全无冲突的地区环境，以期为国际社会提供安全的航道、畅通的贸易和友好的文化交流平台。对于菲、越、马等东盟国家而言，因为得到了以美国为首的大国在安全方面的军事保障，同时面对中方无意动武的态度，实际上他们几乎不必担心受到中国军事威胁的可能性。对美国而言，中国的崛起和"一带一路"倡议有打造以中国为主的"利益共同体"、削弱美国的全球霸权的可能，所以尽管它需要中国市场与经济发展带来的利好，但仍会维持其单极超强霸权的地位，冀望通过控制南海及炒作所谓"航行自由"议题来迟滞中国的崛起和"一带一路"的现实推进。

东盟是南海周边最主要的区域性力量，是"一带一路"倡议实施中最关键的区域组织之一。近年来，南海问题持续升温，成为中国同东盟国家关系发展的一个隐忧，中越对于南海资源和南沙群岛的争端，以及中菲围绕黄岩岛、仁爱礁的纷争等议题相当程度上分散消耗了中国实施海洋强国战略的宝贵精力。从长远来看，"一带一路"将可能为解决南海问题寻找到新的突破口，在经济合作的基础之上继续推进中国—东盟命运共同体的建立，从单一的经济合作关系发展为政治上相互信赖、安全上相互信任的战略伙伴关系。在南海问题上，逐渐探索以对话协商为主的和平解决途径。未来，南海问题的和平解决将会是海洋强国建设的巨大成就，是中国稳步推进"一带一路"、实现和平崛起的稳健一步。

二　南海争端的管控与南海区域治理的推进

近年来，由于中国国力的增强，使得国际权力结构在地区层次发生了变化，但由于中国自身的政策未进行足够的灵活调整，故导致其在南海问题上较为被动。[①] 在南海争端中，中国主张的"搁置争议、共同开发"是

---

① 钟飞腾：《南海问题研究的三大战略性议题——基于相关文献的评述与思考》，《外交评论》2012年第4期。

"韬光养晦、有所作为"方针的体现，在很长一段时间内为维系良好的国际安全环境做出了突出成绩。随着时代变迁与国际力量对比形势变化，中国方面提出的"搁置争议、共同开发"在实践效果层面"已转变为'中方搁置，他国开发'"。① 这并非中方和平方针的本意。南海周边国家表面上同意"搁置争议、共同开发"，而实际上却是希望南海"维持现状、我先开发"，这种现状迫使中国必须要对南海策略乃至战略进行重新评估与审视。单方面无回应的友好姿态可能影响我国进入南海的进程、开发南海的水平，且会给后人留下更大的历史隐患和主权争议。因此，中国现正主动作为，积极引导南海局势的发展，抓住南海整体局势缓和的有利时机，通过战略调整和政策制定扭转我国之前相对被动的困难局面，同时通过积极稳妥、全面有效的海洋开发行为，强化我国在南海问题上的主权与利益诉求，维护国家安全，为推进"一带一路"创造良好的环境基础。

（一）多渠道管控南海争端

我国对南海岛礁的主权具有充分的历史和法理依据。在南海问题上，中国坚持通过双边谈判来解决彼此之间的分歧与矛盾。从 2016 年下半年开始，越南、菲律宾、马来西亚等南海周边国家的领导人先后访华，通过友好协商谈判、管控海上分歧、加速南海行为准则的磋商、避免采取使南海局势复杂化、扩大化的行动、维护南海地区的和平稳定，已经成为中国和有关国家的共识。另外，中国在推进南海共同开发的过程中，也有必要加大合理开发力度，不给某些国家留下"钻空子"的机会。具体策略方面，渔业资源与可再生资源的开发相比可能压力会比较小②，可先着眼于前者，稍后再依情况扩展到油气资源的共同开发。

首先，优化执法与管辖效果。提高南海地区海洋执法力度，强化南海地区的行政管辖权，充分利用海洋行政和海洋执法方式来宣示主权，这对于维护我国南海主权具有重要意义。行政管辖权是一个国家对其领土主权最重要的权力之一，强化中国在南海地区的行政管辖权，将有利于中国对实控南海区域进行常态化行政管理，更加积极掌控在南海岛礁的主动权和行动权。中国政府成立三沙市就是强化行政管辖权的最好例证。目前，虽

---

① 邵建平：《东盟国家处理海域争端的方式及其对解决南海主权争端的启示》，《当代亚太》2010 年第 4 期。

② 邵建平：《管控南海争端极其重要》，察哈尔学会网（http：//www. charhar. org. cn/newsinfo. aspx？newsid＝9277）。

然中国的海洋行政和海洋执法主体有海巡、海监、渔政等，但相对于中国的大国地位和庞大的巡逻海域而言，中国仍然缺乏大型的海上执法舰船，整个海上警备力量尚需要不断加强。为了加强我国在南海的主权宣示，增强中国在南海的海上警备力量，可以通过建造适合远距离航行的大型舰船，形成常态化巡航，实现与海军之间的任务连接与互动响应，改善在南沙岛礁的军事设施，强化海军、空军的巡航力度，同时开展南海地区的双边或多边军事演习。提高南海地区的军事管控能力，并不意味着中国要通过武力来解决南海争端，而是增强中国在南海地区的军事威慑力；通过监测水文气象、通航环境、船舶流量、海洋污染；通过海洋调查和海事救捞；通过渔政巡查水产养殖、打击非法捕捞、继续公布每年在南海的休渔期限和范围等行为来宣示主权。这些相对温和的非军事方式既可以达到宣示主权的目的，也不至于使矛盾过于激化。①

其次，坚持对话与合作基本面。虽然中国政府多次提出，"搁置争议、共同开发"，务实推动南海合作，但自 2005 年中、越、菲在南海进行联合地震勘探后，受到越、菲等国内政治因素的影响，南海合作更多停留在"口头上"，鲜有实际行动付诸实施。尽管如此，中国政府推动南海务实合作的决心并未动摇。② 2012 年 11 月，中共第十八次全国代表大会也曾明确提出，"提高海洋资源开发能力、发展海洋经济、保护生态环境、坚决维护国家海洋权益、建设海洋强国"。2017 年 3 月 23—26 日，博鳌亚洲论坛 2017 年年会在海南博鳌召开，在博鳌分论坛"21 世纪海上丝绸之路建设与泛南海地区共同发展：新形势下的机遇与合作"上，中国南海研究院吴士存院长就如何通过推进泛南海地区的合作提出了三点构想，包括构建泛南海经济合作圈、充分发挥中国东南亚南海研究中心的作用以及积极推动 DOC 和 COC。这都充分表明，中国政府把海洋资源开发与合作放在重要的战略地位。

最后，积极建立双边合作机制与平台。2011 年 11 月，中国政府决定设立金额达 30 亿人民币的中国—东盟海上合作基金。在该基金的指引下，中国和南海周边国合作成果显著，合作领域不断扩大，就继续推进中国—

---

① 邵建平：《管控南海争端极其重要》，察哈尔学会网（http：//www. charhar. org. cn/newsinfo. aspx？newsid=9277）。

② 《管控南海争端推动南海合作》，中国共产党新闻网（http：//cpc. people. com. cn），2014年 8 月 11 日。

东盟海洋合作伙伴关系建设开展沟通与协调，并准备重点推进海上搜救、打击跨国犯罪、海上科研与环保三个技术委员会的建设。与此同时，中国和越南、泰国、印尼和马来西亚等南海周边国家也建立了双边海上合作机制，并就推动渔业基地建设、港口城市合作网络、海洋科技、防灾减灾、航行安全与搜救等方面，尝试开展务实合作。这些领域的合作表明，合作发展已经成为当前南海区域形势发展的主旋律。中国与南海周边国家合作属于"危机推动型"的合作，要继续推进双轨策略，变危为机推动与东盟的合作，构建泛南海经济合作圈，促进南海周边国之间全方位的海上合作，推动泛南海区域共同发展，以南海为纽带，以海上互联互通，港口建设、海上旅游、海上环境保护、海洋资源开发合作为重点，搭建泛南海区域新的合作平台，并以此打造中国和东盟利益和责任共同体。"一带一路"倡议为环南海国家带来的现实利益与深远影响不仅仅体现在地理、经济层面，而更多展现于心理距离的拉近。

（二）南海区域的整体性开发

在当前国内外形势下，推进南海整体性开发的现实意义是重要而深远的。

首先，有利于加强我国在南海区域的存在和影响，维护国家主权和领土完整。目前，我国在南海区域无争议的海域范围很少，如果我们不能迅速地在南海开发中占有一席之地，从而确立我们在南海的存在和影响，那么就会给侵占我国领土和海域的国家以足够的时间制造既成事实，甚至让其他国家以利用外资联合开发为名把更多的外部势力卷入南海，从而使南海问题更加趋于复杂化和国际化，为域外干涉"洗白"，不利于我国维护国家主权和领土完整的努力。

其次，南海整体性开发有利于维护我国的海洋权益、国家安全等重大战略利益。随着陆地资源的日趋枯竭和海洋开发的深入，越来越多的国家已经把目光投向了海洋。21世纪是海洋的世纪，海洋开发决定着每个国家的前途和未来。南海自古以来就是连接太平洋和印度洋的重要海上通道，是东亚通往西亚、非洲和大洋洲的"十字路口"，在我国通往国外的近40条航线中，超过一半以上的航道通过南海，从南海经过的外贸运输亦占六成。由此可见，南海是我国确保海上贸易与通道安全的重要保障，南海也成为延伸我国战略空间的重要阵地，对于维护我国的海上安全和扩大防御纵深至关重要。

最后，南海整体性开发有利于确保我国未来的能源供给和能源安全。众所周知，南海海域油气资源蕴藏量丰富，然而由于主权争端等多方面的原因，我国在南沙海域却没有任何实质性的油气开采项目，与中国相比，越南等周边国家却不断加快南海油气资源的开采力度，甚至俄罗斯、印度等国都以种种名目参与其中。因此，从社会经济发展、能源供给安全的全局考虑，我国必须加大南海油气资源的开发力度，它将在很大程度上解决我国经济发展中长期面临的能源瓶颈问题，是破解我国日益严峻的能源困局的一把钥匙，关系着我国未来稳定的能源供给和持久的能源安全。

推进南海的整体性开发，第一，战略布局应该先行，努力做到谋定后动、步步为营。我国的南海开发应该上升为国家战略，国家层面出台我国的海洋战略及海洋发展规划，同时组建国务院领导下的海洋开发与管理机构保证海洋发展事业的统一有序。同时，我国的南海开发应该是"全方位"的开发，包括经济、政治、文化、军事、外交等诸多领域，必须整体布局和全方位推进，不断加大南海的开发力度，加快南海开发的速度。此外，在实施南海开发的过程中，应该遵循"点—线—面"的扇形战略布局和"三级跳"的战略推进路线。第二，在南海开发的路径选择上应该遵循多元并举、统筹兼顾的思路。（1）注重渔业资源的开发，南海开发以渔业开发优先，通过各种鼓励和支持措施，同时提供必要的安全保障，恢复我国渔民在南海的远洋捕捞及岛礁附近的渔业养殖。（2）注重油气资源的开发，南海丰富的油气蕴藏量对我国未来的能源安全至关重要，借助我们目前在海洋石油勘探与开采方面的技术进步，大力推进南海油气资源开发的力度和速度。（3）注重旅游资源的开发，南海作为我国为数不多的生态环境未受破坏的热带海域，具有得天独厚的发展海洋旅游的资源优势，大力开展海上观光游和休闲度假游前景广阔。（4）注重军事和战略资源的开发，包括机场、港口、码头、航道、水文、遥感、监测等。（5）兼顾其他资源的开发，如可燃冰、清洁能源、海底矿产、稀有金属等。在南海开发的模式构建上，应该坚持二元并进，包括自主开发与共同开发两个层面。（6）在推进南海整体性开发的过程中，应不断强化各种体制保障和后勤支持建设。这既需要内部各种管理职能的互相协调和合作，又需要对现有管理体制进行创新与重构，同时还需要统筹国内各部门、各地区之间的联动与配合，努力做到在南海开发问题上的全国一盘棋。就目前而言，我们在南海开发的内部保障问题主要有海洋主管和牵头部门的缺位；海域行政管理的薄弱；海上执法力量的分散；后勤保障基地的缺失；军事威慑力的滞后。第三，在推进南海整体性开发的过程中还应在外部策略上认真思索、恰当应对，这是我国在新的国际关系形势下必须面对的重大战略问题。在当前的国际关系形势下，我国推进南海开发的难点在于外部，既涉及与美、日、俄、澳、印等域外大国的战略互动，又涉及与东盟组织的关系构建，还涉及与越、菲、马等相关国的利益协调，需要在宏观、中观与微观背景上寻找到一个合理平衡。从宏观上来看，作为亚太地区正在崛起的国家，中国必须精准定位美国等国在南海的行为规范与利益焦点，有效预防和处理区域外大国的干扰及介入；从中观上来看，需要从稳定周边、争取东南亚国家的角度，维护与提升中国与东盟组织的关系；从微观上来看，推进南海整体性开发涉及与周边国家的政治博弈和外交折冲，因此，如何加强与各争端国的利益协调和互惠共赢，应该成为我国南海开发的新的战略视角和基本立足点。①

第二节 海南在南海区域治理中的独特优势

海南简称"琼"，位于中国最南端。北以琼州海峡与广东省划界，西临北部湾与广西壮族自治区和越南相对，东濒南海与台湾省对望，东南和南边在南海中与菲律宾、文莱和马来西亚为邻。全省下辖 4 个地级市，5个县级市，4 个县，6 个自治县，常住人口大约 900 万人。全省陆地（主要包括海南岛和西沙、中沙、南沙群岛）总面积 3.54 万平方公里，海域面积约 200 万平方公里。海南岛是仅次于台湾岛的中国第二大岛，海南省是中国国土面积（含海域）第一大省。② 省内的三沙市是中国地理位置最南、总面积最大（含海域面积）、陆地面积最小且人口最少的地级区划。海南经济特区也是中国最大的省级经济特区和唯一的省级经济特区。海南作为被全国人大授予南海周边海域管辖权的省份，在南海区域治理中具有不可推卸的使命与责任，而海南省在南海区域治理中具有的各种独特优势将极大地有利于其南海区域治理工作的履行。

---

① 参见周伟《南海整体性开发：历史反思与现实思考》，《南海区域问题研究》（第一辑），中国经济出版社 2012 年版。

② 《海南简介》，《海南日报》2013 年 2 月 11 日。

一　地理位置优越

首先，海南省四面环海，坐落于南海之上。可谓我国在南海地区不沉的航空母舰，是距离南海最近也是最易于管辖南海的省份，是国家推进南海区域治理最易于把握的金钥匙，更是我国南海区域治理的战略支点。其次，海南地处交通要冲，位于我国与东南亚、南亚、西亚、非洲以及欧洲国家相连接的重要航道上，是我国海洋强国建设的战略支点和21世纪"海上丝绸之路"建设的战略纽带，是国家层面推进海洋强国战略与"一带一路"建设的重要抓手。最后，海南省是连接我国大陆与海洋的天然纽带，特殊的地理条件使得海南成为我国背靠华南大陆，面向东南亚和亚太地区，成为建设"海上丝绸之路"最便捷的陆海交通枢纽。[1] 它不仅是我国面向东南亚的桥头堡，也是我国走向大洋迈向世界的桥头堡。

二　国家政策支持

海南自1988年建省以来，作为全国唯一省级经济特区，中央先后给予了海南多项政策倾斜，海南政策优势十分明显。首先，2009年12月《国务院关于推进海南国际旅游岛建设发展的若干意见》，为海南海洋经济的发展提出明确的政策支持，支持海南提升自身基础设施，加强对南海油气、渔业、旅游等资源开发，建设海洋科普、科研服务保障体系，建设南海资源开发服务保障基地。其次，海南省虽然是东部省份，但享有部分国家西部大开发政策。这促进了海南省基础设施的建设，保障了其推进南海区域治理的能力。[2] 最后，海南是我国第一个也是唯一一个被授予海洋管辖权的省份，可以实施对西中南沙群岛及其附近海域进行管辖。国家政策倾向性十分明显。2012年，国家正式设立地级三沙市，国家给予三沙建设开发一系列政策和资金倾斜支持，范围涵盖了政权建设、基础设施建设、民生工程建设等各个领域，财政支持与补助超过百亿元。同时国家海洋局还先后赋予海南多项政策措施，支持海南海洋经济和海洋事业发展，加强海南省推进南海区域治理的能力。

---

① 周伟：《21世纪"海上丝绸之路"建设：海南的角色与作用》，《南海学刊》2016年第2期。

② 王伟：《海南参与21世纪海上丝绸之路南海基地建设研究》，硕士学位论文，海南大学，2016年。

三　基础设施完善

自 1988 年海南建省之初提出 "以海兴琼, 建设海洋大省" 发展战略以来, 经过 20 多年快速发展海南省电力供应已跨入富余省份行列, 电信基础网络已全部实现数字化, 城市电话普及率、省会城市电话普及率和信息技术应用均进入全国先进行列, 环岛高速公路已全线贯通, 有三亚凤凰、海口美兰南北两个国际机场, 新建港口 24 个, 粤海铁路货运和客运均已通车, 海陆空主体交通体系已全部建成, 全省经济发展已进入新的一轮快速增长期, 所有这些自然条件和硬件设施都奠定了将海南打造成我国总体外交服务平台、成为我国挺进南海大战略基地的基础条件。"十二五" 期间, 省委、省政府着眼长远, 把全面提升基础设施现代化水平作为建设国际旅游岛、实现绿色崛起的基本支撑, 在交通、电力、水利建设等方面大手笔布局, 启动西环高铁、"田" 字形高速公路、昌江核电等一个个大项目, 在基础设施建设方面强劲发力, 实现了重大突破。[1] 使海南省成为海陆空交通便捷, 电力资源丰富, 物流中转能力强, 南海开发建设能力优秀的海洋大省。这使得海南省推进南海区域治理的能力显著增强, 发挥自身区位优势的水平也不断提高。这不仅是建设国际旅游岛的重要保障, 也是推进海上丝绸之路建设海洋强国维护南海权益的重要保障。

四　自然资源丰富

海南省自然环境优越, 自然资源丰富。这是海南省在南海区域治理中的又一显著优势。其一, 海南省空气清新, 环境优美, 是我们唯一热带海岛, 且素有中国气候最好地区, 最宜居省份的称号。其二, 旅游资源丰富。蜈支洲岛、南海观音、大小洞天、大东海等旅游景点闻名遐迩、中外皆知, 素有 "东方夏威夷" 之称。其三, 海南省自然资源丰富, 是我国热带自然资源最为丰富的地区, 拥有生态价值突出的珊瑚礁、红树林、海草床等典型海洋生态系统, 生态环境质量常年稳居全国第一。同时海洋资源也十分丰富, 海南全省共有岛、洲、礁及沙滩 600余个, 可供建港的港湾 60 多处, 其中海口、兰亚、洋浦、清澜、八所

---

[1] 《"十二五" 海南基础设施建设综述》,《海南日报》2016 年 1 月 15 日。

等港湾面积较大、水域较深，腹地广阔，适合建设大型港口。海南拥有丰富的海洋生物资源，共有600多种不同鱼类，其中主要海洋经济鱼类40多种，具有渔场范围大、品种类型多、生长周期短的特点，是我国发展热带海洋渔业的理想场所。其四，石油和天然气储量丰富。据有关资料统计，潜在石油储量高达230亿—300亿吨油当量，天然气20万亿立方米。位于海南岛西南海域的莺歌海盆地，有良好的生油、产油条件，整个盆地石油远景储量超亿吨，天然气探明储量上千亿立方米，发现了迄今为止我国最大的海上天然气田，建立了崖城等高产天然气井，随着新的油气田的发现（如陵水17-2大型室友气田），未来几年海南周边的油气产量将达每年3000万吨油当量。如此丰厚的自然资源是海南在南海区域治理中的显著优势。

五　历史积淀深厚

海南是中国的南大门，面海背陆，洋域广阔，海洋资源丰富。相较于内陆其他省份，海南人民具有更为强烈的海洋意识，自古就形成了"依海而生、面海而居、靠海而存、向海而兴"的海洋观念。他们自古以来就是航海能手，依托天然的资源条件和航海便利，因地制宜，以海为牧，他们通过传抄的形式将海上作业所积累的经验与智慧载录于手抄《更路簿》中，传之后人，世代补益。在这部古代海上丝绸之路的重要航经里，记录着北部湾、西沙、中沙、南沙渔场等南海诸多海域的行船踪迹，详细到具体时日的行船经纬、风信水文、渔场鱼量等信息，是海南先民以海为牧，以渔为业，驰骋海疆的经验总结和智慧凝结，这也成为海南人民参与古代海上丝绸之路建设的历史见证。凭着一股子开创开先的锐气，开明开放的远见，借助一个罗盘外加一本世代传习的《更路簿》，海南先民便能够在没有精确航海图标和卫星定位系统的时代，前往深海进行作业，并不断开拓海上丝绸之路。包括海南先民在内的中国人民就是这样凭借勤劳、智慧以及海纳百川的气度，与各国人民一道，跨越阻隔，共同开启了世界海洋文明史上的第一个"大航海时代"，也促成了中华文化与印度文化、罗马文化在海洋空间的接触交汇与互相沟通。"和平合作、开放包容、互学互鉴、互利共赢"的丝路精神薪火相传，推进了人类文明的进步，促进了沿线各国的繁荣发展，成为东西方交流合作的象征，也铸就了海南的文化容量与广度。久远深厚的海洋文化积淀是海南人民镌刻进历史的骄傲，是其独特的身份标识。① 海南人民与南海的情缘跨越千年，深远持久。在新的历史时期，无论是海南人民的开放精神与海洋意识还是海南人民对南海的熟悉程度，都将是海南省在新时期推进南海区域治理的文化优势和历史优势。

第三节　海南在南海区域治理中的实践进展

在国家层面推进"一带一路"建设的背景下，海南作为全国管辖海域面积最大省份以及海上丝绸之路的重要节点，在响应中央内外布局和服务国家南海战略的过程中，积极作为、有效行动、取得实绩。如加快三沙基础设施建设（交通、通讯、水电、生态、政权等），支援和参与南沙岛礁建设；依法实施南海伏季休渔；推进海洋可持续发展（海洋牧场、增殖放流、珊瑚礁养育、水产品养殖等）；保护海洋生态环境；加大海洋基础性研究；提供区域性国际公共产品（搜救导航、综合补给、国际合作）；发挥地方优势，积极配合支持南海油气开发；抢救《更路簿》以维护我国在南海主权的历史依据；启动南海丝路主题旅游，将南海区域治理与国际旅游岛建设紧密结合；宣传南海历史文化，培养全民海洋思维；还有高等院校如海南大学组建多学科的南海研究团队，召开高层论坛与学术会议，推动"更路薄学"研究等。相关行动配合南海区域治理工作，为南海维权与开发、为优化南海区域治理贡献了智慧与力量，有力地维护了我国在南海地区的国家利益，以种种实际行动推动了我国21世纪海洋强国战略，最终维护我国在南海地区的合法权益。

一　积极推动南海油气资源的开发利用

海南管辖海洋面积达200多万平方公里，约占全国的2/3。海南拥有相当于自身陆地面积近60倍的辽阔海洋，加快发展海洋经济和海洋产业势在必行。而在利用海洋常规能源特别是油气资源方面，海南已迈出坚实的步伐，南海油气资源开发也让海南受益匪浅，海洋经济意识增强的海南，有意把海洋产业培育成为琼岛新的经济增长极，南海油气资源勘探开

---

① 郭敏、卢红飚：《21世纪海上丝绸之路战略格局下的海南定位》，《中共贵州省委党校学报》2016年第1期。

发首当其冲。

为开发海洋资源，维护国家主权，海南出台多项优惠政策，支持国有石油公司开发南海油气资源。海南省全方位对三大国有石油公司在海南建设南海油气资源勘探开发服务基地予以支持，优先保障项目用地，优先满足用海需求，优先开通项目审批建设绿色通道，加快南海资源开发和服务基地建设。海南正加快海口、三亚南海油气勘探生产支持基地建设，同时还在推进洋浦1200万吨炼油、100万吨乙烯及炼油改扩建、60万吨对二甲苯、210万吨精对苯二甲酸等多个项目建设。

目前，中国海洋石油深水自营勘探获得了第一个高产大气田陵水17-2，我国深水油气勘探开发取得历史性突破。测试获得高产油气流，创造了中海油自营气井测试日产量最高纪录。陵水17-2气田的发现打开了通往南海深水油气"宝藏"的大门，证明了南海深水区油气产量的巨大潜力。目前供应海南的天然气资源全部来自南海和陆地现已勘探及开采的油气田，主要有崖城气田、东方气田、乐东气田及陆上福山油田，用于城市居民生活、汽车加注、发电及工业生产，其中海上天然气供应量约占海南省天然气总量的97%，可见，海南资源卡法工作踏实推进，且取得了成果。在洋浦开发区，2013年10月完成检修改造的海南炼化的原油加工能力从原先的800万吨/年增至1000万吨/年。靠近洋浦湾一侧，总投资65亿元的液化天然气项目，历时三载已于2014年8月建成。毗邻的中石化海南原商业储备基地，则早在2014年11月即已投入运行。①

海南省在南海油气资源开发中的战略决心和政策支持，都大大促进了我国南海油气资源开发的力度与能力。对于发展海南省的经济乃至我国国民经济，防止他国侵犯我国的合法权益都具有显著的作用。

二　加快基础设施建设，强化政权存在和管辖

南沙群岛是中国南海诸岛四大群岛中位置最南、岛礁最多、散布最广的群岛。主要岛屿有太平岛、中业岛、南威岛、弹丸礁、郑和群礁、万安滩等。曾母暗沙是中国领土最南点。南沙群岛领土主权属于中华人民共和国，行政管辖属中国海南省三沙市。目前除中国大陆和中国台湾控制少数

---

① 海南：《多项优惠政策支持南海油气资源开发》，新华网，2012年10月26日。

岛屿外，主要岛屿均被越南、菲律宾、马来西亚等国侵占。南沙群岛战略地位十分重要，处于越南金兰湾和菲律宾苏比克湾两大海军基地之间，扼太平洋至印度洋海上交通要冲，为东亚通往南亚、中东、非洲、欧洲必经的国际重要航道，也是我国对外开放的重要通道和南疆安全的重要屏障。在我国通往国外的39条航线中，有21条通过南沙群岛海域，60%外贸运输从南沙群岛经过。2012年，三沙市的设立对维护我国在南海群岛的主权，促进我国南海岛礁建设有重大作用。

三沙市是海南省管辖的4个地级行政区（市）之一，于2012年伴随海南省西沙群岛、南沙群岛、中沙群岛办事处撤销而设立，位于南中国海中南部，海南省南部，辖西沙群岛、中沙群岛、南沙群岛的岛礁及其海域，总面积200多万平方公里，其中陆地面积20多平方公里（含西南沙吹填陆地）。截至2015年，三沙市管辖4个行政管理区（工委、管委会）、10个社区，常住人口2500余人（不含驻地军警），户籍人口448人。市政府驻地西沙永兴岛。三沙市是中国地理位置最南、总面积最大、陆地面积最小、人口最少的县市，是全国继浙江省舟山市之后第二个以群岛建置的地级行政区。有"全国双拥模范城"荣誉称号。

短短数年间，万吨级"三沙一号"补给船已经投入使用，繁忙穿梭于海南本岛与三沙市之间，而"甘泉岛"号西沙岛际交通船则缩短了永兴岛和各岛礁的距离。交通工具与设施建设正在推动三沙发展越来越快。2016年，随着三沙市永兴军民合用机场建成、民航公务包机航班实现每日通航、赵述岛码头建成投入使用，三沙海空立体交通网络构建成型，缩短了三沙与海南本岛的距离。2016年，三沙还迎回了第二艘岛际交通船"晋卿"号。这艘船在设计理念紧密结合南海海况，更适应在三沙海域岛际间航行，有效解决永兴、七连屿、永乐等各岛屿间人员交通不便的问题，航行时间大大缩减。此外，永兴码头、清澜码头建设等交通基础设施建设也都极大提升三沙交通补给、避风避险能力。2016年三沙市建成了9座岛礁海水淡化厂，委托南方电网管理运营三沙电力，完成永兴电网改造，其他岛礁安装备用发电机组，为驻岛军民用水、用电上了"双保险"。永兴学校的学生从最初的6名到如今的29名，举办的100期培训班，加大了对驻岛军警民职业技能培训教育力度。不仅是在学校学习，信息化建设使得驻市军警民有了线上学习的机会。2016年，三沙市完成海底光缆建设，4G 网络在大部分岛礁实现了全覆盖。① 此外，"十二五"期间"绿化宝岛大行动"完成造林 15.1 万亩，在西南沙岛礁植树 200 多万株。②

"十三五"期间，海南坚持全面推进三沙基层政权建设，完善三沙政权架构和制度构建，推动三沙基层政权由西沙向南沙有关岛礁扩展；全面推进三沙基础设施建设，按照军民融合发展要求，加快有关岛礁路网、水网、电网、光网、气网"五网"基础设施建设；全面推进三沙产业发展，重点发展海上观光、深海捕捞等特色产业；全面推进三沙海洋执法能力建设，改善海洋执法装备水平，提高海洋执法能力。三沙市还设立永兴岛、宣德群岛基层政权，并推进南沙永暑礁、美济礁基层政权建设，开展南沙美济礁补给基地建设前期研究工作。③ 海南把加大三沙海洋资源开发力度纳入海洋强省规划，着力推进三沙基础设施建设，支援南海岛礁建设。而如今三沙市基础设施的不断完善，南海岛礁建设的顺利进行不仅体现了海南省进行南海区域治理的决心与能力，更是海南省维护我国南海权益的有效行动。

三　保护南海海洋生态系统和生态环境

保护海洋生态系统，是实现海南国际旅游岛可持续健康发展的必然要求，是贯彻《国务院关于推进海南国际旅游岛建设发展的若干意见》的具体体现。目前，海南省针对海洋生态系统的现状以及海洋生态系统保护方面存在的困难，做出以下有效行动以保护南海海洋生态系统。

一是海南省政府和有关部门制定了一系列以保护与发展、局部与整体、眼前与长远利益相结合为原则的海洋政策，加大宣传和教育力度，提高民众的保护意识。二是加强重要物种及遗传资源的保护，建立自然保护区。三是加强了海洋渔业方式的正确引导，鼓励积极开展深海养殖业和远洋捕捞业，保护近岸海洋生态；设立人工鱼礁，加强渔业生态的修护，加大人工底播放流力度。四是坚持从严审批适度实施围填海工程，不是必须临海建设项目，坚决不允许围海造地，严格保护海岸线资源。五是加强对外来物种引进的审批和检疫，建立健全外来有害生物入侵预警测报体系，

---

① 《三沙基础设施不断完善，幸福指数明显提升》，《人民日报》2014 年 4 月 14 日。

② 刘赐贵：《坚决扛起建设海洋强国的历史使命》，求是网，2016 年 8 月 2 日。

③ 《2017 年海南省政府工作报告》，海口，2017 年。

加强外来生物风险评估体系建设，对引进的新物种要开展风险分析，严格把关监控，规范物种引进，阻止新入侵物种。六是扩大保护生物多样性的能力，改进生物多样性保护的基础研究和应用研究，加强生物多样性保护的人力、物力和财力投入，处理好生物多样性保护和发展经济的关系。七是广泛开展生物多样性保护的区域合作和国际合作，进一步加强与北部湾沿海省份和珠江流域沿线省区的合作，维护良好的生态环境。

通过以上政策与措施，海南省较好地维护了南海地区的海洋生态系统，保证了南海地区的可持续发展与利用，使南海成为一片宁静之海、祥和之海、生态之海，为我们的南海区域治理作出了巨大贡献。

四　启动泛南海丝路主题旅游

"美丽中国"是国家旅游局面向全球打造的中国旅游核心品牌，每年确定一个国家旅游主题。2015年这一主题为"丝绸之路旅游年"，这是我国旅游业贯彻"丝绸之路经济带"和"21世纪海上丝绸之路"战略部署、进一步对外开放的重要举措。举办"丝绸之路旅游年"既是推动国内丝绸之路沿线地区旅游一体化发展的重要机遇，也是深化丝绸之路沿线国家旅游合作的重要途径。

海南省积极响应这一号召。海南作为海上丝绸之路上的重要一环，海口、三亚和海南东部、西部沿海港口及三沙等地都留下了大量记载南海丝路辉煌历史的印记。海南是南海丝路极为重要的必经地、中转站，唐宋开始也是始发站之一。在今年丝绸之路主题旅游年大背景下，海南紧紧抓住"一带一路"机遇，推出"三媒合一"的《海岛旅游》创新营销平台，深入挖掘和展示海南省的海岛文化、海洋文化和民风民俗，打造海南旅游的核心吸引力。让中外游客能够通过更路簿、海捞瓷、沉船以及走访港口、骑楼建筑等更为多样和具体地触摸和感受南海丝路的辉煌历史。尝之旅、海南寻宝之旅、潭门丝路古镇体验之旅等。为了贯彻2015丝绸之路旅游年，海南省旅游委曾按照不同主题首批推出七条海南南海丝绸之路旅游线路，包括：海南南洋文化之旅、海南老商埠行踪之旅、三沙邮轮之旅、海南岛西海岸探秘之旅、海南美食品尝之旅、海南寻宝之旅、潭门丝路古镇体验之旅等。这些主题线路从文化、建筑、港口、美食、更路簿、海捞瓷等多方面向广大游客展现立体、多样、丰富和深厚的海南南海丝路历史和魅力。在国家"一带一路"建设大背景下，今日的海南将不断推出系列主题鲜明的海南南海丝路主题旅游线路，还将努力发展成为国际旅游集散地，推动中国游客从海南到海上丝绸之路沿线国家和地区，吸引外国游客到海南度假和经海南到其他省市，逐步将南海区域发展成为像地中海、加勒比海一样著名而重要的世界级海洋旅游目的地，实现多国共同发展旅游和合作共赢，并以旅游促进区域特色文化产业、金融业以及相关加工业发展。①

通过启动南海丝路主题旅游，海南省将国际旅游岛建设与南海区域治理紧密结合起来。不仅有利于自身经济的发展，同时推进了"一带一路"建设，彰显了南海丝路辉煌历史的印记。这是海南省利用自身优势积极推进南海区域治理的有力举措。

五　加大海洋基础性研究

当今社会，科学对人类社会的影响力的不断增强，科学研究的重要性不言而喻。海南省紧跟时代步伐，把握时代脉搏，彰显时代精神，把加大海洋基础性研究作为南海区域治理中关键一着，努力实现以研究促开发，以科学促发展。以海南大学为例，近年来致力于组建多学科的南海研究团队，多层次、多角度地对海洋问题展开基础性研究。

（1）与省社科联共建的南海政策与法律研究中心，就为研究南海重大法律问题、服务国家战略作出了贡献。中心成立于2011年12月，是海南省社会科学界联合会和海南大学依托海南大学法学等学科力量组建的以南海法律问题为主要研究对象的研究机构。中心以"研究南海法律，服务国家战略"为指导思想，结合海南省具体省情与南海发展局势，研究南海当前的重大法律问题，培养高级海洋法律人才，充分发挥了高校科研机构教学与科研互动的优势，正在逐步建设成为全国知名的南海法律研究平台、信息资料平台、学术交流平台和海洋法律人才培养平台。目前已初步形成以"南海法律论坛""南海区域合作论坛"和"南海法律高端论坛"为主的学术交流品牌，日益受到国内外海洋法学界的关注。②

（2）近年来，海南省在南海资源可持续利用领域，先后建立了"海南省热带生物资源可持续利用国家重点实验室培育基地""热带生物资源

---

① 《海南启动南海丝路主题旅游》，《中国旅游报》2015年2月11日。
② 《海南历史文化研究基地挂牌启动》，新华网，2007年1月26日。

教育部重点实验室""热带岛屿资源先进材料教育部重点实验室"等国家级或省部级科研平台，开展了大量的相关基础与应用研究。目前，在南海海洋生物技术、热带海洋药物、南海海洋环境工程与生态效应、南海岛礁工程与海洋工程材料、南海海洋信息技术等方面，海南大学已成为人才较为集中、热带海洋特色鲜明的重要研究基地。经过全校师生多年携手奋进，该校已经形成的"热带、海洋、旅游、特区"专业学科体系，立足海南发展实际、符合科研发展趋势，为其他高校作出了良好示范。当前，该校在我国南海海洋生物技术、海洋药物和海洋环境生态研究方面，已经取得了"波纹唇鱼人工繁殖技术研究""驼背鲈健康高效工厂化养殖技术""点带石斑鱼规模化人工繁育技术研究"等一批达到国际领先或国际先进水平的研究成果。[1]

（3）成立国家级的南海海洋资源利用国家重点实验室。2016 年 7 月，国家科技部、海南省人民政府联合下发《关于批准建设省部共建南海海洋资源利用国家重点实验室的通知》（国科发基〔2016〕225 号），批准依托海南大学建设省部共建南海海洋资源利用国家重点实验室。该国家重点实验室的立项建设，实现了海南省高校国家重点实验室建设零的突破。省部共建南海海洋资源利用国家重点实验室以国家南海战略需求为导向，围绕南海海洋资源特点凝练形成南海海洋生物资源利用、南海海洋矿物资源新材料利用、南海海洋信息资源化技术等三个研究方向，开展地域特色鲜明的南海海洋资源保护和利用研究；并下设九个子方向，分别为南海经济生物资源利用与保护、南海药用生物资源利用、南海微生物资源利用、海洋牧场资源化与海洋生态保护、高纯度石英砂及其新材料利用、海洋材料工程、海洋能源技术与相关材料、南海海洋信息感知与传输技术以及南海海洋信息处理技术与资源化应用。[2] 2016 年 8 月 7 日，海南省省部共建国家重点实验室正式成立运行。南海海洋资源利用国家重点实验室的立项建设填补了海南高校国家重点实验室的空白，是海南科技发展史上的重大事件，是南海海洋资源的重要科研平台。

（4）推动《更路簿》等海洋历史文化研究。《更路簿》又称《南海

---

① 陈蔚林：《海南大学多学科、多角度、多措扛起海洋科研担当》，《世界热带农业信息》2016 年 5 月 6 日。

② 《南海海洋资源利用国家重点实验室正式挂牌运行》，海南大学新闻中心，2016 年 9 月 21 日。

更路经》，是海南民间以文字或口头相传的南海航行路线知识，它详细记录了西南中沙群岛的岛礁名称、准确位置和航行针位（航向）、更数（距离）和岛礁特征，它是千百年来海南渔民在南海航行的经验总结和集体智慧结晶。《南海更路经》有两类，一类是以手抄本形式传下来的，俗称《南海更路簿》；另一类是口头传承下来，俗称"更路传"。它已被列入第二批国家级非物质文化遗产保护目录。《更路簿》是中国人民明清以来开发南海诸岛的又一有力证明。现存的《更路簿》约成书于康熙末年，最早可以追溯至明代。清代《更路簿》记载了中国海南岛渔民所习用的南沙群岛各个岛、礁、沙条。琼海博物馆收藏了一本抄于民国时期的《更路簿》，不但记录了我国通往东南亚、西亚、东北亚以至地中海沿岸国家的线路，还有一年 12 个月海上流水特征的记载，也不乏风向、暗礁的准确描述，对于那些危险地段还特别标注了航行速度以示提醒。《南海更路经》又有《南海水路经》《南海定时经针位》《西南沙更薄》《顺风得利》《注明东、北海更路簿》《去西、南沙的水路簿》等名称。如今琼海渔民出海时虽已不再使用，但很多人家都将其作为祖传之宝供奉。它不仅是海南渔民在南海海域及诸岛礁生产、生活实践经验的总结，更是三沙主权自古以来就属于中国的历史证据。南海《更路簿》，是我国在南海历史性的捕鱼权、航行权和所有权最有力的见证和依据；是海南渔民世代耕耘、守护南海的历史见证，也是国家对南海诸岛及其海域拥有主权的铁证。

海南省非常重视对《更路簿》的保护工作。国家海洋局海洋发展战略研究所和海南大学设立了专项课题来研究《更路簿》，将《更路簿》列入国家重大专项课题加以推进。学者们对《更路簿》开展抢救性发掘和研究、采集样本运用现代科技进行数字多媒体化收录保护、对现有文化遗存汇集成专著出版发行、对《更路簿》现存传承人给予保护性资金帮助、开设专家课堂传播《更路簿》文化等。① 同时，《更路簿》也成为三沙市博物馆的"镇馆之宝"。在永兴岛，目前，三沙市与国家文物局合作建设海下考古中心，也将设立多媒体博物馆，规划对《更路簿》进行多媒体制作处理后，以三维立体化的方式加以展示和呈现，让更多人可以深刻感受到古代先民的航海历史，这不仅仅是爱国主义教育，也是一种使古老《更路簿》走向普及的新方式。

---

① 《更路簿》、《再不保护就来不及了》，《海南日报》2016 年 3 月 7 日。

海南省还积极借用《更路簿》保护来提升国民的南海意识。鉴于国内民众对南海基本知识了解甚少，有一些活动和媒体甚至出现常识性的错误，有关南海主题的读物也不多见。海南省积极从文教、出版、体育、旅游等领域重点探索一条如何在国民层面提升南海意识的有效路径，以便国人进一步认识南海、了解南海、重视南海，推动我国开发南海、保护南海的工作步伐；组织编撰面向海内外出版的多种文字版本南海丛书，在中小学历史和地理教材中体现南海主题。同时海南省还尽可能广泛和深入地搭建起一个南海文化、南海研究的平台，保护和研究《更路簿》等南海文化资源。创办若干个有关南海研究的刊物、网站、微信公众号，在高校创立南海研究各领域的专门机构，打下全民提升南海意识的扎实基础。

第四节　海南在南海区域治理中的目标定位

海南在南海区域治理工作中有其独特优势，并已经取得了若干实践进展。就长远而言，海南的角色不可或缺、不可替代，可制定可行性的战略规划，考虑将海南打造为"海上丝绸之路"的国际综合服务基地，同时积极进行合理稳妥适度渐进的海洋开发，既提供国际公共产品，又维护国家海洋权益。

一　推进海洋强省建设，助推海洋强国战略

党的十八大报告首次将"建设海洋强国"确定为国家发展的战略目标，即"提高海洋资源开发能力，发展海洋经济，保护海洋生态环境，坚决维护国家海洋权益，建设海洋强国"，进而为中国海洋事业的发展指明了方向。[1] 当前新形势下，"一带一路"倡议的提出也给我国海洋战略的发展带来了新的机遇。海洋强国战略是新时期我国海洋发展的指导性原则。

海南省作为海洋大省，在南海区域治理中推进我国的海洋强国战略，建设海洋强省是海南省的神圣使命。作为祖国南海上的一颗璀璨明珠，海南省建设海洋强省，能有力保障南海权益、推动南海的经济文化发展，有

---

① 刘中民：《中国海洋强国建设的海权战略选择——海权与大国兴衰的经验教训及其启示》，《太平洋学报》2013 年第 8 期。

效带动海南经济的繁荣发展，为经济增长方式的转变提供契机，是发展特区经济的必然。同时，可为海洋强国战略注入新的血液，并能作为"典范"为其他沿海省份建设海洋强省提供强有力的经验借鉴。故应确立海陆统筹的发展思路。全力服务建设海洋强国和经略南海大战略，坚持海陆统筹、综合开发、联动发展，以海带陆，以陆促海，统筹海陆产业布局、基础设施建设、海洋公共服务和环境治理保护，把南海的资源优势、后发优势与陆域的综合优势、先发优势结合起来，推动海南经济社会发展以海洋为重心，在全国率先形成岛屿—海洋经济体，以海洋强省服务海洋强国，以"南海基地"建设加快海南绿色崛起。

应予注意的是，海南推进海洋强省，整体上应该服务于国家海洋战略，并且实事求是，认清自身具备的有利条件以及存在的制约因素，明确发展的目标和路径。第一，要加强南海维权的能力。海洋经济发展的重要前提就是加强海防力量。当前南海争端日益复杂敏感，这显然不利于海南"海洋强省"战略的顺利实施，这就需要海南在南海维权进程中有所作为，如加强相关研究机构建设，完善相关法律法规，理顺海洋管理体制与机制等。第二，借助国际旅游岛的建设，大力发展海洋文化经济，带动旅游产业的发展，实现"海洋强省"和"国际旅游岛建设"两大战略的双赢。第三，拓展三沙市战略腹地。三沙建市以后，可以助推海南海洋经济的发展，提升南海的开发战略。因此，加强三沙市的建设，拓展三沙市战略腹地就显得尤为重要。第四，重视科技，培养引进人才。在现有发展的基础上，加强自有实力，重视科技的创新发展，引导科技服务于海洋事业。

二　打造"海上丝路"的综合服务基地

海上丝绸之路自秦汉时期开通以来，一直是沟通东西方经济文化交流的重要桥梁，而东南亚地区自古就是海上丝绸之路的重要枢纽和组成部分。同时由于东盟地处海上丝绸之路的十字路口和必经之地，必将是"新海丝"构想的首要发展目标，而中国和东盟有着广泛的政治基础，坚实的经济基础，21世纪海丝战略符合双方共同利益和共同要求。[1] 海南省作为面向东盟的桥头堡，自然在推进我国21世纪海上丝绸之路建设中负

---

[1] 《中国—东盟共建21世纪海上丝绸之路》，中国互联网中心，2015年7月12日。

有重要使命。由于特殊的地理位置，海南自古以来便是"海上丝绸之路"的重要纽带和枢纽。而21世纪"海上丝绸之路"倡议的提出，更将为海南的跨越式发展提供新一轮的历史机遇。海南应牢牢把握机会，充分发挥自身优势，科学制定参与和推进21世纪"海上丝绸之路"建设的方案，以海为媒，铺筑中国与沿线国家和谐共处的和平之路、稳定畅通的安全之路、情感相依的友谊之路、互利共赢的合作之路和持续繁荣的发展之路。①

参与21世纪"海上丝绸之路"的建设，海南应充分发挥自身优势，把海南打造成为"海上丝路"的综合服务基地。这一基地因应我国南海战略安全面临的多元化、多样化、多边化的大背景，是服务国家海上丝绸之路开放型构想，融南海维权、航道维护、资源开发、生态保护、经贸合作、服务保障、国际旅游以及人文交流等内容于一体，兼具海陆战略枢纽、海洋产业集群、区域合作平台、对外开放交流窗口等多重职能属性的综合功能区，具有丰富的内涵和重要意义，也突出了海南在"海上丝绸之路"上的比较优势和独特定位，是新时期国际旅游岛发展任务的拓展，使命更重大，任务更繁重，是更好地发挥海南独特作用、提升海南战略地位、促进区域国家和地区多领域互联互通、构建区域"利益共同体"和"命运共同体"的重要举措。

（一）升级基础设施建设

发挥以海口港和洋浦港为中心的海上交通枢纽和物流中心作用，加快邮轮母港建设、大吨位停靠港口建设，使过往邮轮、货轮有港可停，为"海上丝绸之路"的中继服务提供必要的硬件支持。在参与建设21世纪"海上丝绸之路"中，海南应大力发挥主导作用。

（二）加快三沙市建设

应强化"海上丝绸之路"战略支点的功能，加快三沙成为海上丝路的中继站和海上服务基地的速度。三沙市矿产资源和油气资源丰富，但陆地面积较小，可以通过多种方式拓展战略腹地。我们可以借鉴国外"海上移动城市"的做法，拓展三沙市战略腹地。这项举措可以整合多种海洋科技，涉及船舶制造业、海洋建筑业、海水淡化、太阳能利用等，非常

---

① 周伟：《21世纪"海上丝绸之路"建设：海南的角色与作用》，《南海学刊》2016年第2期。

适合三沙市的开发。平台上可建酒店宾馆、商场超市、文化娱乐场所、体育场馆以及医院保健中心等，甚至可以建小型的直升机起降机场。这样不仅可以有效地拓展三沙市的战略腹地，而且可以带动多种海洋科技创新，夯实三沙市开发的基础，并为周边地区和过往船只提供服务。

（三）开展区域经济合作

"海上丝路"综合服务基地应是我国与东盟国家共建21世纪海上丝绸之路的"交流合作基地"。海南省位于中国—东盟自由贸易区的地理中心，处于西太平洋通往印度洋海上交通线附近，南通亚洲第一大港新加坡港，北邻香港，历史上早有东方航线上的中途站之美誉。海南应充分利用其区位优势，积极参与合作，加快推进港口、航空、管道、通信、输电线路等基础设施互联互通。以港口作为海上互联互通的重点，推动建设中国—东盟港口群加快建成海口区域性枢纽机场，形成海空立体互联互通的大格局。全面融入中国—东盟自贸区升级版战略，研究用好中国—东盟海上合作基金。积极参与泛北部湾经济圈、泛珠三角区域合作，深化琼港澳交流合作，推进琼台交流合作基地建设。推动重点口岸、边境城市在人员往来、加工物流、旅游等方面实行特殊方式和政策，推动实施对越边民互市贸易政策。①

未来5—10年是打造中国—东盟自由贸易区升级版的关键时期，应具有大力发展中外经贸往来、文化交流以及海洋产业合作开发，构建面向东盟的国际大通道的远见卓识。积极扩大与东盟经济合作、人文交流，加快同东盟国家基础设施互联互通建设，不仅有利于建设"更为紧密的中国—东盟命运共同体"，也有利于务实解决南海争端。

简而言之，依托海南建立服务"海上丝路"的综合基地首先是维护我国南海主权和海洋权益的重要依托。同时，可以提供南海航道安全维护、后勤补给、防灾减灾、气象预警、海上救助以及生态保护等海洋公共服务产品，它既是保护海上丝绸之路航道大动脉，维护国家经济安全的最好方式，更是以经济、政治、文化、社会等活动体现我国南海战略存在，履行国际责任的重要途径。

---

① 黄丽华：《关于把海南作为新海上丝绸之路桥头堡的思考》，参见《海上丝绸建设与琼粤两省合作发展——第三届中国改革创新论坛论文集》，第113—118页。

三 构建南海资源开发的保障基地

随着我国经济总量的不断增长,我国对能源的需求也与日俱增。2003年,我国就已经取代日本成为世界石油第二大进口国和消费国,对进口石油依存度已达 36%。一般国际上认为,当一国资源的对外依存度达到 20%—30% 时,就面临着较高的风险。各方面预测表明,我国能源供求远景不乐观。随着陆地资源的日趋枯竭和海洋开发的深入,越来越多的国家已经把目光投向了海洋。海洋不仅具有地缘和交通等传统意义,其所蕴藏的极其丰富的资源对一国经济实力有着深远的影响,我国陆地能源资源的勘探与开发已经达到了一个历史性高度,无论从时机和多年来的资金、技术、人才的积累来说,还是从根本改变能源消费结构来看,都应该到了向海洋油气开发进军的时机。显而易见,南海油气开发是改善我国能源结构,解决我国能源危机的关键。此外,南海是我国重要的海上能源通道,控制南海战略通道,不仅涉及国家的经济开发,同时有助于保护我国海上能源大动脉。这不仅涉及我国的国家利益,也涉及我国的国家安全。所以,推动南海开发势在必行。海南省在南海开发中占据显著区位优势的情,故把自身建设成南海开发的战略基地是海南省的重要责任。应充分利用我国多年来积累的资金、技术、人才优势,依托海南建立海上丝绸之路"南海开发基地",当可稳定国内油气供给,成为我国战略石油储备的一个重要供给源。

同时,南海开发必然要突出海洋特点。应明确"岛屿—海洋经济体"转型升级目标。率先实现经济增长以岛屿经济为主导向以海洋经济为主导的转型升级。逐步把经济发展重心从岛屿陆地经济向开发南海、发展海洋经济转移,拓展发展空间,提高海洋经济增长速度和增长质量,在全国率先建立海洋主导型的经济可持续增长的新格局。率先实现以岛屿产业为主向以现代海洋产业为主的经济结构转型升级。发挥海洋资源优势,延伸陆地产业,做大、做优、做强海洋产业,为海上丝绸之路"南海基地"建设和实现"海洋强省"提供产业支撑。率先实现经济发展以陆地资源开发为主向以海洋资源开发为主的转型升级。加快海洋油气等战略资源开发,推进可再生能源开发,集中集约开发利用海域及海岛资源,缓解海南经济发展面临的资源、能源和环境压力,提高海南可持续发展能力。率先实现从分散型海洋管理体制向"大部制"综合治理体制的转型升级。整合涉海部门，建立强有力、权威性、跨部门、跨地区的统筹协调机制，推进低层次、分散化海洋管理体制向高层次、集中化的海洋综合治理体制转型升级，为海上丝绸之路"南海基地"建设提供体制机制保障。①

海南在南海事务中具有重要而独特的地位。我们常说，南海稳、海南兴，海南在南海问题上必将被赋予愈来愈重要的职责，这是海南有别于其他任何省（市）的重大战略地位所在。对比经济存量，海南可能无足轻重；对比战略地位，海南则数一数二。海南是南海开发建设的重要阵地，是我国对南海维权的特殊基地，是南海资源开发和服务基地。特别是设立三沙市后，海南经略南海更是大有作为空间。正因如此，海南需要尽快形成"建设西沙、巩固中沙、经略南沙"的战略布局。国家要采取特殊措施加速西沙群岛的开发，按前沿基地的建设目标规划和定位西沙群岛的建设发展，尽快建设西沙作为中间基地或前方基地所必需的水电、路、码头、机场等各项基础设施。国家应按基地建设的目标强化海南岛的军事现代化建设，应把一些军民两用的重大建设项目，特别是一些高科技项目放在海南岛，直接或间接地推进军队现代化建设的发展。提高海南及西沙的地位和作用，应按这一建设目标给予海南省和海南特区新的定位，给予海南省更多的管理权限，使之有效地行使全国人大赋予海南省对南海海域的管辖权，给予海南特区一些特殊的政策，加大海南对外开放的步伐，加快海南省的改革进程，充分发挥海南经济特区的作用。②

四　维护我国在南海地区的主权和权益

海南省管辖着南海的广袤海域，肩负着维护国家南海主权权益的神圣使命。近年来，随着南海局势的日益升温，域内外消极和不稳定因素不断增多，复杂性、艰巨性加剧，挑战与机遇并存。首先，美国等介入南海争端导致地缘政治向不利于我国的方向变化。南海问题涉及"五国六方"，虽然20世纪曾发生武装冲突，但基本上限于南海局部海域，是区域热点。进入21世纪以来，美国调整全球战略布局，西太平洋成为其强化的重点，导致亚太安全格局变动。美国高调介入南海，导致南海地缘政治竞争加剧

---

① 中国（海南）改革发展研究院课题组：《把海南建设成为海上丝绸之路"南海基地"》，《今日海南》2015年1月11—14日。

② 中国（海南）改革发展研究院：《南海开发计划与海南战略基地建设——对我国"十一五"规划的建议（18条）》，《太平洋学报》2005年7月18—26日。

为大国参与下的战略博弈，我国在南海方向上的安全压力增大。美国是影响南海问题的最大区域外力量，尤其是奥巴马执政时期，美国介入南海问题的频率与烈度增强，加大了对我牵制干扰力度。随着美国特朗普新政府上台，全球战略布局有了新一轮调整，但美军在西太平洋的海空军力将会继续保持，美、日、韩、澳军事联盟强化，南海议题作为美国对华实施战略遏制一张牌的现状不会有大的改变。其次，南海争端国强化海域管辖，与我国争夺主权和海洋权益的力度加大。南海问题由来已久，周边国家和地区纷纷提出各自的权利主张，造成错综复杂、相互重叠的主权争议。随着南海周边国家海洋战略不断推进，加大了对所占岛礁和附近海域的实际管辖，由抢占岛礁为主转变为政治、外交、法理、资源、军事等各领域的全方位较量，"明争"与"暗斗"相结合，斗争更加复杂，手法更加隐蔽，处理更加困难。而我国渔政、海监和海事等海上执法力量，近来也加大了在争议海域的巡航执法力度，多次与周边国家在争议海域形成对峙，海域管辖权争议将日趋激烈。最后，越、马等国抢掠南海资源使我国在争议区油气开发势在必行。越南、马来西亚等国海洋油气开发步伐加快，正在从近海沿大陆架向南海深海持续推进，开发方式主要是自主开发、联合国外石油公司开发和对外招标，其中越南和马来西亚的部分区块已侵入到我国"九段线"以内。随着越南等国经济的快速发展，国内能源需求旺盛，海洋油气开发必将持续扩张规模、力度持续加大。目前，南海争议区油气共同开发陷于停滞状态，中、菲、越三方协议到期后，我国推动与其他争端方的双边共同开发在短期内难度较大，同时，我国在南海争议区的油气勘探活动屡受干扰，自营开发面临重大挑战。

　　为更好地维护我国在南海的地区的权益，首先，海南省要整合行政资源，尽快完善三沙市行政建制，发挥海南在南海维权维稳中的重要作用。长期以来，西南中沙办事处作为地方派出机构，在实际工作中参照履行一级地方政府的职能，但由于相关法律授权缺失，在落实对南海的行政管辖权，以及打击盗采资源和侵权侵渔，维护国家主权和海洋权益方面，均受到国内外各种因素的制约和束缚，不能适应社会经济建设和南海维权斗争的需要。特别是按照现行的海洋开发体制，涉及十几个涉海部门，政出多门，无法形成合力，这种分散的管辖开发体制导致涉海部门和职能交叉重叠，行政成本高。为解决上述问题，近年来我国对南海特别是西沙群岛的实际行政管辖不断完善和加强，在南海诸岛的政权建设已有一定突破。从

2008年开始，西南中沙群岛工委、办事处进行机构改革，参照市县党政机关设置了纪委、办公室、组织部、宣传部、群工部、社会发展局、财税局、海洋渔业局、国土环保与建设局、旅游局、公安局和人武部等多个行政职能部门。按法定职能对西沙群岛的政治、经济、文化和社会管理履行有效行政管辖，各职能部门已经独立对外进行海洋、土地管理，对侵权侵渔的渔船进行罚没执法处理。由于目前南海斗争的主要形式也已从主张管辖向巩固实际管辖转变，设立三沙市后，将有效地实现行政资源重组整合，有望在原先工作基础上，继续完善西沙、南沙、中沙群岛相关政府行政建制建设，加强对周边海域及岛礁的管控，更好地实际履行一级政府职能，主动向管理三沙、开发三沙、建设三沙方向转型，也有利于推进公共财政投入和公共基础设施建设。因此，从这个意义上来讲，这不仅有利于整合资源，降低行政成本，更有利于维护国家主权和海洋权益。

其次，充分发挥自身在维护我国南海岛礁主权、海洋管辖权，积极开发争议海域自然资源，增加我南海全方位存在感的"桥头堡"作用。未来一段时间，国家应该赋予海南省更多的海洋执法和管辖权，通过强有力的继续行政执法，增加在南海争议海域的存在感。可以通过海南省牵头，组建国有大型渔业公司，采取多种方式组织渔民和渔船赴南沙捕鱼，并且强化护渔，显示存在和管辖。在资源开发方面，"搁置争议、共同开发"依然是我国当前妥善处理南海问题的重要方针和现实途径，针对南海油气资源开发问题，建设南海油气勘探开发服务和加工基地。要充分利用南海丰富的油气资源优势、海南省区位优势以及海南作为经济特区所具有的体制上的优势，按照油气开发、油气中转与加工以及石油储备等三个方向，构建南海油气综合开发与加工基地。可以由海南省地方政府择机公布争议海域油气招标区块或自主开发项目，通过地方公开招投标，联合中石油、中海油等国内外大型实力企业合作形式进行开发，这样既能达到与周边国家形成事实重叠，逼迫对方与我共同开发，维护我南海自然资源的目的，又能避免国家层面的外交冲突，通过企业经济行为减轻国际舆论压力，一举两得。

最后，努力实现将自身建设成为妥善解决台海问题，深化两岸对话合作与海上联合维权行动的交流平台。近年来，两岸关系发展势头良好，两岸双边合作不断加强，因此，在南海问题上，应抓住有利时机，争取在合作维权方面实现突破。海南与台湾均属于岛屿省份，分别扼守着东海和南海的门户，两省之间在经济和战略意义上有很强的互补性，因此，是未来两岸继续深化南海合作的不二选择。具体操作上，海南和台湾可建立起对话机制，随时进行涉南海议题的交流合作。同时，在学术层面，在近年来境内外举办的有关南海的国际研讨会上，台湾方面也表现出与大陆的合作与默契。未来海南应继续深化琼台间在国家主权维护和两岸关系正常化方面的合作，充分发挥海南南海战略腹地的区位优势。在海洋科技合作层面，可以考虑研究设立"琼台海洋合作试验区"，丰富两岸合作内容，拓展合作空间。目前，海峡两岸农业试验区、产业园、科技园、工业园等遍布大陆，发挥了良好的窗口示范和辐射作用，尤其有利于增进两岸共同利益、密切经济关系和推进祖国和平统一大业。可考虑在南沙海域选划合适区域作为试验区，琼台合作开展科学调查、环境保护、渔业养殖和油气勘探等活动，不断拓展合作领域和实现共同维权。①

综上所述，自海南建省办特区以来，经济实力明显提升，基础设施大大改善，加上拥有得天独厚的区位优势和自然资源，奠定了海南在南海区域治理中的基础性条件。近年来，海南国际旅游岛建设顺利推进，经济与社会发展实现了快速转型，伴随着"一带一路"尤其是 21 世纪海上丝绸之路建设中的推进，海南充分利用自身优势融入其中，在有效参与环南海区域经济合作的进程中，为推进南海区域治理发挥着日益突出的作用，这既是海南义不容辞的责任，也是实现自身深层次发展的重要使命。

---

① 康霖：《海南在南海问题中的作用——兼谈区域竞争与发展》，《新东方》2012 年第 4 期。

第八章

海南高等教育现状、问题及对策

2016 年是"十三五"的开局之年，总结过去，继往开来。"十二五"以来，海南省委省政府审时度势，大力实施科教兴琼、人才强省战略，大力支持高等教育创新发展，坚持稳步发展、调整布局、优化结构、加强内涵建设、突出办学特色、提高教育质量为原则，加大政策支持和经费投入力度，全省高等教育整体布局日趋完善，办学规模稳步扩展，层次结构不断优化，基本形成了以政府办学为主、公办与民办共同发展、普通高等教育与高等职业教育协调发展的高等教育新格局，整体办学水平和人才培养质量迅速提高，适应海南国际旅游岛建设需要的高等教育体系基本建立。

第一节　海南高等教育发展现状

一　高校基本情况

1. 高校数量

截至 2016 年年底，全省共有高等学校 19 所，其中普通本科高校 7 所，普通高职院校 11 所，成人高校 1 所；按办学性质分，公办高校 12 所（其中本科 5 所，专科 6 所，成人 1 所），民办高校 7 所（其中本科 2 所，专科 5 所）；具有硕士学位授予单位资格高校 4 所，其中博士学位授权单位高校 2 所，共有 9 个一级学科博士学位授权点，35 个一级学科硕士学位授权点和 1 个服务国家特殊需求人才培养项目。

2. 在校生人数

2016 年全省高校各类在校生 20.57 万人，相比 2012 年增加了 1.1 万人，同比增长 5.7%，其中普通高校在校生 18.99 万人（其中博士研究生 271 人，硕士研究生 4650 人，本科生 10.76 万人，专科生 7.72 万人），

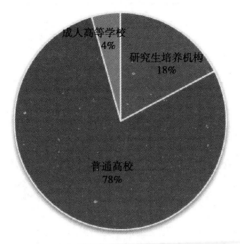

图 8-1

成人高校在校生 1.59 万人（其中本科生 8225 人，专科生 7703 人）。全省高等教育毛入学率达到 36.4%，比 2010 年增长了近 10 个百分点。全省高校研究生在校生人数相比 2012 年增加了 1222 人，同比增长 33%。普通本专科在校生人数相比 2012 年增加了 1.6 万人，同比增长了 9.8%。海南户籍生源在校生共 27.24 万人，其中普通本专科 20.95 万人，成人本专科 3.43 万人，网络本专科 2.35 万人，研究生 5122 人。

表 8-1　　　　　　　　　　　　　　　　　　　　　　（单位：人）

年份	在校生人数			
	研究生 （不含在职）	普通本专科	成人本专科	总计
2012 年	3699	168270	22582	194551
2013 年	3959	172143	23701	199803
2014 年	4168	180565	22681	207414
2015 年	4519	182944	19335	206798
2016 年	4921	184875	15928	205724

二 "十二五"以来的主要成就

作为后发展地区，海南的高等教育发展历史很短，从 1988 年建省之初只有四所大学发展到现在，已经取得令人瞩目的成绩。特别是"十二五"阶段，海南省高等教育进入发展的快速路，取得突破性进展。

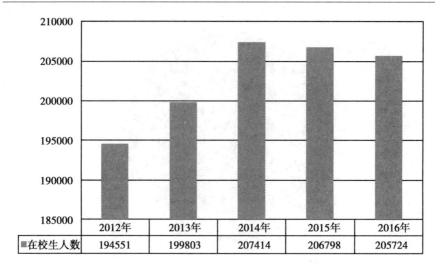

	2012年	2013年	2014年	2015年	2016年
■在校生人数	194551	199803	207414	206798	205724

图 8-2　2012—2016 年海南省高等教育在校生总数变化情况

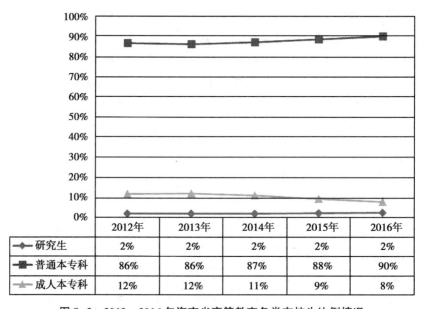

	2012年	2013年	2014年	2015年	2016年
◆研究生	2%	2%	2%	2%	2%
■普通本专科	86%	86%	87%	88%	90%
▲成人本专科	12%	12%	11%	9%	8%

图 8-3　2012—2016 年海南省高等教育各类在校生比例情况

1. 办学层次和水平不断提高

"十二五"以来，海南大学"211 工程"顺利通过国家验收，并进入"国家中西部高校振兴计划"中"一省一校"建设行列。海南师范大学获得博士学位授予权，并成为省部共建高校。海南医学院获得硕士学位授予权，正在改善办学条件筹建医科大学。琼州学院、三亚学院和海口经济学院顺利通过教育部本科评估。琼州学院正式更名为海南热带海洋学院，向应用型本科转型发展，并成为"服务国家特殊需求人才培养项目"硕士专业学位试点单位。海南大学三亚学院由独立学院转设为独立法人的民办本科院校。琼台师范高等专科学校成功升格为琼台师范学院。海南职业技术学院和海南经贸职业技术学院建成为国家示范性高职院校和国家骨干高职院校。海南科技职业学院加快了学院建设发展，打造优势特色专业，正在努力升格为工科应用型本科高校。一批高职高专院校不断改善办学条件，加强内涵建设，突出技能型人才培养特色，努力提升人才培养质量。全省新增 8 个博士学位授权一级学科，调整和新增 32 个硕士学位授权一级学科，新增 11 个硕士专业学位授权点。

2. 民办高等教育蓬勃发展

海南省民办高等教育的历程始于 2000 年，经过十余年的发展，海南省民办高等教育规模稳步增长，办学水平不断提高，为海南省高等教育的发展做出了可圈可点的贡献。截至 2016 年，全省共有 7 所民办高校，占全省高校数量的 36.8%；民办高校在校生人数达 68363 人，占全省高等教育在校生人数的 33.20%。相比 2012 年，增加了 7524 人，同比增长了 12.4%。民办高等教育已成为海南省高等教育不可或缺的重要组成部分，也是海南省未来高等教育持续发展的着力点。

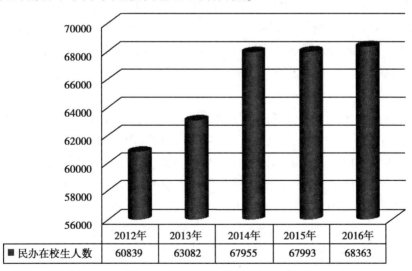

图 8-4　2012—2016 年海南省民办高校在校生数量变化情况

3. 高等教育支持力度不断加大

全省各级政府对高等教育的投入逐年提高，中西部高等教育振兴计

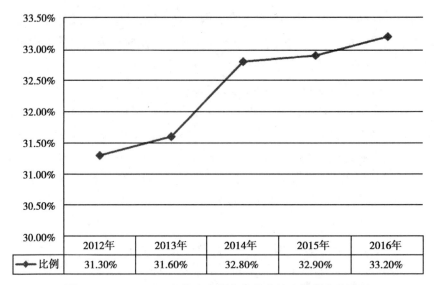

	2012年	2013年	2014年	2015年	2016年
比例	31.30%	31.60%	32.80%	32.90%	33.20%

图 8-5　2012—2016 年海南省民办高校在校生数量占比情况

划、中央财政支持地方高校发展等专项资金不断加大，2011—2016 年全省对高等教育投入资金达 255.85 亿元。其中 2016 年投入 54.39 亿元，国家财政性投入 28.08 亿元，其他资金 21 亿元，社会投入 5.31 亿元。全省本科教育生均拨款从 2011 年的 1 万元提高到 1.6 万元，高职教育生均拨款从 2011 年的 0.8 万元提高到 1.2 万元。社会力量对海南高等教育愈发重视，其中海口经济学院新校区投入近 10 亿元，海南科技职业学院投入近 5 亿元建设云龙校区等。

4. 办学条件逐年改善

截至 2016 年，全省高校占地面积达 1553.5 万平方米，相比 2012 年增长了 167.5 万平方米，同比增长 12%。教学行政用房面积达 280.9 万平方米，相比 2012 年增长了 31.7 万平方米，同比增长 12.7%。教学科研仪器设备值达 225142.6 万元，相比 2012 年增长了 84100.9 万元，同比增长 59.6%。图书馆藏书达 1610.67 万册，相比 2012 年增长了 310.2 万册，同比增长 23.8%。教学用计算机数量达 64897 台，相比 2012 年增长了 18603 台，同比增长 40.1%。信息化水平和数字化程度大幅提高，校园网络主干从千兆升级到万兆，出口带宽从百兆级升级到千兆级，无线校园覆盖范围成倍增长，网络信息点从 2010 年的 92587 个增加到 2014 年的 179240 个，新增 86653 个，管理与应用系统从 OA、教务管理等逐步扩大到教学、科研与管理服务各个方面，基于慕课的网络化、数字化教学广泛开展。

表 8-2　　　　　　2012—2016 年海南省高校办学基本条件统计

年份	占地面积 （万平方米）	教学行政 用房面积 （万平方米）	教学科研 仪器设备值 （万元）	图书 （万册）	教学用 计算机 （台）
2012 年	1386.0	249.2	141041.7	1300.43	46294
2013 年	1392.9	259.8	161929.9	1400.35	53686
2014 年	1577.4	261.4	178332.7	1458.72	55788
2015 年	1577.7	263.0	195342.6	1406.82	58897
2016 年	1553.5	280.9	225142.6	1610.67	64897

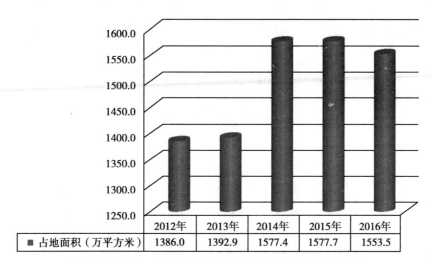

	2012年	2013年	2014年	2015年	2016年
■ 占地面积（万平方米）	1386.0	1392.9	1577.4	1577.7	1553.5

图 8-6　2012—2016 年海南省高等教育占地面积变化情况

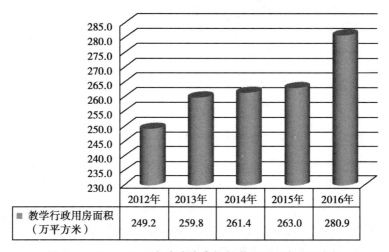

	2012年	2013年	2014年	2015年	2016年
■ 教学行政用房面积 （万平方米）	249.2	259.8	261.4	263.0	280.9

图 8-7　2012—2016 年海南省高校教学行政用房面积变化

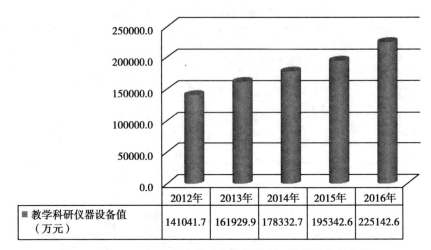

	2012年	2013年	2014年	2015年	2016年
■ 教学科研仪器设备值（万元）	141041.7	161929.9	178332.7	195342.6	225142.6

图 8-8　2012—2016 年海南省高校教学科研仪器设备值变化

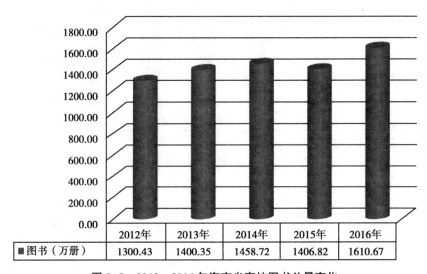

	2012年	2013年	2014年	2015年	2016年
■ 图书（万册）	1300.43	1400.35	1458.72	1406.82	1610.67

图 8-9　2012—2016 年海南省高校图书总量变化

5. 教学科研平台建设取得突破性进展

新增国家重点（培育）学科 2 个。新增国家重点实验室（培育基地）1 个，教育部重点实验室达到 5 个。新建省级协同创新中心 3 个。新增教育部创新团队（培育）2 个。新增 2 个国家级实验教学示范中心，7 门国家级精品视频公开课，4 个本科专业综合改革试点项目，12 个中央财政支持建设高职专业。获 2 项国家级教学成果奖。

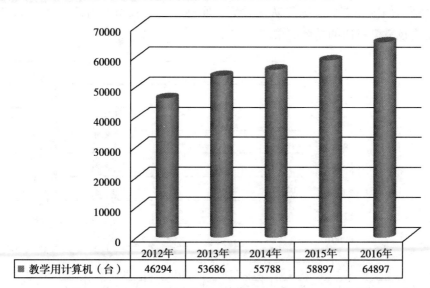

	2012年	2013年	2014年	2015年	2016年
■ 教学用计算机（台）	46294	53686	55788	58897	64897

图 8-10　2012—2016 年海南省高校教学用计算机总量变化

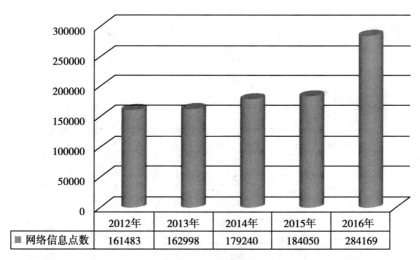

	2012年	2013年	2014年	2015年	2016年
■ 网络信息点数	161483	162998	179240	184050	284169

图 8-11　2012—2016 年全省高校网络信息点数变化情况

6. 师资队伍建设成效明显

截至 2016 年，全省高校有专任教师 9399 人，相比 2012 年增加了 1036 人，同比增长 12.3%。培养了海南首位"长江学者"特聘教授，引进首位"千人计划"学者，自主培养 1 名国家级教学名师。公办本科院校专任教师中具有博士学位的教师达到 35% 左右，高职院校"双师型"

教师比例接近 50%。师资队伍学历、职称结构正在日趋合理，基本能满足高校教学科研的总体需求。

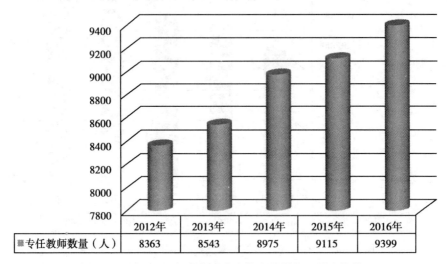

专任教师数量（人）	2012年	2013年	2014年	2015年	2016年
	8363	8543	8975	9115	9399

图 8-12　2012—2016 年海南省高校专任教师总量变化情况

截至 2016 年，专任教师中高级职称者 3654 人，占比 39%。相比 2012 年增加了 831 人，同比增长接近 30%。

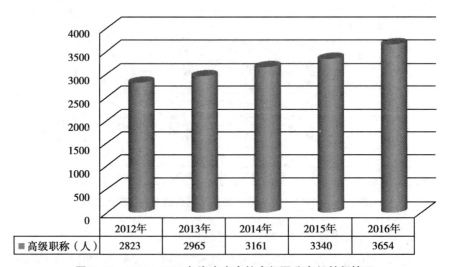

高级职称（人）	2012年	2013年	2014年	2015年	2016年
	2823	2965	3161	3340	3654

图 8-13　2012—2016 年海南省高校高级职称专任教师情况

截至 2016 年，专任教师中具有硕士及以上学位的教师为 5897 人，占比 63%。相比 2012 年，增加了 1747 人，同比增长 42%。

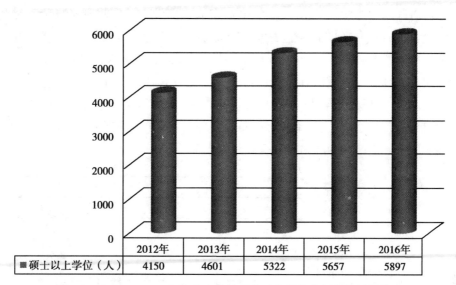

	2012年	2013年	2014年	2015年	2016年
■硕士以上学位（人）	4150	4601	5322	5657	5897

图 8-14　2012—2016 年海南省高校硕士以上学位专任教师总量情况

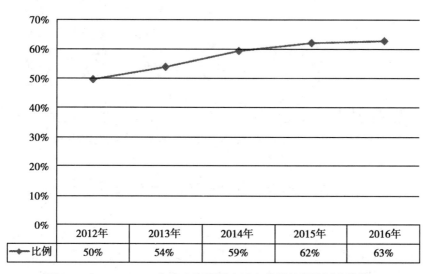

	2012年	2013年	2014年	2015年	2016年
◆比例	50%	54%	59%	62%	63%

图 8-15　2012—2016 年海南高校硕士以上专任教师比例变化情况

7. 对外合作交流取得新成果

全省高校已与境外 20 多个国家（地区）的 100 多个教育机构建立了合作关系，与 26 所境外友好院校签署学生交换项目协议，"十二五"期间共选派 1100 多名学生赴境外交流学习。实际开展中外合作办学项目 13 个，学生约 900 人。引进外国专家学者、优秀海外留学人员 200 多人次，选派教师出国访学、学术交流等1000多人次。设立了省政府来华留学奖学金，现有各类来华留学生2300多人，其中学历生700多人。在澳大利亚、马来西亚各建了1所孔子学院。共选派128名公派汉语教师、900多名汉语教师志愿者赴国外进行汉语教学。建有教育部、外交部、商务部、国家汉办对外援助培训基地（中心）四个，培训泰国、越南等东南亚国家汉语教师近2000人。承担援外培训项目20多期，培训来自20多个发展中国家和地区的600多名官员和技术人员。

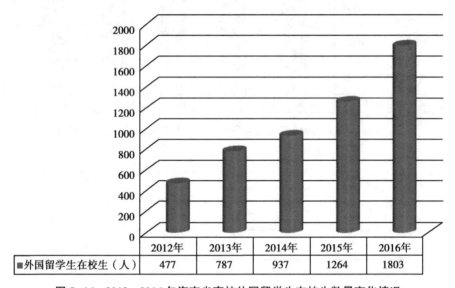

	2012年	2013年	2014年	2015年	2016年
■外国留学生在校生（人）	477	787	937	1264	1803

图8-16　2012—2016年海南省高校外国留学生在校生数量变化情况

第二节　海南高等教育存在的主要问题

"十二五"以来，全省高等教育发展有进展、有成绩、有突破，但与全国发达地区相比、与中长期发展目标相比、与经济社会发展需求相比，海南省高等教育发展还相对滞后，仍存在不足和差距，主要表现在如下方面。

1. 高等教育规模及毛入学率偏低

海南省2016年高等教育毛入学率达到38.09%，比全国平均水平低了4个百分点。每万人口大学生（即接受过专科以上教育）人数为1009人，全国平均水平为1252人；每万人口在校大学生数为225.55人，全国平均水平为264.87人；每百万人口高校数1.97所，全国平均为2.06所。

2. 高等教育办学层次及结构不够合理

一是层次结构不合理。研究生学位授权单位、本科院校偏少，本科、高职院校数量之比为 1 ∶ 1.57，低于全国 1 ∶ 1.14 的平均水平，且本科在校生比普通本专科在校生的比例为 58.23%，低于全国平均水平（60%）。二是科类结构不尽合理。特别是与海南省十二大产业相关的热带特色高效农业、医疗健康、油汽化工、低碳制造等相关的学科专业偏少，难以满足海南经济社会发展对相应人才的需求。

3. 高等教育缺乏鲜明特色

整体水平不高、缺乏特色仍是现阶段海南省高等教育的突出问题，全省只有 1 所 "211 工程" 建设高校，两所公办本科高校去年才更名和升格，海南师范大学正在开展省部共建和改善办学条件。部分高校的办学特色不够鲜明，同质化办学倾向明显，学科专业低水平重复建设的问题没有得到有效解决。高层次的人才和教师难引得进和留得住。

4. 师资队伍整体水平亟须快速提升

从全省各高校总体情况来看，教师队伍的学历和职称结构尚不能满足学校教育教学的需求，高水平教师缺乏，高校专任教师中具有博士学位的教师比例偏低，职业院校中 "双师型" 教师仍然不足。民办高校中，师资队伍数量不足及不稳定已成为最重要的制约其发展的因素。管理人员的执行力有待提高，工作积极性和服务意识需要进一步激励。

5. 科学研究和服务地方经济社会发展的能力有待提高

高等教育的产教、科教融合发展不够，服务国家和海南重大发展战略的能力不足。高等教育布局和学科专业结构不能很好适应国家和海南经济社会发展，尤其是海南十二大重点产业发展的人才需求。科学研究与社会需求匹配度不高，科技成果转化为生产力的比例不高，高水平高校智库尚不能更好地服务国家战略与地方经济社会发展需要。

6. 国际化办学水平有待进一步加强

高等教育国际化水平不高，国际合作办学项目偏少、规模偏小。目前还没有一所中外合作高校或办学机构，国际合作项目仅有 8 个，学生仅约 500 人。留学生 1000 多人，学历留学生仅 400 多人。高层次教育对外合作交流平台缺乏。

7. 体制机制改革有待进一步深化

高校内涵建设动力不足，各办学要素的活力没有得到充分激发。高校深化内部体制机制改革的动力不足，以人事管理制度、津贴分配制度、考核评价制度、职称评聘制度为核心的校内治理制度体系改革推进困难，人、财、物等办学要素缺乏高效组合。

第三节　海南高等教育发展相关措施及政策

党的十八届三中全会明确要求"深化教育领域综合改革"。深入推进教育领域综合改革，将有利于破解长期阻碍教育事业发展的体制机制障碍和各类瓶颈问题，破除教育改革中存在的惰性和不良惯性，加速推进教育公平、提高教育质量。"十三五"时期是海南省高等教育事业全面改革、全面发展的重要历史机遇期，必须牢牢抓住。但同时，高等教育领域改革牵涉面广，社会关注度高，各种历史问题和现实问题交织，如何积极稳妥地推进改革是一道需要破解的难题。为了进一步促进海南省高等教育向纵深发展，一系列利好政策先后制定并颁布实施。

一　"双一流"建设实施方案

为贯彻落实《国务院关于印发统筹推进世界一流大学和一流学科建设总体方案的通知》（国发〔2015〕64号）精神，加快推进海南高水平大学和一流学科建设，提升海南省高等教育办学实力和水平，2016年底，海南省制定《海南省统筹推进高水平大学和一流学科建设实施方案》。根据海南省经济社会发展需求，突出海南区位及生态优势，重点建设热带高效农业、国际旅游、热带海洋、热带医药、岛屿生态、教师教育等学科领域，其中2—3个学科进入世界一流，10—15个学科进入国内一流。方案具体规划了海南省高水平大学和一流学科建设"三步走"的路线图：（1）到2020年，海南大学进入全国百强高校行列，1—2所大学接近国内同类型高水平大学；5—8个学科进入全国学科评估排名前50%，其中2—3个学科进入ESI前1%或全国学科评估排名前10%，达到国内一流学科水平。（2）到2030年，海南大学进入国内一流大学行列，2—3所大学进入国内同类型高水平大学行列；10—15个学科进入全国学科评估排名前50%，其中5—8个学科进入ESI前1%或全国学科评估排名前10%。（3）到21世纪中叶，海南大学进入国内一流大学前列，3所以上大学进入或接近国内同类型高水平大学行列；10—15个学科进入国内一流，其中 2—3 个学科进入世界一流。

二 国际旅游学院建设

海南省从 2016 年年初启动海南大学亚利桑那州立大学联合国际旅游学院筹建工作，已与美国亚利桑那州立大学正式签署合作协议，教育部已正式批复该学院的办学申请，将于 2017 年 9 月开始正式招生办学。国际旅游学院的建设，对于海南省高等教育乃至海南经济社会发展具有重大意义，既是服务海南国际旅游岛战略、"一带一路"倡议和南海战略等国家战略的必然要求，又是服务海南经济社会发展的迫切需求，同时也是扩大海南教育对外开放、提高海南教育整体水平的必然要求。

2009 年《国务院关于推进海南国际旅游岛建设发展的若干意见》正式公布，标志着海南国际旅游岛战略正式上升为国家战略，海南赢得了难得的历史发展机遇。《意见》中明确提出"加大教育对外开放力度，支持海南与国际知名院校合作开办旅游院校"。2010 年 6 月《海南国际旅游岛建设发展规划纲要（2010—2020）》获国家批准实施，进一步明确"吸引国际知名旅游院校来海南合作举办旅游院校，引进优质旅游教育资源"。在"十二五"末期，国家组织的海南国际旅游岛建设中期评估中，此项任务再次作为国际旅游岛建设的重大建设任务被着重强调，要求尽快推进完成。为实现上述国家战略，海南省政府基于海南省热带旅游资源优势和区域发展需要，决定在旅游高等教育创新与深化改革方面做出重大决策，建设一所中外合作办学的国际旅游学院。

海南大学亚利桑那州立大学联合国际旅游学院校址位于海南省省会城市海口市，校园占地面积约为 67 公顷，隶属于海南大学，为非营利、不具有法人资格的中外合作办学机构，学院拥有自己的办学场地、管理团队和师资队伍，其人事管理、财务管理、教学管理以及学生管理等，在遵守海南大学相关规定的基础上，相对独立。充分发挥海南生态环境优势、经济特区优势和国际旅游岛优势，坚持"以人为本、以德树人、突出特色、强化能力"的人才培养理念，创建"创新引领、智慧共享、追求卓越、引领未来"的价值理念，注重将绿色可持续发展理念融入教育，注重推行分层次教育，打造旅游学科人才聚集地、智库平台和人才培养高地。融合东西方教育理念，以服务海南国际旅游岛建设的国家战略发展需求为导向，立足海南岛丰富的自然和人文旅游资源，采用先进的办学理念和国际化的教育教学模式，打造以旅游、休闲、健康和公共服务等为优势学科的国际教育品牌，培养具有跨文化交流能力和国际竞争力的高端人才，最终成为在国内外具有广泛影响力的综合旅游人才培养基地和国际旅游研究平台和智库，使国际旅游学院跻身中国乃至世界著名的旅游学院行列。国际旅游学院将充分调动海南大学各类资源和条件，引进美国优质教育教学资源（联合制定培养方案，美国亚利桑那州立大学教师教授核心专业课、全球招聘优秀教师，所设专业通过国际认证），采取"4+0"（学生四年都在中国学习，无须出国）、"精细化"（每班约 30 人）、"强英语"（强化英语水平和能力提高，所有专业课都采用全英文授课）、"重能力"［重视实践教学环节，通过专业认知、专业见习、专业实习、毕业实习、毕业论文（设计）等环节保证学生能力和素养的培养］等培养方式，开展本科"双学位"（按要求完成学业的学生，将获得海南大学颁发的学历、学位证书和亚利桑那州立大学颁发的学位证书）教育。

三　深化创新创业教育改革实施方案

为全面贯彻落实党的十八大关于创新创业人才培养的重要部署，推动大众创业、万众创新，根据《国务院办公厅关于深化高等学校创新创业教育改革的实施意见》（国办发〔2015〕36 号）精神，结合海南省实际，省教育厅于 2016 年初颁布《海南省高等学校深化创新创业教育改革的实施方案》。该方案坚持"育人为本、提高培养质量，问题导向、补齐培养短板，协同推进、汇聚培养合力"的基本原则，切实将深化高校创新创业教育改革作为推进高等教育综合改革的突破口，面向全体、分类施教、结合专业、强化实践，促进学生全面发展。《海南省高等学校深化创新创业教育改革的实施方案》的总体目标是，从 2016 年起，全面启动高校创新创业教育改革，总结经验、强化宣传，创设环境、营造氛围；到 2018 年，广泛开展创新创业教育，探索形成一批可复制、可推广的制度成果和先进经验，建设一批深入推进创新创业教育改革的先进部门（单位）、示范高校和实践基地；到 2020 年，基本普及创新创业教育，建立健全课堂教学、实践教学、自主学习、指导帮扶、文化引领等多位一体的高校创新创业教育体系，形成统一领导、齐抓共管、开放合作、多方参与，全社会共同关心支持创新创业教育和学生创新创业的良好生态环境，高校人才培养与海南省重点产业结合更加紧密，培养质量明显提升，学生创新精神、创业意识和创新能力明显增强，投身创业实践的学生显著增加，对经济社会的贡献度明显提升。

《海南省高等学校深化创新创业教育改革的实施方案》将围绕以下九个方面的重点任务具体实施：（1）坚持立德树人基本导向，明确创新创业教育目标要求，结合自身办学定位和服务方向，根据新的高职高专、本科专业类教学质量国家标准，及专业博士、专业硕士学位基本要求，融合相关部门、科研院所、行业企业制定的专业人才评价标准，在 2017 年以前完成制定并实施新的各专业人才培养方案，使创新精神、创业意识和创新创业能力贯穿人才培养全过程，成为评价人才培养质量的重要指标。（2）制定《海南省十二大重点产业人才培养五年行动计划》和《海南省十二大重点产业产教融合创新人才培养实施方案》，并成立产教融合创新人才培养联盟，探索建立校校、校企、校地、校所和国际合作的多种办学模式；完善学科专业预警、退出管理办法，探索建立需求导向的学科专业结构和创业就业导向的人才培养类型结构调整新机制，促进海南省人才培养与经济社会发展、创业就业需求紧密对接。发挥海南省生态优势，鼓励有条件的高校试行"冬季小学期制"。（3）调整专业课程设置，打通相近学科专业的基础课程，开设跨学科专业的交叉课程。面向全体学生开设创业基础、就业创业指导等方面的课程。鼓励学生跨院系、跨学科、跨专业学习。把创新创业实践活动与专业实践教学有效衔接，培养学生创新创业能力。学生创新创业实践活动、创新创业成果可适当转化为课程学分。加快创新创业教育课程信息化建设进程，探索建立在线开放课程学习认证和学分认定制度，引进和建设一批资源共享的创新创业教育精品视频公开课、慕课、微课等在线开放课程。（4）各高校根据人才培养定位和创新创业教育目标要求，促进专业教育与创新创业教育有机融合。改革考试考核内容和方式，探索非标准答案考试，促进结果考核向过程考核、知识考核向能力考核、单一考核方式向多种考核方式的转变，努力实现考核结果与学生能力相匹配，全面提升学生运用知识分析、解决问题的能力。（5）加强推进高校专业实验室、虚拟仿真实验教学中心、创业实验室和训练中心建设，促进创新创业实践教学平台的共建共享。进一步完善国家、省、校三级创新创业实训教学体系，深入实施大学生创新创业训练计划。支持高校学生成立创新创业协会、创业俱乐部、创新创业沙龙、创客空间，举办创新创业讲座论坛，开展创新创业实践。（6）各高校将大力推行学分制教学改革，将设置合理的创新创业学分纳入人才培养方案，建立健全创新创业学分积累与转换制度。制定学生创新创业能力培养计划，建立学生个人创新创业档案和成绩单，客观记录并量化评价学生开展的创新创业活动情况。加大创新创业教学改革力度，实施弹性学制，放宽学生修业年限，允许调整学业进程、保留学籍休学创新创业。设立省级创新创业奖学金，同时采取切实有效措施通过各种渠道设立校级创新创业奖学金。（7）各高校要明确全体教师的创新创业教育责任，将创新创业教育融入教师教育教学的全过程，将创新创业教育业绩纳入教师专业技术职务评聘和绩效考核的内容。建立健全兼职教师管理制度，允许高等学校设立一定比例流动岗位，聘请知名科学家、创业成功者、企业家、风险投资人等各行各业优秀人才，担任专业课、创新创业课授课或指导教师，建立优秀创新创业导师人才库。加快完善高校科技成果处置和收益分配机制，支持教师以对外转让、合作转化、作价入股、自主创业等形式将科技成果产业化。允许高等学校教师在符合法律法规和政策规定条件下，经所在单位批准从事创业或到企业开展研发、成果转化并取得合法收入。（8）建立健全学生创新创业指导服务专门机构，对自主创业学生实行持续帮扶、全程指导、一站式服务。建立大学生创新创业服务体系信息网络平台，实现国家、省、校三级互通互联的信息服务，为学生实时提供创新创业政策、市场动向等信息，并做好创新创业项目对接、知识产权交易等服务。鼓励高校结合年度教学计划，通过学校创新创业实践训练、社会专业培训机构专题培训、用人单位现场实践等多种方式，培养大学生创新创业意识、能力和综合素质。（9）政府、高校和社会将共同努力，形成合力，完善创新创业资金支持和政策保障体系。各高校要整合现有专项资金，向大学生创新创业活动倾斜；社会组织、公益团体、企事业单位和个人设立创业风险基金，扶持大学生创新创业。全面落实国家、省关于大学生创业和小微企业税费减免优惠政策。

四　高等职业创新发展行动计划

21 世纪以来，海南省高等职业教育秉承了敢闯敢试、敢为人先的特区精神，以服务海南经济社会发展为宗旨，积极引导社会力量参与办学，形成了政府主导下的办学投资多元化的高职院校发展格局，营造了创新意识浓厚，改革动力充足，办学活力充沛的发展氛围。"十二五"期间，海南省着力提升高职教育办学质量，重点建成了国家示范性高职院校 1 所、国家骨干高职院校 1 所、省级骨干高职院校 1 所，带动和引领了全省高职院校发展。高职教育的内涵建设取得长足进步，社会服务能力明显增强，校企合作机制逐步完善，人才培养质量显著提升。特别是近年来，海南省加大了对高等职业教育发展的支持力度，积极推进现代职业教育改革与招生试点项目，初步搭建起了现代职业教育体系框架，为高等职业教育创新发展和综合改革奠定了良好的基础。

"十三五"时期，海南省委、省政府提出了以国际旅游岛建设为总抓手，重点发展"12+1"产业（即旅游产业，热带特色高效农业，互联网产业，医疗健康产业，金融保险产业，会展业，现代物流业，油气产业，医药产业，低碳制造业，房地产业，高新技术、教育、文化体育产业和海洋产业）的发展目标，对海南高职教育适应需求、创新发展提出了新任务、新要求。紧扣海南产业发展脉搏，加快提升人才培养质量，助力海南经济和社会全面发展，已成为海南高职教育的迫切任务与时代使命。为落实国家教育部《高等职业教育创新发展行动计划（2015—2018 年）》，结合海南省实际，海南省教育厅于 2015 年年底颁布海南省教育厅贯彻落实《高等职业教育创新发展行动计划（2015—2018 年）》实施方案。通过三年创新发展，为海南高等职业教育未来发展奠定坚实基础，使高等职业教育发展机制更加完善，人才培养的体系结构更加合理，高等职业院校发展能力显著增强，高等职业教育发展质量显著提升，服务国家南海战略、"一带一路"倡议、海南国际旅游岛战略的能力和水平显著提升，促使海南高等教育结构优化成效更加明显，现代职业教育体系更加完善。

该实施方案将围绕创新高等职业院校办学与管理体制、优化高等职业教育结构、扩大优质教育资源、加强高职教师队伍建设、增强高职院校办学活力、推进高职特色专业体系建设、加强技术技能积累等九个方面的重点任务，促进职业院校转向注重内涵和特色发展。弘扬工匠精神，保障学生技术技能培养质量，加强学生职业道德、职业精神和人文素养培养。深化产教融合、校企合作，开展现代学徒制试点，推进工学结合、知行合一，提高人才培养的针对性、实效性。继续实施职业教育人才培养及招生试点项目改革，深化专业、课程、教材体系改革，推进中高等职业教育培养目标、专业设置、教学过程等方面的有效衔接，形成对接紧密、特色鲜明、动态调整的职业教育课程体系。健全职业教育质量评价体系，实施职业院校办学水平第三方评价和职业院校年度质量报告制度。建立以职业需求为导向、以实践能力培养为重点、以产学结合为途径的本科层次职业教育和专业学位研究生培养模式。

五　本科高校向应用型转变实施意见

为全面贯彻国家教育部、发展改革委、财政部《关于引导部分地方普通本科院校向应用型转变的指导意见》精神，加快实施海南省本科高等学校向应用型转型发展，海南省教育厅、海南省发展和改革委员会、海南省财政厅、海南省人力资源和社会保障厅颁布制定《关于推动本科高校向应用型转变的实施意见》。按照"总体设计、分步实施、项目推进、重点突破"的方式，总体谋划，分步实施。根据实施意见的精神，遴选海南热带海洋学院、三亚学院、海口经济学院3所本科高校试点整体转型，转型一批符合海南省十二大重点产业发展亟须的应用型本科专业。指导试点学校制定转型发展实施方案，以项目为载体，从专业建设到人才培养模式创新，全面开展应用型高等教育发展模式的理论研究与实践探索。到2020年，建成1—2所省级转型发展示范学校和一批应用专业（群），形成示范和辐射引领的作用。

第四节　海南省高等教育发展契机及思路

"十三五"期间，海南省高等教育发展面临重大机遇。"一带一路"倡议的实施、海南国际旅游岛战略的进一步推进、全域旅游示范省的建设、海南绿色崛起战略以及海洋强省战略等一系列顶层设计，为高等教育发展提供了历史机遇。海南省在全国发展格局中的地位和作用将进一步凸显，对地方高校的依托和需求也将逐步提升。海南省十二大重点产业的确立、中西部高等教育振兴计划以及国家统筹推进一流大学一流学科建设等重大举措，都将促使海南高等教育着力于进一步调整结构、完善布局、提高质量、扩大开放，更好地服务地方经济社会发展。具体发展思路如下。

一　优化海南省高等教育结构和布局

（1）按照"科学定位、调整结构、突出特色、提高质量、服务地方"的原则，加快调整优化高等教育布局。落实国务院《统筹推进世界一流大学和世界一流学科总体建设方案》，推进海南大学实施"双一流"计划、参加国家中西部高等教育综合实力提升计划，以海南大学海南亚利桑那国际旅游学院建设、海南大学热带农林学院建设和南海海洋资源可持续利用省部共建国家重点实验室建设等重大项目为依托，助推海南大学建成国内高水平综合型百强高校。海南师范大学进入省部共建高校以及中西部基础能力提升工程高校行列，朝着建成教师教育特色鲜明的高水平师范大学方向迈进；新增本科院校琼台师范学院继续突出教师教育特色，与海南师范大学互为补充，错位发展。海南医学院拟申请更名为医科大学，打造一所具有热带特色的较高水平医科大学，服务海南健康产业的需求；加快海南热带海洋学院的建设，建成有特色的热带海洋类高校；海南科技职业学院力争设置为海南科技学院。三亚学院进行省市共建，探索具有海南特色的民办高等教育发展扶持机制。继续探索以"政府主导、行业牵头、校企合作"的高等职业教育体制机制创新实践，筹建南海影视艺术学院、海南健康管理职业技术学院、海南卫生职业学院、海南食品药品职业学院、海南体育职业技术学院、海南南海农业职业技术学院、三亚中瑞酒店管理职业学院、海南健康旅游职业学院和海南产业信息技术职业学院九所高校。

（2）加快推进一南一北（海口桂林洋和三亚荔枝沟）两个教育科技产业园区的建设，对产业园区内的相关建设项目在基础设施建设、土地使用、税收政策及财政资金补贴等方面给予支持。海口桂林洋教育科技产业园区规划面积约17500亩，以原桂林洋大学城为核心，规划新增高校（校区）5所以上，以"产、教、城"融合发展的思路，带动片区及周边旅游、地产、培训、互联网、商贸等产业发展。力争打造一个海口江东"教育新城"，聚集人口20万人以上，带动就业8万人以上，年产值达到百亿以上，探索出一条教育引领产业发展和新型城镇化的有效路子。三亚荔枝沟教育科技产业园区位于三亚市吉阳区，现有高校4所（海南热带海洋学院、三亚学院、三亚理工职业学院、三亚城市职业学院），学生4万多人，教职工近3000人。园区发展的主导方向是"教育、国际、海洋"，园区的总体定位是：教育国际化示范区与文化交流中心；海洋高科技产业为主导的产学研前沿平台（"海洋蓝色硅谷"）；科技成果转化示范区。力争通过5—10年努力，将园区建设成为具有重要影响力和独特竞争优势的教育国际化示范区、全球热带海洋领域高层次人才培养基地、产学研结合的科技成果转化领航区。

二　破解制约高校发展的人才瓶颈

在目前已经出台的《海南省高层次人才认定办法》《海南省引进海外高层次人才实施办法》《关于充分发挥"候鸟型"人才作用的意见》《海南省引进科技创新团队实施办法》等文件精神的引领下，结合海南省教育综合改革的重点工作，以人事制度改革为突破口，解决海南省高层次人才严重不足的瓶颈问题。

（1）高校"南海学者"计划。为鼓励各高校中青年学术精英参与海南省高校重点学科建设，加速学科带头人队伍建设，遴选（包括引进）30 名南海学者，建立特聘教授岗位制度，受聘特聘教授岗位的人员在聘期间享受一定数额的岗位津贴，同时享受学校按国家有关规定提供的工资、保险、福利等待遇。

（2）聚贤引智。每年至少引进或自主培养国家"千人计划""长江学者""杰出青年"等在国际学术前沿和国家重大战略需求领域的学科领军人才 1—2 名，力争国家级高层次人才数量和院士实现新突破。

（3）深化人事制度改革。以人事制度分配改革作为深化综合改革的突破口，以人为本，科学设置岗位，合理配置人力资源，创新选人用人机制和分配制度的激励机制。全面推行全员聘任制，建立教师流动机制，最大限度调动教职工的积极性、主动性和创造性。完善领导干部的任期制和岗位目标责任制，建立健全具有持续激励作用的分配长效机制，建立健全科学的人才评价、选拔和使用制度，形成有利于优秀人才脱颖而出、发挥才干的机制与环境。逐步推进教育教学和科研机构等领域的改革。

三　推进高校人才培养模式改革

优化高校人才培养方案和课程体系，继续实施本科教学质量与教学改革工程、研究生教育创新计划，鼓励高校因校制宜，探索科学基础、实践能力和人文素养融合发展的人才培养模式。做好卓越工程师、卓越农林人才、卓越法律人才、卓越医生、卓越教师等教育培养计划，鼓励高校采用实验班等多种模式培养拔尖创新人才。在高中后教育推进学分制，实行弹性学制，探索高校课程模块化设计，逐步扩大学生自主选择专业、课程和教师的权利。推动省内高校课程互选、学分互认。全面落实鼓励学生修读第二专业、辅修专业的相关政策，扩大学生自主选择专业范围。促进科研与教学互动，及时把科研成果转化为教学内容，重点实验室、研究基地等向学生开放。支持本科生参与科研活动，早进课题、早进实验室、早进团队。改革研究生培养机制，完善以科学研究和实践创新为主导的导师负责制，推广研究生指导老师年度聘任制。全面落实教授给本科生上课制度。

四 加快调整人才培养结构

（1）大力提高应用型技术技能型人才培养比重，引导推动符合条件的本科高校整体以及海南大学等高校的部分学院（专业）向应用型转变，积极引进优质教育资源，支持开展与国外应用技术类型高校国际合作和国内外企业的校企合作。新增招生计划主要向应用型技术技能型人才培养倾斜。进一步扩大学术学位研究生硕博连读比例，扩大专业学位研究生培养比例，扩大专业学位研究生招收有工作经验人员的比例。

（2）完善人才培养产业布局。结合海南实际需求，建立科学的人才需求预测机制，加强对学校人才培养的信息服务和引导。建立高校和职业学校专业动态调整机制，针对海南省12个重点产业和海洋产业，逐步健全覆盖研究生、本科、专科、中职，体系完整、结构合理、与产业发展匹配度高的人才培养体系。实施加强海南省十二大重点产业人才培养的五年行动计划，建立"政府指导、学校牵头、企业（行业）参与"的省重点产业人才培养联盟，促进学校学科专业向重点产业人才需求方向调整。新增本专科生和研究生招生计划向重点产业相关的学位点和专业倾斜。服务海南省旅游、海洋及相关产业发展需要，加快建设海南热带海洋学院、海南大学国际旅游学院，引进国内外优质教育资源举办中外合作酒店管理类高校，建设一批全英文授课专业。

五 提升高校学科水平和服务地方能力

（1）实施海南省高校特色重点学科建设工程，建立学科特区机制，支持少部分优势特色学科跨越式发展，大力推动新兴交叉学科发展。实施高等学校创新驱动和科技发展战略。大力加强科研平台建设，建设好省部共建南海海洋资源利用国家重点实验室，对接海洋、旅游、热带农业、新兴工业、健康产业等重点产业发展需求，建设一批先进产业技术转移中心和一批国家、省部级重点实验室（工程技术研究中心），以及国际合作联合实验室（研究中心）、国际技术转移中心。实施"高等学校哲学社会科学繁荣计划"，加强高校社科创新平台和新型特色智库建设，鼓励高校面向海南重点产业组建开放式研究和咨询平台。

（2）完善校企合作和协同创新机制，引导企业参与高校科技创新和科技成果转化。深入推进省级协同创新中心建设与发展。允许高等学校设立一定比例的流动岗位，吸引有创新实践经验的企业家和企业科技人才兼职。完善高校职务发明制度，完善科技成果、知识产权归属和利益分享机制，提高骨干团队、主要发明人受益比例。加大高校科研人员股权激励力度，对以高校科技成果作价入股的企业，放宽股权奖励、股权出售对企业设立年限和盈利水平的限制。

六　扩大高等教育对外开放

（1）建设有海南特色的对外交流平台。服务国家和区域发展战略，大力加强国际教育交流，拓展各级各类学校的国际合作范围、层次。充分利用海南省友城、侨务资源，推动海南省学校与海外华文学校尤其是东南亚地区华文学校开展校际交流，鼓励有合作基础的学校缔结姊妹关系，推进学校间务实合作。参加国家"一带一路"教育共同体建设，利用海南区位优势设立教育对外合作交流平台，举办"一带一路"沿线国家校长论坛，促进相互间的人员、信息往来，推进优质教育资源共建共享。将海南热带海洋学院建设成为继博鳌亚洲论坛之后的又一个海南省对外教育文化交流重要平台。支持高校组建东南亚地区的区域和国别研究基地。建设1—2个高水平国际合作重点实验室。鼓励与国外名校联合开发在线课程。

（2）加快教育"走出去"步伐。重点加强对东南亚、非洲等地区的教育文化交流，鼓励海南省高校"走出去"联合办学，争取高校赴国外合作办学实现突破。新建孔子学院（孔子课堂）1—2个，鼓励社会力量和中资企业参与孔子学院（孔子课堂）办学。鼓励优质职业教育配合高铁、电信运营等行业企业走出去，探索开展多种形式的境外合作办学，合作设立职业院校、培训中心，合作开发教学资源和项目，开展多层次职业教育和培训。

继续扩大选派学生和教师赴国内外高校学习交流、培训和访学的规模，资助、支持一批重点国际学术会议和交流项目，支持高校进行国际科研合作。到2020年，高校20%的专任教师具有国外留学背景或海外研修经历，高校引进海外高层次人才增长50%以上，高校5%左右的毕业生有海外学习、交流经历。

（3）扩大留学生教育和中外合作办学规模。加快发展留学生教育。增加东南亚等"一带一路"沿线发展中国家政府奖学金留学生名额。建设2—3个汉语国际推广基地，开发一批体现海南地方文化特色的汉语国际推广课程和教材。研究制定小语种专业发展战略，加快建设一批东南亚小语种专业。到2020年，来琼留学生规模达到4000人，学历教育占比达到25%以上。进一步扩大中外合作办学规模。建设海南大学亚利桑那州立大学联合国际旅游学院，新增高等学校中外合作办学项目5—8个。中外合作办学机构实现突破，在校生规模达到5000人左右。加强教学质量评估，建设若干个国家级或省级示范性中外合作办学项目。建立中外合作办学项目评估退出机制。支持高校参与国际大学教育教学评估认证和专业认证。

第九章

海南省农村精准扶贫工作研究报告

第一节　海南省农村社会基本情况

"十二五"时期是海南农村发展很不平凡的阶段，尽管面临错综复杂的社会经济形势，遭遇两次强台风的袭击，但在党中央、国务院和省委省政府的正确领导下，全省上下认真贯彻党的十八大，十八届三中、四中、五中、六中全会以及习近平总书记系列重要讲话精神，坚持稳中求进工作总基调，主动适应经济发展新常态，海南农业和农村建设取得了新的进展。

一　农业生产总值持续增长

1. 农业生产总值不断扩大

从海南省农业经济总量和规模来看，"十二五"期间，海南省农业生产总值不断攀升，从 2011 年的 659.23 亿元到 2015 年的 880.52 亿元，年均增长速度达到 10.6%（图 9-1）。

从农业总值构成来看，尽管农业生产总值占地区生产总值的比重一直在下降，但是始终都保持对总体生产总值 1/5 以上的占比。2015 年，海南省除三沙市以外的 18 个市县中，有 9 个市县农业占 GDP 比重超过 35%，农业仍然是全省经济的重要基础。从农业经济增速来看，"十二五"期间，海南省农村经济增长速度均高于全国农业经济增长速度。从农业经济贡献率来看，与全国水平相比，2015 年海南省农业对经济增长的贡献率为 14.7%，高出全国水平 9.7 个百分点。

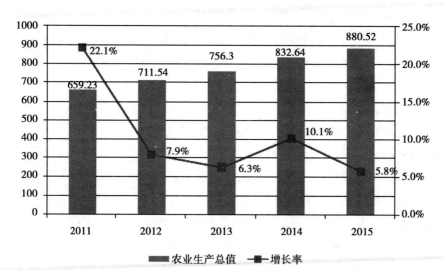

图 9-1 "十二五"期间海南省农业生产总值及其增长率

数据来源:《2016 年海南省统计年鉴》。

表 9-1 　　　　　2015 年农业占海南省各市县 GDP 比重　　　　（单位：万元）

地区	农业	生产总值	农业占生产总值比重（%）
海口市	570865	11619648	4.91%
三亚市	598543	4358202	13.73%
五指山市	54237	222781	24.35%
文昌市	669711	1696270	39.48%
琼海市	721526	2004970	35.99%
万宁市	521007	1658230	31.42%
定安县	286498	751000	38.15%
屯昌县	235402	581502	40.48%
澄迈县	645315	2404851	26.83%
临高县	1013350	1445211	70.12%
儋州市	1065512	4432522	24.04%
东方市	377688	1445583	26.13%
乐东县	632077	1043654	60.56%
琼中县	167647	390958	42.88%
保亭县	159397	385633	41.33%
陵水县	389981	1172509	33.26%
白沙县	188366	399637	47.13%
昌江县	250098	901881	27.73%

数据来源:《2015 年海南省统计年鉴》。

2. 农业产业结构不断优化

"十二五"期间，海南省着力发展现代农业，重点建设"五基地一区"，即冬季瓜菜生产基地、天然橡胶基地、南繁育种基地、热带水果和花卉基地、水产养殖和海洋捕捞基地以及无规定动物疫病区，农业产业结构不断优化。2016年，海南省农业结构逐渐向优质高效产业转变，热带特色高效农业占农业总产值比重突破70%，产业支撑力进一步提升。海南农林牧渔业完成增加值1000.18亿元，比上年增长4.2%。值得注意的是，海南全年调减甘蔗种植面积15.2万亩，8万亩低产橡胶改为高效经济林，改种热带水果、种桑养蚕、种草养畜。花卉、中草药材等特色种植业蓬勃发展，全年收获面积分别增长13%和6.3%，农业种植业产业结构得到进一步优化。此外，远洋捕捞与近海养殖能力大幅提升，新建深水网箱1323口，建成投产大型钢制海洋捕捞渔船102艘，全年水产品产量增长3.5%。海南农业朝着特色高效农业方向发展，农业综合效益逐渐提高。

二　农村居民收入持续改善，消费结构日趋合理

2015年，全省农村常住居民人均可支配收入破万元，同比增长9.5%，农村居民收入增长速度显著高于城镇居民收入增长速度，居民收入有了很大改善。根据海南省统计数据显示，2015年海南省农村人均可支配收入比2010年翻了一番，收入年增长率都在九个百分点以上。收入结构对比"十二五"规划初期也有了很大的改善，其中，2015年海南农村居民工资性收入、经营净收入、转移净收入、财产净收入分别为4251元、5013元、1399元和195元，同比增长分别为18.2%、5.5%、0.9%和10.2%。在海南农村居民的可支配收入结构中，工资性收入、经营净收入、转移净收入的数额逐年稳步上升，经营净收入所占比重最大，但工资性收入的增长幅度最大。

"十二五"期间，海南农村居民生活消费支出占全年人均总支出的比重逐步下降。2015年，农村居民人均生活消费支出8210元，同比增长16.8%，农村居民生活消费处于稳步增长状态。从消费项目来看，医疗保健、教育文化娱乐支出的增长幅度最大，其他六大项支出均有不同程度增长。除了海南省农村居民收入和消费持续增长，农村居民的文化教育、医疗卫生、基础设施等条件也在逐步改善。

图9-2　海南省农村居民人均可支配收入及增速

数据来源：2012—2016年《海南省统计年鉴》。

三　农村教育事业取得新的进展

教育投入不断增加。"十二五"期间，全省教育投入不断增加，教育总投入达1130多亿元，是"十一五"期间的2.3倍，年均增长11.3%。随着海南省农村教育事业不断发展，农村学前教育、教育扶贫移民工程、贫困市县普通高中学校建设等多项备受关注的基础教育发展速度加快，教育普及水平显著提高，教育质量不断提升，教育公平日益得到体现。

教育资源配置继续向农村以及经济欠发达地区学校倾斜。2015年，海南省政府实行对11个国定和省定贫困市县以及其他市县8个民族乡镇的行政村以下农村教师发放生活补助，惠及近万名农村教师。农村特岗教师计划、乡村教学点小学教师培训计划的实施，一定程度上缓解了农村义务教育学校优质师资紧缺状况。此外，对农村学校实行倾斜政策，在校生200人以下的学校，按班师比1∶1.7配备教师。教育扶贫移民工程方面，新建成12所思源实验学校、14所教育扶贫移民学校、16所思源实验学校优质资源拓展项目学校。

农村教育保障条件显著改善。"十二五"期间海南省教育总投入达1000多亿元，公共财政预算教育经费年均增长14.5%。实施农村薄弱学校改造、教育信息化、农村教师周转房等一系列重点工程，农村学校办学条件显著改善。此外，教育信息化"三通两平台"建设，实现了全省教学点数字教育资源全覆盖，学校互联网接入率达到 78%。2015 年年底，海南省共计 1619 所小学，其中全省农村小学教学点达 856 个，遍及除三沙市外的海南省 18 个市县以及洋浦经济开发区。对比全省小学数量，农村小学教学点的数量超过了全省小学数量的一半，农村教育信息化水平得到了很大的提高，更多的来自农村家庭的子女得到了实惠，海南农村地区的教育条件有了很大的改善。

四　农村医疗卫生条件大大改善

"十二五"规划实施以来，海南省医疗卫生事业建设不断加强，已形成规模相当的，由医院、公共卫生机构、基层医疗卫生机构等组成，覆盖城乡的医疗卫生服务体系。截至 2015 年底，海南省有各类医疗卫生机构 5046 个，基层医疗卫生机构 4714 个，其中社区卫生服务站、乡镇卫生院和村卫生室分别为 157 个、298 个和 2681 个。全省 486.25 万人参加新型农村合作医疗，参合率 97.3%，参合率连续 7 年达 95% 以上，年人均筹资由 380 元提高到 470 元。全省参合农民受益 1183.38 万人次，平均每个参合农民受益 2.43 次，与 2014 年相比有所增长。参合农民住院主要流向县内医疗机构，有 78.25% 的参合农民在县、乡两级医疗机构住院。农村基层医疗卫生服务能力明显增加。

到 2016 年年末，全省共有各类卫生机构 5210 个，比上年增长 3.3%。其中社区卫生服务机构 170 个，增长 8.3%；整年改造农村乡（镇）卫生院 42 个，年末乡镇卫生院 297 个。新型农村合作医疗参合率达 98.2%，比上年提高 0.3 个百分点，人均筹资由 470 元提高到 540 元。其中社区卫生服务机构 170 个，增长 8.3%。

五　农村基础设施不断完善

"十二五"期间海南省加强对路网、农村水利和电网等基础设施的建设。其中，海南省投入 600 亿元构建完善的交通体系，先后建成海屯高速、屯琼高速公路，新增高速公路里程 117 公里。此外，琼乐高速公路，万宁至洋浦、文昌至琼海等高速公路项目也在加紧建设中。2015 年 12 月，海南西线高铁正式开通运营，环岛铁路对优化产业布局，带动城乡经济协调发展具有重要意义。2016 年，省交通运输厅不断加大农村交通设施建设，启动总投资 127 亿元的自然村通硬化路、窄路面拓宽、县道改造、生命安全防护、危桥改造和旅游资源路等"交通扶贫六大工程"，海南省农村新建公路 520 公里，实现了 300 个自然村硬通化路，新增 92 个建制村通客车，农村区域交通网络逐步完善。

农村水利设施发展方面，"十二五"期间，海南水利基础设施建设取得了一定的成效，149.53 万农村居民的饮水安全问题得到了解决。红岭水利枢纽工程基本建成，红岭灌区、南渡江引水等大型水利工程建设步伐加快，农业生产基础条件逐步改善。此外，完成 794 座小型病险水库除险加固任务，18 个市县小型农田水利重点县建设全覆盖，农村水利基础设施建设得到了大大加强。

电力和信息发展方面，"十二五"期间，海南电网新增农村变电容量 449 万千伏安，新建 10 千伏及以下线路 14697 公里，彻底解决了无电人口用电问题。行政村光纤宽带网络覆盖率达 71.0%，4G 覆盖率达 84.7%，信息基础建设水平进一步提高。

根据住建厅村镇处统计，"十二五"期间，海南省累计完成农村危房改造任务 17 万户，人均居住面积提高到 35.2 平方米，各级财政累计投入 47 亿元，受益群众 92 万多人，农村困难居民的住房问题得到解决，生命财产安全得到保障。

尽管"十二五"期间海南农村社会有了长足的发展，但是总体来说还存在诸多问题。从粮食增产难、农民增收难到城乡差距继续拉大、地区差距继续扩大，从农村较为普遍的上学难、看病难、打官司难问题，到一些失地农民权益得不到保障、农民工受歧视、农村社会保障缺失。"十二五"规划末期，海南农村贫困人口仍然占到海南农村总人口数的 5% 以上，农村贫困问题仍然是各方面关注的热点和焦点。

第二节　海南省农村贫困问题现状分析

一　海南省农村贫困人口现状

截至 2015 年年底，海南省共有农村贫困人口 47.71 万人，贫困村 300 多个。全省有保亭县、琼中县、五指山市、临高县、白沙县 5 个国定重点贫困市县，定安县、昌江县、乐东县、陵水县、屯昌县、东方市 6 个省定重点贫困市县。大部分贫困村、贫困人口分布在中部山区、少数民族聚居地区、革命老区、西部干旱地区、北部火山岩地区。贫困人口呈片状区域分布，也有零星分散的贫困农户，图9-3显示了海南省贫困县农村人口的分布状况。

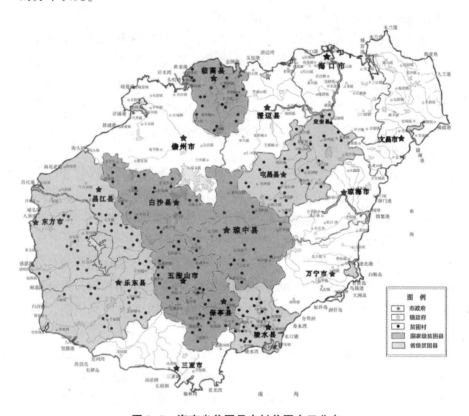

图9-3　海南省贫困县农村贫困人口分布

数据来源：2016年海南省扶贫工作办公室统计数据。

　　根据国家统计局的数据核定，2015年海南农村贫困人口比2010年减少了92万人，年均减贫18.4万人，减少幅度累计为69.2%；贫困发生率为6.9%，比2010年下降了16.9个百分点。2016年，海南省农村贫困人口比2015年度减少18万人，全省农村贫困人口大约29.71万人（不包含返贫人数）。海南农村贫困人口收入和消费也在持续增长，住房、教育、卫生、基础设施等条件逐步改善。

　　尽管"十二五"期间海南省的农村取得了可喜的变化，农村贫困人口数量和贫困发生率呈显著的下降趋势，扶贫工作取得了阶段性的成效。然而，进一步分析发现，相对于全国而言，海南省农村贫困人口占全省总人口的 5. 25%, 高于全国水平 0. 12 个百分点, 总体上, 海南省扶贫形势依然严峻, 实现扶贫任务相当艰巨。

二　海南省农村贫困的类型与形成原因

1. 农村贫困类型

2016 年年初的统计数据显示, 按比重由大到小排序, 海南省现有农村贫困人口致贫的主要因素如下: 因缺资金致贫、因缺技术致贫、因缺劳力致贫、因缺土地致贫、因自身发展力不足致贫、因病因残致贫、因学致贫、因交通条件落后致贫、因缺水致贫、因重大自然灾害返贫致贫。进一步归类, 海南农村贫困主要包括三大类: 资源匮乏型、文化教育型和病灾诱致型。

(1) 资源匮乏型贫困

资源匮乏型贫困指因为缺少发展所需的资金、劳动力、土地、设施设备等生产所需资源而引发的贫困。多数农村家庭贫困都是属于资源匮乏型贫困, 2016 年海南省扶贫办抽样调查显示, 海南省农村贫困人口中, 因生产资金缺乏致贫占比 36.5%, 因劳动力缺乏致贫占比 10.5%, 因土地缺乏致贫占比 10.2%, 因交通条件落后致贫占比 0.8%, 因缺水致贫占比 0.3%。总体上, 农村资源匮乏型贫困占到了 50% 以上。

(2) 文化教育型贫困

文化教育型贫困指由于教育缺乏, 人力资本投入不足而导致个人的能力水平有限, 学习力、生产力、创造力水平不高的状况。缺乏致富技能是贫困人口摆脱不了现状的关键。2016 年政府调查数据显示, 海南国贫县农村居民的普遍文化程度在初中以下, 从事第一产业为主。较低的文化水平, 缺乏较强的劳动技能和种养殖、非农经营的能力, 农民经营收入难以得到增加。海南省扶贫办统计数据显示, 海南农村贫困人口因缺技术致贫占比 16.9%, 因自身发展力不足致贫占比 10.0%, 因学致贫占比 4.3%。

(3) 病灾诱致型贫困

病灾诱致型贫困指因个人禀赋及 "运气" 问题, 有可能使一个人或家庭陷入贫困。例如, 台风从文昌登陆, 文昌的农民比别的区域的农民受台风影响更大, 农作物损失更高。又再如, 先天或者后天的疾病使一个成年人丧失劳动力, 家庭陷入困境。2016 年, 海南省扶贫办统计数据显示, 海南农村贫困人口因病因残致贫占比 9.4%, 因重大自然灾害返贫占比 1.1%。

2. 海南省农村贫困形成的外部原因

外部原因即事物变化发展的外在因素，农村贫困形成的外部原因指不受农村居民个体控制的由自然、社会、政治等造成的外在因素。

（1）自然灾害频繁

海南省地处中国南部，四面环海，属热带季风性气候区，空气流动较快，这就导致了海南省气候灾害出现的频率高，致贫偶然性因素大。省内主要的气候灾害包括热带气旋、暴雨、台风、干旱、寒露风、清明风、低温阴雨、龙卷风等。在所有的自然灾害中，热带气旋是影响海南岛的主要自然灾害，年平均影响 7.4 个，一年四季均有可能发生。近年来，海南省频繁遭受重大自然灾害侵袭，给民众生产生活造成严重影响，例如 2014 年的超强台风"威马逊"致使全省 18 个市县 216 个乡镇（街道）受灾，受灾人口 325.8 万人，直接经济损失 119.5 亿元。2014 年台风"海鸥"致使海南的 17 个市县 219 个乡镇（街道、农场）受灾，受灾人口 286.503 万人，直接经济损失 57.874 亿元。面对自然灾害，原本贫困的农村家庭可能更加贫困，即使已脱贫的人口，大部分经济基础还很薄弱，一遇天灾就可能返贫。

（2）基础设施建设不完善，农民的生产生活受到极大的限制

农村的基础设施建设与完善深刻地影响着农民的生活水平与生产效率。2016 年海南省统计数据显示，海南省农村交通设施方面，全省 2561 个村委会中，通公共交通的村委会只有 1367 个。多数贫困农村表现为通往市镇的道路交通不便，群众生产生活的村组内道路还是土路居多。此外，乡村道路交通安全标识设施的不完善，农村地区交通事故频发。2016 年全国交通安全日前夕，省交警总队透露，几年来，全省 50% 以上致人死亡的交通事故都发生在农村道路地区。农村居民收入较低，保险保障意识薄弱，一旦遇到交通事故，极易造成家庭贫困。

农村用水设施方面，尽管统计数据显示 2015 年海南省通自来水的村委会有 2078 个，自来水的普及率达 86%，但在农业灌溉方面，海南省农村面临着淡水资源短缺以及水资源分布不均的现状。农村电力设施方面，虽然"十二五"期间海南农村生活用电基本解决了，但是贫困地区行政村生产用电不能保证，制约了当地产业发展。住房安全问题上，虽然国家对农村危房改造有补贴，但是农民自己还是要出一大部分，越穷的人越盖

不起房子，住房不安全是个比较普遍的问题。

（3）可利用土地资源匮乏，农民生产环境缺乏

海南省是除四个直辖市、两个特别行政区外我国陆地面积最小的省份，土地资源有限，耕地后备资源不足。从耕地总和来看，"十二五"期间全国耕地资源与海南耕地资源总体都呈现下降趋势，2010年，海南省耕地面积为729.9千公顷，到了2015年，海南省耕地面积下降至725.9千公顷。对比全国耕地面积从135268.3千公顷下降到134998.7千公顷，海南省总体耕地面积波动更大。农村居民人均耕地方面，2015年末，全国农村人均耕地面积为3.3亩；而海南农村人均耕地面积仅为2.7亩，远低于全国平均水平。

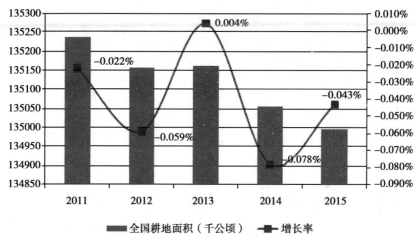

图9-4　"十二五"期间全国耕地面积及增长率

数据来源：2012—2016年《中国统计年鉴》。

从耕地后备资源情况来看，海南省耕地后备资源不足，耕地占补平衡难度日益加大。2014年，海南省第二次土地调查显示，全省未利用地中63.74%是难以开发利用为耕地的滩涂，最利于开垦成耕地的其他草地只有30873公顷，而且零星分散，坡度较高，水源缺乏，处于生态敏感区，难以开发利用。综合考虑现有耕地数量、质量、人口增长、发展用地需求等因素，海南省耕地保护形势仍十分严峻。

从土壤环境来看，海南省的土壤主要由砖红壤构成，砖红壤占土地总面积的53.42%，全省19个市县均有分布。海南省是热带季风气候，这种气候导致全年高温以及夏季降水量多，土壤受到的淋溶作用和生物风化非

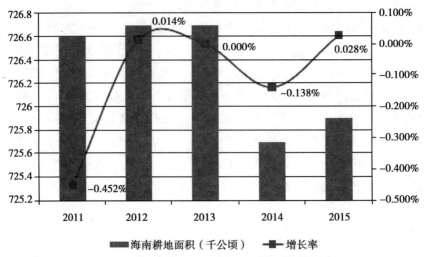

图9-5 "十二五"期间海南耕地面积及增长率

数据来源：2012—2016年《中国统计年鉴》。

常严重，土壤有机质分解周转速度快，养分流失情况普遍。这种气候下形成的砖红壤呈强酸性且腐殖质少，土地相对贫瘠。此外，海南省四面环海，遇到台风天气极易引起海水倒灌，良田被海水倒灌后容易形成盐碱地。2014年，台风"威马逊"过后，文昌市罗豆农场万亩良田被海水浸泡，其中很多田地成为盐碱地，种植功能丧失，恢复种植功能还需要三至五年的时间。盐碱化土地多年来一直困扰着海南省沿海地区的农民，成片土地因此撂荒，极大制约了农作物的种植能力，造成低产低收现象。

从2004年起，海南省开始实行森林生态效益补偿制度，一些农用地被划分为生态林地，政府给予相应的补偿，农民不能再耕种。尽管政府出资给予农民相应的资金补贴，但在许多补偿措施中，如公益性生态林补偿费、退耕还林补助费等，存在补偿标准偏低、补偿额不到位的情况。2016年6月，海南省精准扶贫第三方评估保亭组调查数据显示，保亭县三道镇农民生态补贴金额为人均200元/年。生态补偿机制的实行，一定程度上保护了地区的生态系统。但作为以地为生的农民，却牺牲了自己的利益，"守着青山过穷日子"的现象仍然存在。一些中部落后市县农林牧副业的发展也受到了相应制约，呈现出中部市县与东部和沿海地区差距拉大的趋势。

（4）保障体系不健全，农民承担着较大的生活生产风险

市场竞争、家庭结构、自然灾害是海南省农村居民面对的主要风险来

源。海南省 50%以上的户籍人口在农村，农民的社会保障是整个社会保障体系的重要组成部分，然而，农民却长期被排除在社会保障体系之外。随着市场经济的深入发展，农村居民面临着来自三个方面的风险。首先，市场竞争的风险，市场经济条件下，农户的粮食、农副产品都必须进入市场，而作为独立经营者的农户，也必然独立承担市场竞争所带来的风险。其次，家庭结构带来的风险，我国农村居民主要依靠家庭养老，但是随着我国计划生育政策的推行，农村家庭结构趋于小型化，家庭的社会保障功能下降。最后，自然灾害的风险。农业生产的显著特点是对自然和气候的依赖性，近年来自然灾害频繁发生，农业生产的风险增大。

农业保险发展滞后，缺乏应有和可靠的补偿机制。2007 年，海南省启动政策性农业保险试点，农业保险发展加快。然而，2014 年全省农业保险保费收入 3.77 亿元，与全省 85.15 亿元的保费规模相比，海南的农业保险影响力还很小。其次，农业保险的险种主要涉及种植、养殖类，多数险种投保率仍然很低，商业保险公司开办农业保险的积极性不高。

农村小额信贷保险覆盖率低，农村小额信贷保险发展也较为滞后。海南省现有的农村小额信贷保险仅仅涵盖"小额信贷+意外伤害"，对于借款人面临疾病风险和农业风险等并没有提供保障。农村小额信贷保险业务办理烦琐，农户居住分散、偏僻，形成单位成本高，利润空间较小，短期效益不明显的状态，导致保险公司主动承保的积极性不高。农村小额信贷保险覆盖率低，与海南省热带农业大省的地位很不匹配。

（5）政策性排斥，农民无法享有与城镇居民同等的发展机会

政策性排斥，是指那些由政府颁布的将一部分社会成员排除在政策覆盖之外而使他们得不到应有的社会权利实现的各种政策和规定。在排斥性政策的作用下，一部分社会成员被推至社会边缘。

户籍二元制使得农村居民无法拥有与城镇居民同等的发展和享受社会公共服务的机会。海南省属于欠发达地区，城乡二元经济的结构特征非常典型，2015 年，海南省农村户籍人口 570.99 万人，农村人口数量占全省户籍人口总量的 50%以上，高于全国水平。长期以来，户籍二元制度阻碍了农村居民享受与城镇居民同等的发展机会。

首先，农民参与国家事务的权益不充分，真正的农民代表很难参与到多数农业发展政策与方针中，农民缺少代表自身利益的群众组织，在各利益集团的博弈中，农民处于弱势地位。

其次，农村民众在参与权、社会保障、教育权等表现上相对不足。例如我国的失业社会保障机制，其主要针对城镇居民，但是随着海南省工业化城市化进程，农村土地被大量占用，造成既没有工作又无土地的失地农民，他们可以说是典型的失业人口。但是，我国失业社会保障机制主要针对城市居民，而农民无缘享受，这无疑增加了失业农民陷入贫困的可能性。

3. 农村贫困形成的内在原因

内部原因（内在原因）即事物变化发展的内在因素，农村贫困形成的内部原因指在一个物体里面，受农村居民个体控制的因素。

（1）农村少年儿童与老龄人口抚养负担重

第一，农村人口自然增长率较高。自20世纪70年代末国家实行计划生育政策以来，海南的人口控制工作一直落后于全国。近年来，经过各级党委政府的不懈努力，海南省人口与计划生育工作有了很大进展，海南省人口出生率已从建省初期的20‰以上下降到了近几年的10‰以下，控制人口增长的能力有所增强。然而，对比全国水平，海南省的人口自然增长率仍然较高，2015年统计数据显示，海南省人口自然增长率达8.57‰，全国排名第三。从总体上看，海南省人口和计划生育水平不高的问题还没有从根本上好转，与全国的阶段性差距仍然存在。

表9-2　　　　　"十二五"期间全国人口和海南人口自然增长率

	2011	2012	2013	2014	2015
全国	4.79	4.95	4.92	5.21	4.96
海南	8.97	8.85	8.69	8.61	8.57

数据来源：2012—2016年《中国统计年鉴》。

第二，农村人口出生率较高，农村家庭少年儿童抚养比重大。2015年国家统计数据显示，海南省人口出生率达14.57‰，全国人口出生率12.07‰，海南省人口出生率高于全国水平。年度统计数据显示，海南省人口出生率一直居全国前列。在海南省经济欠发达的农村地区，重男轻女思想严重，群众生育意愿与计划生育之间存在较大的差距，超生强生现象较多。"十二五"期末，全国少年儿童抚养比为22.63%，海南省少年儿童抚养比27.62%，远远高于全国平均水平。受思想素质各方面因素的影响，海南省农村的少年儿童抚养比重可能会更高。

第三，海南省人口死亡率低于全国水平，农村人口老龄化现象严重，农村家庭需要抚养的老龄人口逐渐增加。2015年，海南省人口死亡率为6.0‰，全国人口死亡率为7.11‰，相比之下，海南省的人口死亡率较低。海南省气候适宜，自然条件优越，适合养生疗养。海南全省水、大气环境质量始终保持良好的状态，地下水呈一级良好状态，大部分地面水质符合国家二、三类标准，近海海域水质符合国家一类海水标准；大气环境优于国家一类标准。除此以外，居民饮食习惯长期偏清淡，老年人均寿命较长。海南省20世纪较高的人口增长率、偏低的人口死亡率加速了人口老龄化进程，这就给海南农村家庭带来了极大的人口负担，影响了农村家庭的发展与脱贫。

（2）农民文化素质偏低，难以在高收入行业找到职业

农村劳动力整体素质偏低，农村人力资本投资不足，就业形势严峻。人力资本投资不足一直被看作是贫困的重要原因。研究发现，文盲和长期贫困之间存在着正相关。除了通过正规教育获得的人力资本外，缺乏经营技能等也和长期贫困有着紧密联系。研究发现，持续发展的教育水平或教育时间可以有效地减少长期贫困的可能性。其他研究显示，发展较高水平的教育，如初中教育，可以有效地防止长期贫困。随着近、现代经济和科学技术的发展，农村教育已成为农村劳动力再生产的社会必要手段。它在缩短再生产科学知识所必需的劳动时间方面起着十分重要的作用，被形容为具有最高生产率的再生产科学知识的"工厂"。

2015年国家统计数据显示，海南省农村劳动力中，文盲、半文盲和小学文化程度的比例高达50%，高中以上文化程度仅占8.2%，农民整体素质低的问题比全国还要突出；海南女性文盲人口占全省15岁及以上女性人口的8.64%，高出全国水平。在农村劳动力中，劳动力文化程度是影响就业和收入的重要因素。海南中部有5个国家级贫困县（市），6个省定贫困县，这些县（市）地处偏僻的山区，教育文化水平低的情况更为突出。海南省农村地区经济相对落后，文化教育水平相对城镇薄弱，在此数值上比重会相应提高。由于海南当地农民的技术技能适应不了劳动力市场的需求，海南的一些工厂企业如药品制造企业、采石厂等需要从内地招募员工。调查发现，不少在内地沿海一带务工的琼海籍贫困家庭的户主或子女，由于文化素质低，缺乏必要的职业技能，大多数劳动力只能从事文化水平要求不高、劳动强度大、工资水平低的工作。此外，由于农村贫

困地区农民素质不高，接受新技术、新观念比较难，容易陷入"贫困—受教育少—文化素质低—更贫困"的恶性循环之中。

（3）落后观念、封建思想、恶俗风气阻碍着农村家庭脱贫致富

一般来说，经济不发达的农村地区，农民的思想观念、风气也比较落后。海南农村属于典型的不发达地区，存在很多封建落后的思想以及不良风气。

重男轻女封建思想比较严重。海南农村家庭一般都是多子女家庭，"养儿防老""传宗接代""男尊女卑"的思想仍在影响着他们的生育行为，不生出男孩绝不终止生育思想和行为深深影响着家庭生活经济状况。第六次全国人口普查数据显示，海南省男女性别比达到了 112.58（以女性为 100）。2016 年中国统计数据显示，海南省男女性别比为 110.47，全国男女性别比为 105.02，海南省男女性别比例远高于全国水平。重男轻女思想不仅影响性别结构，而且对海南农村女性受教育的权利、农村脱贫致富工作也带来严重的负面影响。

男性缺乏吃苦耐劳的精神。受历史、地方习惯风俗、生活环境等因素影响，海南男性或多或少存在岛民思想，悠闲安逸、容易满足。海南老爸茶文化盛行，从早到晚，老爸茶店人员络绎不绝。炎热的夏天，在田间地头劳作的女性占多数，茶店中闲聊刮奖的男性却倍于女性。海南的男性相比内陆的男性要更为懒惰，缺乏吃苦耐劳的精神，且多数海南男性相对要面子，对挖石头、扛水泥、掏粪坑等粗活嗤之以鼻。男性作为农村劳动的主力，一旦养成懒散的风气，对家庭生产生活、脱贫致富会造成一定的阻碍作用。

"就业不离家""离土不离乡"等传统观念根深蒂固。农村劳动力就业与转移是确保农民脱贫增收和实现小康社会的重要手段。受海南省的乡土观念影响，很多农村居民不愿意离乡外出。根据海南调查总队农民工抽样监测调查数据显示，2016 年第一季度，1599 户农村居民家庭中，离开本乡镇的外出从业人员数量为 695 人，对比全国水平，海南省农村人口外出就业比例较小。

彩票博弈之风盛行。由于自然环境、社会历史发展的影响，海南省彩票博弈之风盛行，尤其在农村地区更加盛行。大到省城，小到村镇，从毛头小孩到蹒跚老人，人人都在聊彩票，老爸茶店更是成为人们聊彩打奖的集中之地。总体上，买彩票的都是一些社会底层的人。一壶清茶，一张彩

票纸，三五个人一桌，可以坐着聊一天。人们吃饱喝足就梦想靠买私彩发家致富，传了千百年的"10 赌 9 死"的古训被抛弃脑后。更有甚者，不少彩民为了"赌"个大奖，不惜债台高筑，最后弄得一贫如洗，甚至家破人亡。

"公期"陋习盛行。"公期"是海南省传统节日，但是在"公期"期间，吃喝风异常盛行。不少农村地区，"公期"接待宴席相互攀比，经常以亲朋好友的数量、贵宾的数量、酒席的数量、花费的金额、持续时间的长短为荣为耻。很多农村家庭为了接待公期的亲戚朋友的吃喝，平时省吃俭用，有的家庭甚至减免了在生产资料上的投入来维持公期的门面。一些农村家庭甚至连件像样的家具都没有，衣服也舍不得买，四处借钱来操办公期。这样的陋习，劳民伤财，毫无意义。

"读书无用论"等落后思想仍有市场。在"读书无用论"等落后思想的影响下，农村居民抓不住促进个人发展的机会，很难实现个人财富长久的增加。会山镇是琼海市的重点扶贫对象，近年来，由于政府采取了一系列扶贫政策，会山镇居民的收入已接近琼海市居民人均收入 8000 元左右的水平。照理来说早已摘掉贫困的帽子，但事实上，会山镇仍是扶贫的重点对象之一，主要原因是由于农民思想传统落后，认为读书无用，送子女上学还比不上修套房子实在，没有好好利用手里剩余的资金去进行人力资本投资。虽然近几年来，琼海市政府在扶贫方面采取了很多优惠的扶贫政策，向边远地区的少数民族投资不少，但最终还是很难从根本上解决贫困问题。

三　海南省农村贫困的特点

根据上面的分析，可以归纳出海南省农村贫困现象的如下特征。

1. 贫困成因的多元性

海南省农村贫困现象往往是由外在影响与内在因素共同构成的，贫困的形成原因具有多元性。有的贫困家庭因为缺乏资金技术致贫，有的因为缺乏劳动力致贫，还有的因为天灾人祸等情况致贫。尽管海南省农村贫困家庭每家每户致贫的原因不尽相同，但大体都是由多种原因交互影响而产生。贫困原因的多元性对精准识别农村家庭贫困具有重要的意义。因此，在分析和解决海南省农村贫困问题时，必须同时考虑和兼顾多方面的因素，不能有失偏颇。

2. 贫困人群的脆弱性

海南农村贫困人群在经济和社会上都比较脆弱，他们无法面对自然灾害、家庭破裂、受伤和死亡等情况，他们除了要忍受低收入、低消费、低能力外，还要体验随之而来的巨大压力。2014 年，"威马逊"造成海南省18 市县 216 个乡镇 325.8 万人受灾。其中，倒塌房屋 23163 间，初步统计直接经济损失 108.2824 亿元，其中，养殖业、渔业、热作水果、林业损失较为惨重。根据海南省三防办统计，"威马逊"给海南省农林牧渔业造成巨大损失，损失金额初步统计为 44.6258 亿元。当前的海南农村居民 50%以上的经济收入以农业经营性收入为主，自然灾害给农业造成了巨大破坏，直接影响着农村家庭的生活稳定。

3. 贫困现象的反复性

海南省农村贫困现象具有较强的反复性。贫困是指个体或家庭收入在一定地区或社会中所处的层次，是一个比较相对的概念。海南省农村人口的收入来源不稳定，收入结构中农业的经营净收入所占比重较大。以农业生产经营为主的收入结构极易受到自然气候的影响，遇到风调雨顺的年份，农民顺利生产收获；遇到灾害天气可能就会造成家庭的停产停收，陷入贫困。当前，全国大部分地区农民的收入中 50%以上是工资性收入，具有较强的稳定性。相比全国农村农民收入以工资性收入为主的情况，海南省农村贫困家庭更易返贫。

第三节　海南省农村精准扶贫的主要做法及成效

习近平总书记在中共中央政治局第三十九次集体学习时强调，农村贫困人口如期脱贫、贫困县全部摘帽、解决区域性整体贫困，是全面建成小康社会的底线任务，是中央作出的庄严承诺。要强化领导责任、强化资金投入、强化部门协同、强化东西协作、强化社会合力、强化基层活力、强化任务落实，集中力量攻坚克难，才能更好地推进精准扶贫、精准脱贫，确保如期实现脱贫攻坚目标。

2013 年海南省发布了《关于印发海南省扶贫开发整村推进"十二五"规划的通知》，整村推进共整合资金 1.5 亿元，主要用于修建乡村道路、修建桥梁、建设饮用水工程、实施危房改造、建设文体设施以及推进老区建设。2015 年以来，海南紧紧围绕"三年脱贫攻坚，两年巩固提升"的决策部署，让 8.6 万余人脱贫，完成 60 个整村推进扶贫开发任务，全省 5 个国家级贫困县农民人均可支配收入增幅高于全省平均水平，打响了脱贫攻坚的"当头炮"。2016 年，海南省农村居民贫困线标准达到 2965 元，实现了农村 18.8 万贫困人口脱贫和巩固提升，其中：脱贫人口 12 万人，巩固提升 6.8 万人，通过扶贫生产发展脱贫和巩固提升 12.9 万人，通过发展教育与转移就业脱贫 2 万人，通过生态扶贫移民搬迁脱贫 316 人，通过生态补偿脱贫 2177 人，通过社会保障兜底脱贫 3.6 万人。此外，将 300 个贫困村纳入全省"五网"建设规划，完成 126 个贫困村整村扶贫开发，实现整体脱贫出列。其他贫困人口相对集中的地区的贫困面貌也有了较大提升，农民生活水平普遍提高。

一　产业扶贫

产业扶贫是实现海南省精准扶贫、精准脱贫的重要途径，决战贫困，产业是根本。可以说，产业扶贫是精准扶贫的重要着力点，发展产业有利于激发贫困地区和贫困人口的内生动力，提高自我发展能力，变"输血"为"造血"，确保脱贫效果持续性。然而产业链条短、农副产品的加工流程短，制约了扶贫政策的效力发挥。

1. 种植业扶贫

2010—2015 年，海南省通过 5.66 亿元财政专项扶贫资金投入，扶持贫困地区农户发展种养业，包括种植和管理橡胶、槟榔、绿橙、芒果和瓜菜等经济作物及热带水果 55 万亩、家畜 8 万头、养蜂 2.5 万箱、家禽 900 万只、海淡水养殖 3900 多万尾，累计 25 万户 116 万人次受益。同时，引导和鼓励龙头企业到贫困地区建立生产基地，形成了"一村或数村一品、一乡或数乡一业"的产业发展格局，带动贫困农户增收。

凭借天然气候条件，陵水县英州镇瓜菜种植已发展成为当地优势产业。因地制宜，扶持贫困户瓜菜种植，提升贫困户自身产业发展水平，成为田仔村委会贫困户"摘掉穷帽子"现实可行的方式。实地走访后，经驻村扶贫工作组动员，2016 年田仔村委会 64 户贫困户中 56 户种植了冬季瓜菜，种植面积达 163 亩。其中，驻村扶贫工作组租赁了 20 亩良田作为冬季瓜菜种植教学培训示范基地，交由 5 户贫困户种植管理。

针对贫困种植户缺乏优良品种、生产资料不足、新技术普及低的情况，驻村工作组按照贫困种植户种植意愿，委托第三方农业公司购进瓜菜良种，将农业生产所需的肥料和必需的农药及时发放到贫困种植户手中，并专门聘请农技专家，对贫困户瓜菜种植进行全程技术指导。为保证基地建设成效，驻村扶贫工作组和特聘农技专家经常深入田间地头，先后为种植户开展 5 期瓜菜种植课堂技术培训，进行田间现场技术指导和病虫害防治检查 18 次，并为农户发放培训资料 120 余份。目前，瓜菜长势喜人，个别农户豇豆已开始采摘上市，种植户普遍反映瓜菜品种比往年高产。

2. 养殖业扶贫

特色畜禽养殖业扶贫是当前海南省众多产业精准扶贫方式中较常见、较为重要的一种。据统计，2016 年海南省特色畜禽养殖业财政投入 1.2 亿元，向贫困户发放畜禽种苗 550 万只，带动贫困户 11897 户，惠及贫困人口 38070 人，人均获得收入 1680 元。由此可见，特色畜禽养殖业扶贫在海南省精准扶贫中占据着重要的地位。利用海南无规定动物疫病区的品牌优势，大力扶持贫困农户发展养殖业，扩大文昌鸡、东山羊、白莲鹅、定安黑猪、屯昌阉鸡、临高乳猪等具有海南特色的畜禽生产规模，加快贫困地区农业产业结构调整，促进农业增效、农民增收。全省通过财政扶贫贴息资金 8750 万元，引导带动小额信贷资金 19.8 亿元，扶持贫困地区种植业、养殖业覆盖贫困农户达 45 万人次。通过龙头企业的带动，海南省贫困地区逐步形成了以种养殖业为主的支柱产业，农村产业结构得到调整，贫困户收入增加，为今后扶贫开发工作打下了坚实的基础。

3. 旅游扶贫

2010 年以来，景区扶贫成为海南旅游扶贫的主力军，创新了不少好模式、好做法。2016 年 12 月，海南省旅游委推行《海南省旅游企业帮扶脱贫工程专项活动实施方案》，动员全省规模较大的旅游景区、旅行社、旅游饭店、旅游规划设计单位、乡村游等旅游企业及旅游院校对海南省 151 个乡村旅游扶贫重点村进行帮扶脱贫。采取开发乡村旅游、输送客源、安置就业、定点采购、培训指导等方式，计划通过 3 年时间，带动 10 万以上贫困人口增收脱贫，2 年时间巩固提升。琼中将什寒村、新寨村、便文村、鸭坡村、什日宛等 5 个贫困村打造成乡村旅游点；东方市以南浪村、俄贤村作为辐射点，将俄贤岭周边的旅游资源整合起来，引进海南汇利黄花梨产业发展有限公司，将俄贤岭打造成东方旅游扶贫示范区。

（1）乡村旅游扶贫

2015 年，海南省扶贫办协同省发改委、省旅游局等单位到 5 个国定贫困市县调研，商定在白沙县邦溪镇南班村开展旅游扶贫试点工作，并完成了南班村旅游扶贫试点规划；9—10 月，与省旅游委举办 2 期 340 人次"旅游扶贫致富带头人"培训班，为海南省旅游扶贫试点工作培育第一批专业型人员；9 月下旬，与省旅游委联合召开全省乡村旅游扶贫工作会议，总结海南省旅游扶贫试点工作经验。因地制宜，精准施力，帮助贫困群众积极参与旅游产业开发，增加农民收入，总结经验并逐步扩大试点范围。截至 2016 年年底，全省 18 个市县重点发展了 76 个乡村旅游试点项目，通过加大旅游设施建设，打造精品线路等方式带动周边贫困户"农家乐""渔家乐"的繁荣发展。

（2）景区旅游扶贫

作为海南旅游扶贫的一大主力，海南景区在创新推进旅游扶贫方面进行了有效探索。例如，海南南山文化旅游区积极打造"旅游区+旅游小镇"扶贫模式，槟榔谷黎苗文化旅游区积极变"输血式帮扶"为"造血式引领"。

2013 年以来，海南省大批旅游景区如海南南山文化旅游区、呀诺达雨林文化旅游区、槟榔谷黎苗文化旅游区、大小洞天旅游区、分界洲岛旅游区、蜈支洲岛旅游区、天涯海角旅游区等，实施了一系列旅游扶贫举措。这些景区不同程度上都参与到旅游扶贫中，现以三个具有代表性的景区为例来介绍主要的旅游扶贫举措。

——海南南山文化旅游区。景区从建园至今就牢牢树立起"发展不忘乡亲、村民不离土不离乡、腰包年年鼓"之念，有针对性提出"基础设施先行、村民就业为支撑、文化教育提技能、产业带动为根本、贫困救助为托底"的多层次、多方位的综合性扶贫新模式。从资金、就业、培训、建设、产业全方位实施扶贫覆盖，强化帮扶措施的针对性、有效性，深入实施科学扶贫、精准扶贫，带领当地人民脱贫致富。20 多年以来，南山景区为南山周边村庄累计安排扶贫资金 3800 多万元，200 多名村民安排到景区就业，200 多名贫困大学生得到了帮扶。此外，基础设施方面，修建道路、水电设施、希望小学等扶贫基础设施带动南山周边区域农家乐餐厅、乡村酒店、农产品水果商店、游客停车场、花卉苗圃等一批旅游扶贫产业发展。

——呀诺达雨林文化旅游区。景区累计在扶贫方面投入约 580 万元资金。景区每年还投入大量的人力、物力、财力致力于对周边农村员工的培训，并联合有关院校开办了中专学历教育，和国家开放大学海南分校联合开设了国家开放大学呀诺达分院，积极鼓励员工报名参加学历教育培训。这些措施，为企业员工提供广泛的教育培训服务，同时还极大地影响了员工的家庭及三道周边村民，带动了他们的整体素质提升。

——槟榔谷黎苗文化旅游区。景区在帮扶周边村民的过程中，变"输血式帮扶"为"造血式引领"。景区不仅通过捐资改善周边农村的生活、生产条件，还在劳动用工方面优先考虑和安置当地村民，并针对性地为甘什上村和甘什下村村民量身定制"半天务农、半天务工"的弹性工作模式，帮助村民实现家门口安家乐业的生活。此外，景区还探索出了村企合作的共赢模式，发掘黎苗文化旅游资源，同时配合人才的培养，最后取得了良好的经济效益、社会效益和生态效益。在旅游景区的发展带动下，上下两村农户通过土地分红、青苗补偿、店铺经营收入、景区内上班固定收入、劳动产品营业收入和承包景区建设工程项目等多途径、多渠道获得利益的形式实现收入翻番，从 2005 年村民年人均收入不足 2000 元到 2011 年村民年人均收入为 1 万元左右，再到 2015 年年人均收入达到 3.6 万元，实现了村民发家致富。

海南旅游景区在旅游扶贫中积极行动，已经成为全省旅游扶贫的主力军，并取得了以下成效：第一，景区扶贫参与时间长，扶贫攻坚，始终伴随着整个景区的发展和成长。旅游景区的成长史，同时也是景区扶贫攻坚、包容性发展的奋斗史。景区的发展壮大，带动了更多人脱贫致富。第二，景区扶贫涉及面广，除救济式扶贫外，景区还开展了就业扶贫、改善生产生活基础设施扶贫、产业扶贫、人才培训扶贫、通过挖掘特色地方文化资源扶贫等。第三，景区扶贫功能强，海南省 AAAAA 级和 AAAA 级旅游景区，大大缓解了周边贫困人口就业问题。

二　电商扶贫

1. 培育电子商务市场主体

在 2015 年的定点扶贫工作中，精准扶贫开启电商模式，对贫困村开展电商扶贫，推动贫困地区特色产品进入市场，减少中间环节，帮助农产品打破有形市场的局限，进一步拓展销售范围。2016 年年底，电子商务已经成为海南农产品流通的一大创新推动力，有力地推动着农产品传统流通模式的转变，更有效地形成价格机制，使农民在农产品价格形成中拥有更多的话语权，这对扩大海南农产品的影响力和竞争力发挥着积极的作用。

2. 改善农村电子商务发展环境

农产品直销全国，增加贫困群众收入。白沙黎族自治县作为国定贫困县，精准脱贫是一场攻坚战。为了将优质农产品销售出去，2015 年白沙提出了电商扶贫计划。以白沙县的电子商务发展为例，2016 年 3 月 8 日—12 月 31 日，白沙县农村淘宝，线上交易额超 4000 万元，订单量超 17.5 万单，实现了农产品全国全网直销。截至目前，全县已建成 40 个村淘服务站，辐射 22 个贫困村 1719 户贫困户 7344 人。白沙民营橡胶积极进驻阿里巴巴 1688 平台，实现线上交易，由此推动乳胶价格上涨近 300 元/吨，线上交易额突破 1400 万元。由此带动 5000 多户胶农销售乳胶，其中 500 多户是贫困户，电子商务的发展有效增加贫困群众的收入。

2016 年，海南省全年投入财政资金 2522.2 万元为实施电子商务脱贫。白沙县与北京一亩田集团签订了农村电商扶贫战略合作协议书，2016 年 7 月 27 日至 28 日，在白沙县举办了农村电商扶贫培训班，积极推广电商扶贫模式。目前，在屯昌、琼中、白沙、陵水、琼海、文昌等 13 个市县建立了贫困村电商服务站 495 个，其中，白沙县、文昌市被国家评为海南省 2016 年电子商务进农村示范市县。同时，琼中、保亭和临高 3 个国定贫困县被列入京东电商扶贫试点县。

三　改善基础设施扶贫

"十二五"期间，海南省不断加大投入资金，用于改善贫困地区交通基础设施现状。期间建设了 968 公里乡村道路、28 座桥梁、916 个涵洞，解决了 50 多万人的行路难问题。同时兴建的 266 宗饮水工程、水利工程，让 21.77 万多人饮水难和 6 万亩农田灌溉难的问题得到有效解决，2 万平方米的文化设施建设改变着贫困地区群众的生产生活条件。

2016 年，海南省交通基础设施扶贫攻坚战农村公路建设工程（以下简称"农村公路建设工程"）包括"交通扶贫六大工程"：一是自然村通硬化路工程；二是窄路面拓宽工程；三是县道改造工程；四是生命安全防护工程；五是农村公路桥梁建设及危桥改造工程；六是旅游资源路工程。根据市县（不含三沙市）经济发展水平，分两类确定自然村通硬化路、窄路面拓宽、县道改造、生命安全防护和旅游资源路 5 大工程的补助标准：一类是五指山、临高、白沙、保亭、琼中5个国家扶贫开发工作重点市县（以下简称国贫县）；另一类是海口、三亚、儋州、琼海、文昌、万宁、东方、乐东、澄迈、定安、屯昌、陵水、昌江等13个市县及洋浦经济开发区、省管林场。考虑保障群众出行安全的要求，农村公路桥梁建设及危桥改造工程全省执行统一的补助标准。2016年，海南省基础设施扶贫建设取得了显著的成果。

四　教育扶贫

教育扶贫就是要通过知识的传授和技能的培训，使贫困家庭及其子女树立坚定的脱贫信念，掌握脱贫的技能，进而改变贫困状况。

近几年，海南省委、省政府始终坚定不移地实施科教兴琼战略和人才强省战略，优先发展教育，各级各类教育得到长足发展。在教育方面，海南省积极实施"雨露计划"，教育扶贫对象主要是中专职业技术学校学生。截至2014年年底，全省共有各级各类学校4035所、在校生达到193.56万人，教育发展成果喜人。

1. "扶志"教育

一个人或一个家庭长时期处在贫困的生活状态中，容易产生悲观情绪和依赖思想，对于改变现状丧失信心。因此，在扶贫攻坚阶段，"扶志"教育的关键是帮助贫苦居民树立信心，增强志气，坚信在党和国家的帮扶下，通过自身努力，定能改变贫困的现状。

"十二五"规划以来，海南省通过宣传教育，帮助贫困户树立脱贫的信心。基层干部深入到每一个贫困家庭，做耐心细致的思想工作，让其认识到，全面小康是既定方针、是不落下一个人的小康。理解了党中央的决心和政策，贫困户就会同党中央心往一处想，劲往一处使，克服等、靠、要思想，增强脱贫的信心，克服"饿不死即安"的思想，树立"过小康生活"的志向。通过典型示范，树立了脱贫的样板。当贫困户亲眼看见别的地区、家庭在政府的帮助下通过自身努力脱贫致富时，就会产生思想触动，寻求自身脱贫出路。

2. "扶智"教育

扶贫必扶智，摆脱贫困需要智慧。培养智慧教育是根本，教育是拔穷根，阻止贫困代际传递的重要途径。再穷不能穷教育，习近平多次强调扶贫必扶智、阻止贫困代际传递。习主席还指出："让贫困地区的孩子们接受良好教育，是扶贫开发的重要任务，也是阻断贫困代际传递的重要途径。"2015 年全国两会期间，习近平在参加代表团审议时说道："扶贫先扶智，绝不能让贫困家庭的孩子输在起跑线上，坚决阻止贫困代际传递。"

2017 年，海南省教育脱贫攻坚推进工作会上指出，要资助建档立卡贫困家庭学生 10.3 万人，资助金额约 4 亿元。海南省教育脱贫攻坚工作实现了从"大水漫灌"向"精准滴灌"的重大转变，实现了从普惠性资助政策向特惠性扶持政策全覆盖的重大转变，实现了从单一资金资助帮扶向心理帮扶和成长帮扶为主的重大转变。2017 年，新增了建档立卡贫困学生信息核准工作，完善了学生"数字化台账"，实现科学的信息化跟踪服务管理。此外，政府继续加强建档立卡贫困家庭义务教育阶段适龄学生控辍保学工作，确保除重度残疾等特殊原因外 100% 全部入学。目前，实行大学生在校学习期间免除学费和实行全额贷款上学的优惠政策来缓解贫困家庭的经济压力。对于回家乡创业的大学生，政府给予一定的创业资金资助，使他们能成为带领一方脱贫致富的"领头羊"。

3. 技能培训

截至 2016 年年底，政府已针对不同的贫困人群，采用不同的帮扶方式，使一大批贫困人口脱贫致富。例如，对贫困家庭中有劳动能力的青壮年，采取了短期生产技能培训的方式，让其通过一技之长脱贫致富（如果树栽培、花卉养殖、旅游"农家乐"管理等技术）。对贫困家庭妇女方面，派专业技术人员统一教学，教她们织黎锦、苗绣、竹编等工艺品，帮助有能力的妇女掌握一定技能，并组织她们建立手工生产合作社，在村里培训带头人，再由她们去组织其他妇女进行相关技术的学习。相关部门对他们的劳动成果统一包销，解除了她们的后顾之忧。

对在校青少年，在他们完成九年义务教育后，开始对其进行免费的专业技能培训。根据当地需要和个人爱好，培训驾驶、木工、钳工、车工、家电和汽车维修等专业技能。经过 1—2 年的专业学习，让他们成为熟练的专业人才。除此以外，相关部门还帮助他们寻找就业谋生的门路，一方面，通过扶贫资金帮助他们解决自身创业所需要的费用问题；另一方面，根据订单需要，县级劳动部门统一按需要培养，统一组织劳务输出。

4. 拓宽教育培训渠道，提高贫困地区群众综合素质

为提升贫困地区群众综合素质，2016 年 11 月 18 日，海南省脱贫致

富电视夜校开播，并同步开通"961017"脱贫致富服务热线。夜校主要宣讲扶贫政策、产业发展种养殖技术、脱贫致富先进典型经验，提供劳务输出就业信息、产销信息、市场预测、农民工返乡创业信息等。每周一、周五的20:00—21:00，在海南电视综合频道播出，20：45—21：45，在三沙卫视播出，同时，海南网络广播电视台，海口、三亚、儋州电视台播放录制节目。为把夜校办好，使用"钉钉"即时通信系统，组织相关人员按时收看电视节目，组织座谈讨论。电视夜校开播以来，贫困群众反应良好，参与收看和讨论的积极性较高，听课人数超百万人次，收视率在综合频道名列前茅。开设"961017"热线，主要是方便与贫困地区群众沟通互动，接受投诉群众政策咨询，解决诉求表达不畅的问题，让贫困群众的心声能快速顺畅地传送到各级党委、政府部门。省直19个有关部门每周一、周五安排专人在电视节目播出期间，接听热线电话，现场受理群众诉求，平时由专人值守，接受来电，将来电反映的问题，由电视夜校办公室批转工单转相关部门办理。自"961017"服务热线开通以来，群众来电共6000余个，极大地激发了群众学习参与热情。

五　卫生健康扶贫

1. 健康扶贫

海南省政府办公厅印发《海南省健康扶贫工程实施方案》（以下简称《方案》）提出，到2020年，海南省实现贫困地区人人享有基本医疗卫生服务，建档立卡农村贫困人口大病得到及时有效救治保障，个人就医费用负担大幅减轻。2016年年底，新农合覆盖所有建档立卡农村贫困人口并实行政策倾斜，个人缴费部分按规定由财政给予补贴。提高新农合待遇水平，建档立卡贫困参合患者在乡、村两级新农合公立定点医疗机构门诊就诊，普通门诊报销比例提高5个百分点；患有25种慢性病特殊病种的建档立卡贫困参合患者在省内省级、市级新农合公立地点医疗机构门诊就诊，报销比例提高5个百分点；住院不设起付线；在省内省级、市县级新农合公立定点医疗机构住院治疗报销比例提高5个百分点；降低大病保险起付线，由8000元降至4000元。

此外，还建立了贫困人口兜底保障机制，将建档立卡农村贫困人口全部纳入重特大疾病医疗救助范围，对突发重大疾病无法获得家庭支持、基本生活陷入困境的患者，加大临时救助和慈善救助等帮扶力度；并建立基本医疗保险、大病保险、疾病应急救助、医疗救助等制度的衔接机制，对患大病和慢性病的建档立卡农村贫困人口进行分类救治。

2. 新型农村合作医疗助力扶贫

对贫困人口参加新型农村合作医疗个人缴费部分由财政给予补贴。新型农村合作医疗和大病保险制度对贫困人口实行政策倾斜，门诊统筹率先覆盖所有贫困地区，降低贫困人口大病费用实际支出。对新型农村合作医疗和大病保险支付后自负费用仍有困难的，加大医疗救助、临时救助、慈善救助等帮扶力度，将贫困人口全部纳入重特大疾病救助范围，使贫困人口大病医治得到有效保障。加大农村贫困残疾人康复服务和医疗救助力度，扩大纳入基本医疗保险范围的残疾人医疗康复项目。建立贫困人口健康卡，对贫困人口大病实行分类救治和先诊疗后付费的结算机制。加强贫困地区县级医院、妇幼保健院、计划生育服务机构和乡镇卫生院、村卫生室建设，保障贫困人口享有基本医疗卫生服务。加快完成贫困地区县乡村三级医疗卫生服务网络标准化建设，积极促进远程医疗诊治和保健咨询服务向贫困地区延伸。为贫困地区基层医疗卫生机构订单定向免费培养医学类本专科学生，支持贫困地区实施全科医生和专科医生特设岗位计划，制定符合基层实际的人才招聘引进办法。支持和引导符合条件的贫困地区乡村医生按规定参加城镇职工基本养老保险。深入开展医疗卫生对口帮扶工作，实施城市三级甲等医院对口支援贫困县医院和二级甲等以上医院对口支援贫困地区乡镇卫生院项目。加强对贫困地区传染病、地方病、慢性病等防治工作，全面实施贫困地区儿童营养改善、新生儿疾病免费筛查、妇女"两癌"免费筛查、孕前优生健康免费检查等重大公共卫生项目。此外，加强贫困地区计划生育服务管理工作，进一步提升乡村计生技术水平和服务能力。

六　生态移民、生态补偿脱贫

2016 年，海南省共投资 8502.5 万元，启动屯昌、白沙、琼中等 3 市县 5 个贫困村实施生态扶贫移民搬迁。2016 年年底前全部完成任务，实现 171 户 803 人（其中，贫困户 69 户 316 人）整村搬迁任务。同时，针对退耕还林、天然林保护、防护林建设等重大生态工程，在项目和资金安排上进一步向贫困地区倾斜。2016 年中央和省级财政计划安排生态补偿资金 22.88 亿元，为五指山市、琼中县、白沙县、保亭县贫困户提供 196

个护林员岗位。

此外，海南省还按照"保基本、兜底线、促公平、可持续"的基本原则，进一步完善农村最低生活保障制度，对无法通过产业扶持和就业帮助实现脱贫的贫困人口实行政策性低保兜底扶贫。

第四节　海南省农村精准扶贫中存在的主要问题与成因分析

一　扶贫理念相对落后，扶贫主体单一

扶贫理念是制定扶贫政策的指引和发展路线，制约着救助制度的运行和扶贫目标的实现。海南省现行贫困救助在许多方面还是延续传统的救助理念，主要体现为强调短期物质投入而忽视长期发展援助。有的政府官员追求政绩急功近利，在扶贫目标及策略实施上，未能充分考虑贫困群体长期的发展规划，扶贫重点倾向于短期内容易出成果的项目上，尽可能多地减少贫困人口数量，而对贫困者自身思想观念的转变和素质的提高方面重视程度不够。

从扶贫开发以来，扶贫主体以政府为主导，缺乏社会行为。政府的扶贫资源和扶贫方式有一定的局限性，造成扶贫效率低下、准确度不高、贫困人口受益有限等问题。因此单纯的以政府为主导的扶贫理念无法满足农村多元化的服务需求，需要第三部门组织的支持。扶贫主体缺乏市场意识，扶贫项目和扶贫资金大部分由政府拨款，市场发挥的作用甚小。虽然扶贫工作离不开政府，但是如果忽视各种社会力量，一方面会使得政府负担资金重，另一方面会造成社会资源的浪费。扶贫工作的开展应在政府主导下，充分发挥企业和社会团体或者个人的作用，调动各方社会力量和市场机制配置资源，在微观领域实现资源的有效配置。

二　扶贫政策设计不够合理，精准扶贫开发难度大

1. 扶贫政策设计不尽合理

扶贫政策设计不合理会导致政策在实施的过程中难度加大，贫困农户的抵触与不配合现象时有发生。一方面，在扶贫项目上存在重复收取税费问题，尤其是建筑材料在采购和报账环节经常出现重复交税的现象，扶贫项目税费收取不规范导致了扶贫资金的流失；另一方面，整村推进项目的

扶助标准偏低，一些项目在计划和实施上出现"报新建旧""报大建小""报长建短"甚至降低建设标准的方式，从而加大了基层工作压力和工作难度。

现行的扶贫开发工作需要各项支农政策的配合，财政性支农资金分散在各个政府部门，各涉农部门如扶贫办、农综办、财政局、水利局的资金下拨都是随着项目走。其中扶贫专项资金与许多农业开发项目类似，但是由于各部门的管理方式不同，资金来源不同，各支农政策难以形成合力。另外政府部门层级太多也可能会产生资金滞留或截留，这就加大了扶贫到村、到户资金整合的难度。在资金拨付上，由于资金拨付渠道不同，也会造成农业缺口，既影响了项目整体效益，也加大了监管的难度。

2. 脱贫对象积极性不高，精准扶贫开发难度大

目前，贫困人口主要分布在资源贫乏、基础设施和公共服务落后的地区，有些贫困户"等靠要"思想严重、缺乏脱贫的能动性、缺乏劳动技能，这些都造成了自身的贫困。现阶段农村地区精准扶贫多采用"建档立卡"的方式进行，村干部对本村农户的基本情况进行评议调整，再将符合贫困标准的农户基本信息录入贫困信息系统。农户参与精准扶贫的积极性不高，村干部进行调查时未如实填定相关信息，多数农户故意填少家庭收入，认为"国家的钱不要白不要"。还有些农民虽然自身存在困难，但其认为家庭收入调查不过是表面形式，贫困户都是"上面人"定的，对扶贫工作的信心不足。这些均是农户参与精准扶贫积极性不高的表现，严重阻碍了精准扶贫的实现，导致真正的贫困户得不到应有的帮扶。

三　扶贫资金欠缺，使用效率有待提高

1. 扶贫资金欠缺，贫困区基础设施建设缓慢

海南省贫困地区主要分布在中西部，目前有 5 个国定贫困县，中央财政扶贫资金主要用于基础设施、生产发展和科技培训。但是，由于贫困山区和贫困人口多，通路、通水、通电状况较差，材料上涨运距长，导致成本增加，加上政府部门的配套政策没有及时到位致使资金投入总量不足，扶贫资金欠缺。另外贫困山区群众自我发展能力弱，导致基础设施建设和产业发展缓慢。

2. 扶贫资金使用效率较低，风险较大

随着我国精准扶贫工作的不断深入，多数专项扶贫资金的管理权已经

下放到县级政府，但是县级部门财政专项扶贫资金缺乏实施细则，资金整合存在较大风险。项目资金的来源渠道不同，其在审批、拨付、管理、验收等程序上的要求也各不相同，却没有一个统一的实施细则及明确的权责界定，项目重复建设、资源分散投入的问题未得到有效解决。此外，不同的行业、不同的部门对扶贫开发的界定不清晰，行业发展规划与扶贫开发规划步调不一致，导致资金分散，行业扶贫资源存在"交叉重叠、低效配置"的问题。

四　基础设施相对落后，扶贫产业开发难言理想

从海南省贫困村发展的产业结构来看，多数农户以传统种植业和养殖业以及特色农业产业为主要生活来源，从海南省多年的扶贫经验来看，种植业和养殖业也一直是较有成效的扶贫产业。但种植业和养殖业受气候、市场条件、运输等不可控因素的影响较大，难以成为稳定的、持续的扶贫产业。旅游业是海南省扶贫发展的新兴产业，自海南建设国际旅游岛以来，从琼海到三亚的东线旅游业收入突出，但贫困相对集中的中西部山地多，基础设施落后，依靠旅游产业发展起来的村户较少。海南省中部不少贫困村庄是少数民族地区和革命老区，具有独特的民族风俗、文化底蕴和优良的生态环境，但落后的交通、水利、电力等基础设施，影响了扶贫效果，增加了旅游扶贫难度。

五　社会事业尚难对扶贫形成强力支撑

1. 教育事业发展缓慢

（1）基础教育的规模和布局还不能有效适应社会需求

海南省普及15年基本教育的目标面临较大压力。按学前三年入园率86%的基本普及目标，海南省学前教育缺口约5万个，建设任务非常艰巨。义务教育学位总量虽基本满足需求，但受城镇化进程加快等多重因素影响，农村小学、教学点生源流失与城镇学校大班额问题并存，城乡义务教育布局的结构性矛盾愈加突出。"十三五"期间，教育规模发展和布局调整的任务依然比较艰巨。

（2）人才培养质量亟待提升

在海南，幼儿园园长和专任教师难以有效补充，相当一部分幼儿园保教质量难以保障。义务教育质量尤其是农村义务教育质量普遍较低是海南

省教育的一个严重短板。优质普通高中学位不足，特别是各市县优质高中匮乏，学生综合素质、学业质量都有待提高。高等教育和职业教育的人才培养类型、学科专业结构、培养质量与社会需求不够契合。优秀职业院校数量相对较少，高等教育整体水平处在全国后列，仍处于奋力追赶阶段。产教融合、科教融合的协同培养机制尚未形成，学生创新创业能力的培养有待加强。

（3）教育公平问题仍然比较突出

海南优质学前教育资源分布不合理，大部分省三级及以上幼儿园全部集中在海口和三亚市城区。义务教育的区域、城乡、校际间差异依然较大，还有15个县（市、区）需要接受国家义务教育基本均衡发展评估，部分评估时间靠后的县（市、区）紧迫感不强、重视程度不够。教育扶贫政策体系尚不完善，农村地区和民族地区教育水平还需提高。优质普通高中分布不均衡，尚有10个市县（不含三沙市）没有省一级学校。办好每一所学校，普及公平、有质量和包容发展的15年基本教育的目标仍然需要加倍努力才能实现。

（4）教育保障条件还不能完全适应教育现代化的要求

义务教育学校标准化比例还比较低，相当一部分农村学校未达到省定基本办学条件标准。部分普通高中校舍面积和实验条件不能有效满足教学需求，高考招生制度改革后将对实验教学条件提出更高的要求。中职学校的实验实训实习条件建设迫切需要进一步加强。高等教育的基本建设任务依然比较重，桂林洋高校区的建设亟待加强。教育装备基础薄弱、起点低，教育信息化装备需求缺口仍然很大。

（5）教育观念需要更新、体制机制需要改革

固守片面的教育政绩观、质量观，重学业轻品德、重成绩轻素质，忽视区域整体教育水平提高的现象不同程度存在。部分教育管理干部和教师教育观念更新不够，改革、开放与创新精神不足，国际化意识比较薄弱。市县教育行政部门统筹教育事权、人权、财权的制度性问题比较突出，人事管理制度、薪酬分配制度、职称评审制度、考核评价制度等一系列教育管理核心制度的改革亟须破题。教师管理权限分割，编制、人社、教育等部门职责划分不清，难以真正形成对学校教师的适时动态调整、均衡配置和有效管理。促进海南省民办教育加快发展的政策尚不完善，提升教育均衡化水平的支持政策需要加强。

（6）教师队伍建设任务仍然艰巨

中小学教师队伍结构性矛盾突出，城区缺编、乡村超编和结构性缺编问题依然严重。师范院校教师教育不能完全适应当前中小学教育教学改革要求。中小学校长管理体制有待完善，基层教育管理干部队伍素质能力亟待加强。乡村教师整体素质能力偏低，继续教育和专业成长条件有限，农村优秀教师、年轻教师难以稳定。职业院校"双师型"、技能型教师培养、引进、培训和晋升机制尚需进一步健全。高等学校缺少高水平领军性人才，教研机构和队伍建设相对滞后，人员配备不足，结构不合理，高校教师创新能力和科研水平亟待提升。

2. 医疗卫生资源不足

在医疗卫生方面，海南省农村医疗改革和引进人才计划虽然取得不错的效果，但是其医疗水平和质量还达不到国家的要求。第一，农村基础设施差，农村卫生院数量不够。医疗人员居住环境较差，个别贫困县农村的职工宿舍占用门诊房居住。第二，缺乏专业的医护人才，聘用制广泛存在，工资福利低，人才流失严重。医疗录用人才门槛高，但许多职员没有编制保障，离职率较高。第三，中西部山区没有规模大的县级医院，医疗设备欠缺。由于中西部地区交通不便，农村到城市就医成本大，县一级的医院整体规模和住院环境以及医疗设备跟不上，导致卫生资源发展受限。

六 科技培训见效缓慢

在科技培训方面，每年在省扶贫办和各市县扶贫办的指导下，实施帮扶政策，其中帮技术就是一项较大的支出。海南省的"雨露计划"实施多年，对贫困村生产发展能力提供人才和力量。但是，有些贫困农户的思想懒惰，不愿意自食其力，并且培训的内容科技含量较低，贫困农户的文化素质较差，吸收能力不强。

七 扶贫的管理体制和运行机制有待完善

1. 扶贫管理体制不完善

扶贫攻坚需要有统一、协调的管理体制才能顺利进行。海南，与全国情况一样，还没有形成统一的扶贫管理部门，扶贫管理体制出现多头管理和资源整合能力差的问题，并且资金管理规范性差，运行效率低。首先，中央政府和地方政府的财政责任没有明确，政府扶贫部门只是政府协调机构，具体的扶贫工作是由多个部门管理并实施的，这就导致地方政府各个部门责任缺失。其次，农村扶贫资金从总量上投入不够，并且资金来源单一，主要依靠国家财政和乡镇集体经济投入，一些落后地区的扶贫实际上已陷入停滞状态。此外，解决农村贫困问题的其他社会保障制度配套机制还不够完备。

2. 扶贫力量薄弱，扶贫运行机制还不完善

在扶贫力量上，全省各市县除五指山市外，其他市县的乡镇既没有机构又没有专职或兼职的扶贫干部，扶贫力量凸显薄弱，影响了扶贫工作的开展。

在帮扶机制上，干部驻村帮扶是精准扶贫的重要创新，但在实际运行过程中还存在一些问题。比如驻村帮扶干部选派工作不足，派驻过程中被动行政性指派、身份性限制等问题屡见不鲜，选派针对性差，导致派驻干部缺乏实际工作经验，其工作技能与扶贫工作要求错位。

在农村扶贫机制方面，首先，我国的贫困救助一直是由政府主导的，各类民间组织在扶贫中所起的作用十分有限，从而没有很好地发挥第三部门组织在扶贫工作中公益性、灵活性、持续性的特点。其次，由于我国实施的是自上而下的以政府为主的扶贫战略，因此贫困人口参与程度还远远不够。同时，参与扶贫的工作人员专业化程度低，扶贫工作的管理异常繁杂，尤其是灾害救助等临时性救助都需要大量的人员参与，但在实际工作中大部分的工作人员没有经过专业学习和专业培训，基层人员的配备远远不能满足工作的需要。

3. 扶贫中腐败问题时有发生

2016 年以来，海南省各级纪检监察机关聚焦扶贫领域突出问题，加大执纪审查力度，共查处扶贫领域不正之风和腐败问题 71 件，处理 113 人，其中给予党政纪处分 85 人，诫勉谈话 28 人，移送司法机关 2 人。

从海南廉政网获悉，2016 年 10 月，进一步加大监督执纪问责力度，为脱贫攻坚工作保驾护航，省纪委日前对 2016 年查处的 7 起扶贫领域侵害群众利益的不正之风和腐败问题典型案例进行通报。这 7 起典型案例分别是：琼中黎族苗族自治县水务局原副局长吴常亮等人利用职务之便在扶贫项目中从事营利性活动问题；海口市龙华区遵谭镇原副镇长陈鹏在分管农村危房改造工作中收受好处费等问题；白沙黎族自治县牙叉镇主任科员杨亚现等人不认真履行职责造成低保金损失问题；儋州市兰洋镇南报村委

会原副主任林观胜骗取水库移民后期扶持补贴和危房改造补助资金问题；万宁市和乐镇英文村党支部原副书记蔡笃桂收受危房改造户礼金问题；昌江黎族自治县七叉镇乙洞村委会原委员邢德锋利用工作之便为亲属谋取危房改造补贴等问题；海口市龙华区龙桥镇三角园村党支部委员郑道琼不正确履行职责徇私舞弊造成低保金损失问题。

另外，在扶贫资金的使用方面，省市县各级层面上都存在有旅游扶贫资金的分配不公的问题。脱贫攻坚是当前的重大政治任务和第一民生工程，是全面建成小康社会的最后一公里。扶贫领域的不正之风和腐败问题，严重损害党的执政基础，严重损害群众切身利益，必须以"零容忍"的态度施以重拳，严肃查处，形成强大威慑。

第五节　海南省农村精准扶贫优化对策

一　建立健全扶贫攻坚机制

1. 完善扶贫攻坚管理体制

农村扶贫是一个复杂的系统工程，扶贫内容包括物质、精神和能力等多方面，涉及部门的工作协调与资源分配，因此必须建立健全扶贫管理体制，明确并强化管理主体的责任，并建立相应的法律制度来指导和约束这些机构的活动和经费的使用。此外，在具体实施扶贫工作时，各个主体之间难免会存在利益上的矛盾和责任分担的问题，因此建立一个使各方主体能够进行有效的沟通与协调的管理体制非常重要。在实际工作中，一个有效的扶贫管理体制主要是明确政府、企业、第三部门之间的分工职能——政府负责宏观层面的管理，企业、第三部门负责具体的基层管理工作；同时，企业、第三部门的具体工作机构和服务网点设置与政府有关职能协调一致，这样才能有效提高扶贫管理体制的效能。

2. 优化扶贫目标瞄准与项目选择机制

确立扶贫目标瞄准与项目选择机制，是建立完善的扶贫管理体制和运行机制的基础。只有严格界定并且根据社会发展情况及时调整扶贫对象，才能确保扶贫资源准确、高效地投入，扶贫政策才能真正惠及于民。为提高扶贫目标的精准度，应根据社会发展动态，适时扩大贫困农户建档立卡的范围，通过基层调查和标准量化的方式调整评定指标和认定资格。项目选择机制方面，应当在选择扶贫项目之前必须能够根据贫困村的地理环境、制约经济发展的现实因素和人文条件做出科学分析与判断。不能主观做决定,更不能向开发者的利益倾斜。政府的主导作用应侧重体现在监督、保障扶贫效益上,注重发挥贫困农户和扶贫龙头企业的作用,依靠市场机制,遵从自然规律和市场选择。

3. 健全政府主导、社会共同参与的扶贫主体机制

坚持政府主导和社会参与相结合,充分发挥政治优势和制度优势,广泛动员和凝聚社会力量参与扶贫。鼓励支持民营企业、社会组织、个人参与扶贫开发,引导社会扶贫重心下移,实现社会帮扶资源和精准扶贫有效对接。推进村企共建,鼓励企业通过到贫困地区投资兴业、合作共建、捐资捐助等形式,开展包乡(镇)包村扶贫。发挥各民主党派、无党派人士在人才和智力扶贫上的优势和作用。工商联系统要发动企业投身扶贫事业,组织民营企业开展好"百企帮百村""千企扶千户"活动。工会、共青团、妇联等群团组织要开展好"金秋送学"、扶贫志愿者行动、"母亲健康快车""春蕾计划"等活动。通过政府购买服务等方式,鼓励各类社会组织开展到村到户精准扶贫。完善扶贫龙头企业认定制度,增强企业辐射带动贫困户增收的能力。鼓励有条件的企业设立扶贫公益基金和开展扶贫公益信托。吸纳农村贫困人口就业的企业,按规定享受税收优惠、职业培训补贴等就业支持政策。发挥好"10·17"全国扶贫日社会动员作用,畅通互帮互助渠道,鼓励社会各界到贫困地区开展捐资捐助、向贫困群众送温暖献爱心活动,释放社会公众扶贫济困的巨大潜力,形成全社会关注扶贫、参与扶贫、支持扶贫的浓厚氛围。实施扶贫志愿者行动计划和社会工作专业人才服务贫困地区计划,在贫困村构建扶贫志愿者、社会工作专业人才服务网络。着力打造扶贫公益品牌,全面及时公开扶贫捐赠信息,提高社会扶贫公信力和美誉度。加强社会扶贫信息服务网络建设,搭建社会扶贫平台。按照国家税收法律法规及有关规定,全面落实扶贫捐赠税前扣除、税收减免等扶贫公益事业税收优惠政策。

4. 优化扶贫人员选拔与培训机制

首先,加强顶层设计,明确、落实驻村干部帮扶工作的主要职责范围,探索开放式驻村帮扶干部选派机制,对驻村干部的硬件条件予以放宽,比如年龄限制、职务限制、身份限制等。大力鼓励经验丰富、愿意深入农村一线服务的离退休干部、科研人员等进村参与帮扶工作,以提高驻村干部工作的实效性。其次,建立贫困村与帮扶人员双向选择机制,帮扶

驻村干部可根据自身的实际情况选择贫困村，贫困村也可对帮扶干部进行选择，充分体现出人性化、开放性的特点。最后，完善驻村帮扶干部绩效考核机制。可以将减贫任务进行合理分解，以脱贫人口数量、贫困人口收入增加情况等指标为帮扶干部的工作绩效考核指标，建立短期与长期相结合的项目验收制度。

其次，要加强对扶贫机构工作人员的培训，提高他们的服务能力。扶贫机构工作人员的培训应覆盖扶贫工作的各个层面和各个环节，培训课程主要包括：先导课程（向扶贫机构的新人介绍扶贫机构内的组织体系、机构文化、扶贫政策、基本职责和工作范畴等）；职业技能课程（包括从心理辅导到农业生产技术、教育、医疗、环保等领域的专门业务知识培训）；提升课程（包括新政策、新知识、新技能等方面的定期培训）。

5. 建立科学的扶贫效果评估机制

政府相关部门要发挥独立研究的优势，对已经在各地施行的各种扶贫绩效评价方法进行客观的评估，尤其对其精准性和适用性做出科学的结论，作为改进的依据。要吸纳已有的各种经验，根据海南的特点，探索建立和完善全新的扶贫绩效评价手段、方法，要把"精准扶贫"工作的业绩精准地测量出来，不但是作为扶贫成就宣传的资料，更作为不断提升扶贫工作绩效的促进工具。就此设立专门的研究小组，在全面而充分调研的基础上，逐渐推出切实的研究成果，接受工作实践的检验。

二　完善精准扶贫政策

1. 完善农村专项扶贫到户政策

为了提高扶贫到户的政策效果，应当将产业化扶贫、"雨露计划"、扶贫搬迁、小额贷款、帮扶互助等具体政策实施到位。第一，通过财政划拨，将专项扶贫资金用于产业发展和扶持贫困农户生产发展。产业化扶贫要与整村推进、扶贫到村到户相结合，政府各部门在发展特色产业基地时，要优先覆盖和带动计划整村推进的贫困农户。第二，"雨露计划"要将建档立卡贫困人口作为培训补贴对象，其培训内容主要包括贫困农户职业教育培训、贫困村农业产业化进程急需的实用人才培训以及劳动力转移培训。第三，扶贫搬迁要针对典型的贫困村，补助对象必须是建档立卡贫困户。各地可根据搬迁户的贫困程度确定不同的补助标准，保证最贫困农户的利益。第四，扩大小额扶贫贴息贷款到户规模。要逐步增加用于小额信贷贴息的财政扶贫资金额度，确保扶贫资金的使用效益。第五，积极开展社会帮扶政策。帮扶资金要确保覆盖贫困农户，并保障其享有收益权和优先借款权。贫困农户参与社区的互助金，可从到村的财政扶贫资金中予以垫付，进而促进帮扶政策的实施。

2. 完善贫困地区生态补偿政策

政府相关部门要加强政策扶持、保护农民的利益来解决造林用地问题。政府可通过大力发展林下经济，一方面增加植树造林用地面积提高土地效益，另一方面也可增加农民收入。具体来说可以采用政府租用和征用土地绿化、公司+农民合作绿化、农民+政府绿化，以及用生态公益林资金补助绿化和与主体工程建设同步绿化等合作方式，来解决绿化用地问题。政府可以根据不同类型专项工程采取不同的造林方法：（1）对街区景观绿化和乡村公园建设，政府可征用或者租用；（2）对于河流水库和林业开发、村庄绿化等用地，政府可提供种苗和管理费，收益归农户所有；（3）在公路两旁属规划区域内农民出让部分土地造林的，政府给予一定的资金补贴；（4）政府可以采取财政补贴方式，对利用坡园地发展橡胶、槟榔等林业经济的贫困农户给予其他经济形式的扶持；（5）政府可以允许农民在路旁、水边、村边、宅基地旁或者自留地上种植林木。

扶贫开发与生态保护相结合。在扶贫开发中，坚持经济发展和生态保护并重，大力实施退耕还林工程，积极引导农民人工造林和套种南药，套养家禽等发展林下经济。此外，还应解决好扶贫开发与生态保护的矛盾，在扶贫开发中推进生态环境建设。在农村道路建设的基础上，改水、改厕、沼气池建设以及进行卫生治理，以改善人居环境，促进文明生态村的建设。

三　优化扶贫产业结构，探索产业扶贫新模式

海南省在产业扶贫的过程中，应当根据省内不同地区的地理环境和人文特点以及海域情况来优化产业结构。例如，利用海南省中部山区的优势，根据市场需求，按"一村一品"定位，发展热带绿色农业和具有特色的高品质优势产业。注重培养具有市场规模的龙头企业，用农业反哺工业，积极扶持以农产品深加工、精加工为重点的加工业。扶贫开发工作要以调整产业结构、培育支柱产业，促进贫困农户脱贫致富为目标，要因地制宜发展种植业、养殖业、旅游业和特色农产业。种植业包括水稻、热带

水果、槟榔、橡胶等；养殖业以发展猪、牛、羊、鸟、鸡、鸭、鹅等畜禽；旅游业逐步形成东线椰风海韵的特色海滨旅游区、中西部热带雨林生态涵养区，并且建设旅游生态村，为贫困山区农村创造新的收入；近几年特色农产业包括南药、绿橙、织锦、灵芝以及种桑养蚕和养蜂技术，并且都得到了迅速的发展。同时，要提高特色产业的科技含量，做好贫困农户种养以及加工方面的技能培训，利用网络来推广农业科学技术，将优势产业作为推动贫困村经济发展的动力和源泉，为贫困村的脱贫致富增加活力。

在科学确立扶贫产业的基础上，要积极探索"四位一体"的产业扶贫新模式。一是指导贫困村选择一个适合当地发展的高效产业；二是支持有能力的非贫困户带领贫困户组建一个支撑有力的合作组织；三是设立一个产业贷款风险补偿金，为条件成熟的贫困村安排一定的产业扶贫专项资金，作为贫困户产业发展贷款风险补偿金，由合作商业银行按放大比例放贷；四是创建一个部门配合的帮扶机制，农委等相关部门在贫困村产业选择、合作社组建、技术培训推广、市场开发等方面给予大力支持，共同推进。

四　补齐短板，夯实扶贫攻坚的社会基础

1. 加强基础设施建设，为扶贫攻坚提供前提保障

完善基础设施，改善贫困农户的基本生产生活条件是提高农村贫困能力的基础。改善贫困农户基本生产生活条件的总体思路是在整村推进的扶贫策略下，以片区、行政村、生态村为单位，根据当地的地理情况和居住环境完善基础设施建设，在产业开发的同时保护生态环境，并促进当地社区服务的综合配套体系，以改善贫困村的基本生产生活条件。第一，要改善农村住房、电网、水利等方面的建设，加大扶贫搬迁和农村危房改造力度，加快农村电网进村入户改造升级，实现电视、广播、通信户户通，切实解决贫困农户安全饮用水的问题。第二，在宜建沼气池的地区，扶持贫困农户"一建三改"工程，提高当地居民的生活条件和水平。第三，在小片区或者小流域实施综合治理，确保村路建设畅通，将水泥路（柏油路）延伸到村、到户。

2. 加快社会事业发展，夯实扶贫攻坚的社会基础

（1）发挥教育扶贫的先导作用，提高贫困人口的整体素质

紧紧抓住教育扶贫这个根本。扶"钱"不如扶"智"，扶"今天"

更要扶"明天"。让贫困地区的孩子们接受良好教育，阻断贫困代际传递。要加大资金支持力度，实施教育扶贫，统筹中央、地方财力向教育脱贫任务较重的地区和定点村倾斜，打好教育脱贫歼灭战。推进"教育精准扶贫行动计划"，采取免、减、奖、贷、助、补等多种方式，确保每个贫困孩子在各个教育阶段"有学上""上得起"，绝不让一名贫困孩子失学，不让贫困孩子输在起跑线上。要重点抓好职业教育培训，向建档立卡贫困家庭子女全面免费敞开，让他们"只要一技在手，全家脱贫有望"。

教育对于减贫的作用体现在通过提高个人的技术吸收能力和改善其他社会服务项目，来获得开放的机会，包括社会、经济、政治、文化、生活等方面，从而扩宽人们的整体视野。

第一，推进基础教育均衡发展，提高农村贫困家庭子女受教育的程度，促进教育公平，减少贫困代际传递，有效地提高贫困人口基本素质。通过正式与非正式的教育项目，传递公民新的价值观、态度、知识与技能，使得他们能够应对社会的发展。扶持贫困地区农村建设文化体育广场和文化设施以满足贫困人口对文化的基本需求。

第二，注重义务教育、职业科技培训的质量，实行农科教相结合，提高贫困人口的文化科技素质。要继续通过开展"雨露计划"培训，提高贫困农户农业技术水平以促进农产品的增收，并通过劳动力转移培训来增加就业机会从而脱贫致富。在开展职业科技培训中，不能大水漫灌、大而化之，一定要因人而异、按需配菜，在开展培训前首先要进行调研，充分了解贫困群众所思所盼、所需所求。要本着"需要什么，培训什么；缺什么，补什么"的原则，根据贫困群众的实际需求量身定制、量体裁衣，真正发挥培训立竿见影的功效。比如海南创新"电视+夜校+热线"扶贫模式，贫困户参学率达90%以上，既畅通贫困户了解党的一系列强农惠农富农政策的渠道，又帮助他们有效掌握一定的法律法规知识和科学种养技术。在培训过程中，既要注重"引进来"现身说法，也要组织贫困群众"走出去"开阔眼界；既要授人以鱼，有的放矢，加强致富知识和技能的培训，也要授人以渔，让贫困群众在产业发展实践中长见识、长本领。要提高农村社区扶贫项目的决策能力，并增强贫困人口主体意识和参与能力，尊重贫困个体在村民自治、社区发展、项目建设等方面的知情权、参与权和监督权。

第三，突出"志智双扶"。习总书记强调，扶贫先扶志，扶贫必扶智。扶志就是扶思想、扶观念、扶信心，帮助贫困群众树立起摆脱困境的斗志和勇气；扶智就是扶知识、扶技术、扶思路，帮助和指导贫困群众着力提升脱贫致富的综合素质。如果扶贫不扶志，扶贫的目的就难以达到，即使一度脱贫，也可能会再度返贫。如果扶贫不扶智，就会知识匮乏、智力不足、身无长物，甚至造成贫困的代际传递。改造贫困群众的"等靠要"思想，铲除贫困群众的陈规陋习，提升脱贫的内生动力，既是当前脱贫攻坚战的薄弱环节，也是脱贫攻坚战最大的难点。要紧贴群众口味，改进宣传方式，大力塑造和宣传"第一书记"、功勋龙头企业、致富带头人、产业扶贫等先进典型，引导和激励基层扶贫干部对照标杆、学习标杆、看齐标杆，营造齐心协力精准脱贫的良好舆论氛围。还可以大力开展文化扶贫，潜移默化改变贫困群众的一些不良习俗和落后观念。比如海南组建10支"脱贫攻坚文艺轻骑队"深入重点贫困村，用琼剧、山歌、相声、小品等群众喜闻乐见的艺术形式，调动贫困群众人心思进、主动脱贫、勤劳致富的积极性和主动性。广大党员干部要与群众贴得近些更近些，像对待自己亲人一样，一对一融进去，真正走进他们内心，准确把握他们的思想动态，把脉问诊、对症下药。既要把中央和地方的扶贫政策、扶贫物资送到家中，帮助贫困地区改善基础设施，因地制宜发展产业，增加收入，真正实现"两无忧、三保障"，心贴心的服务，为贫困户排忧解难，更要把志气、信心送到农户心坎上，帮助树立"自力更生、勤劳致富"的正确观念，铆足精气神、撸起袖子干、立志拔穷根。

（2）持续改进医疗卫生保障条件，增强农民脱贫致富的"本钱"

比如，为了让农村贫困人口充分享受到医疗制度的优惠条件，应当完善新型农村合作医疗制度，提高农民参保率，并且将新型农村合作医疗制度与大病救助制度相结合，实行农村贫困人口大病救助制度。对农村贫困人口参加新型农村合作医疗的，自筹费用的部分由县（市）财政解决，医疗费用报销比例可根据各地财政情况和具体实施办法来确定。

（3）发挥社会福利作用，全面提高社会保障水平

虽然社会福利在国内并没有实现普遍化，海南省也没有足够的社会培育环境，但是农村扶贫开发工作必须要健全覆盖全社会的保障制度，完善社会救济与社会福利制度，并且在农村地区，鼓励发展社会保险和商业保险。同时重视对特殊群体的保障，包括由于城乡、工农业二元结构产生的

就业歧视人群、妇女和老年人群体等。实现这一措施既依靠政府的力量来扶持，也需要全社会的积极参与。

　　海南省农村服务供给总量不足，并且还呈现资源分配不均的问题，因此在发展农村经济的同时，也要提供优质的公共服务，特别是基本公共服务，这些方面的提高，一方面发挥海南省农村地区公共资源的有效性，另一方面也有利于促进减贫目标的达成。